北大光华区域可持续发展丛书　第4辑

主　　　编：厉以宁　雷　明

编　委　会：张红力　黄　涛　何志毅

　　　　　　张一弛　王咏梅　傅帅雄

编委会秘书：赵爱琴

北大光华区域可持续发展课题研究

支持单位：北京大学光华管理学院

　　　　　北京大学管理科学中心

　　　　　北京大学贫困地区发展研究院

北大光华区域可持续发展丛书得到德意志银行资助

北 大 光 华
区域可持续发展丛书 第4辑

旌德调查

——关于安徽省旌德县多元扶贫的调查报告

Jingde Diaocha—Guanyu Anhuisheng Jingdexian

Duoyuan Fupin de Diaocha Baogao

20世纪90年代起，影响我国区域发展的因素发生了很大的变化。全球化浪潮带来了全球范围内和国家层面上的经济要素重组，信息化发展、科技进步创新能力成为区域发展的关键因素，传统的因素和新的因素交织在一起，共同决定了我国区域发展的格局，区域经济发展的规律已经初步显现。

雷明 ● 著

经济科学出版社
Economic Science Press

总　序

厉以宁

　　21世纪人类的发展观出现了重大转折，可持续发展受到了人们的广泛重视。不论是发达国家，还是发展中国家，都不约而同地把可持续发展写进了国家发展战略。

　　区域可持续发展是全球可持续发展的基础。区域可持续发展是指，区域发展既满足当代人的需要，又不对后代人满足其需求的能力构成威胁，特定区域的发展不危害和削弱其他区域的发展，区域内的自然与社会复合系统通过人类活动的自我调控，向更加和谐、更加互补和更加均衡的目标靠近。

　　不同经济发展水平的区域，可持续发展的着重点会有所不同，就发展中国家而言，其可持续发展的核心是发展经济，并且必须依托本身的资源。中国的区域可持续发展战略正是以发展经济、全面提高人民生活质量为核心，保障人与自然、人与环境的和谐共存，同时保证经济持续、快速、健康发展。区域发展受人的主观意志的影响很大，因此，区域的可持续发展要求人类活动主观上树立可持续发展的思想，客观上遵循自然规律，从而为制定区域可持续发展战略提供指导。区域的差异性决定了区域的发展必须因地制宜，采取最适合本区域的发展方式，使区域内的资源禀赋得到最合理的使用。

自20世纪90年代起，影响我国区域发展的因素发生了很大的变化。全球化浪潮带来了全球范围内和国家层面上的经济要素重组，信息化发展、科技进步和创新能力成为区域发展的关键因素。传统的因素和新的因素交织在一起，共同决定了我国区域发展的格局，区域经济发展的规律已经初步显现。第一，我国区域经济的非均衡性是最大的特点，而这种非均衡性既表现在不同区域之间，也表现在区域内部。第二，区域间的经济发展差距不断扩大，这表现在各区域之间的经济总量、人均GDP、GDP平均增长速度、进出口贸易、外商直接投资和经济增长方式的变化等各个方面。第三，各区域工业化发展阶段的差异明显，东部不仅普遍具备了工业化中期的基本特征，而且某些区域正在向工业化后期转变；中部区域或者已处于工业化中期，或者开始进入工业化中期；西部除个别区域转入了工业化中期以外，大多数区域仍然处于工业化初期。可喜的是，东西部互动的格局逐步形成，东部正在向中西部进行产业转移，中西部正在吸纳东部转移的产业化技术。

可持续发展的区域政策不仅要求当代人与后代人在资源利用和经济发展权利等方面的公平，同时也要求同代人尤其是区域之间的公平。非均衡的区域发展模式会伴随产生大量贫困人口和日益恶化的生态环境，无法实现可持续发展。为此，区域可持续发展最重要的使命在于：将产业结构安排、生产力布局与区域人口、资源以及生态环境联系在一起，促进区域经济协调发展，消除贫困，按照因地制宜、合理分工、优势互补、共同发展的原则，加强经济发达和欠发达区域的经济技术合作，鼓励生产力要素由经济发达区域向欠发达区域流动，特别是扶持少数民族地区、边疆地区、贫困地区的经济发展，增强这些地区摆脱生态与经济恶性循环的能力和自我发展的能力，并最终实现区域共同发展与富裕。

近年来，中国区域经济发展的新特点之一，体现在新一轮的、广泛的区域合作。区域经济总体发展特征从推动局部区域的超常发展，转变为注重总体协调发展。各区域在明确自身比较优势的基础上，寻求各区域的功能互补与互动，跨上整体发展的新台阶。2006年，长三角、泛珠三角、环渤海地区的互动机制正式启动，区域大交通体系建设、生态环境治理、信息资源共享、人力资源合作和信用体系建设成为长三角区域合作的重点；陕甘宁川的区域合作、西陇海兰新线经济带、长江上游经济带及南宁—贵阳—昆明协作等一批各具特色的区域互动发展，已经成为推动西部大开发的重要力量；商务部实施的"万商西进工程"，也将进一步促进东部开放型经济和产业向中西部地区转移，促使西部由传统资源时代向产业时代挺进。区域经济的互动发展正在深刻改变中国的总体经济格局，冲破区域壁垒的跨区域合作成为中国经济发展的新态势。

新一轮区域合作将逐步由各区域政府主导转变为企业主导。培育区域竞争力、开展互补型竞争是增强区域可持续发展能力的重要环节；企业是区域合作发展的主体，任何知识创新和技术创新，只有通过企业才能真正转化为生产力和财富，转化为区域竞争力。在这一背景下，各区域政府部门应该及时调整自己的定位。区域竞争力的培育与树木的生长一样，需要适宜的阳光、气候以及良好的生长环境。在引导区域竞争力有序发展、创造一个有利于发展的良好外部环境等方面，政府的作用是十分重要的。

区域可持续发展是一个全新的领域，需要政府、企业、研究机构三方协同努力。在深入中国有代表性的典型区域进行长期扎实调研的基础上，北京大学光华管理学院、北京大学管理科学中心、北京大学贫困地区发展研究院编辑出版了"北大光华区域可持续发展丛书",探讨了以下重要问题:区域形成与区域结构对可持续发展的影响;区域实现可持续发展的多种模式;如何选择适合区域特征的可持续发展战略和路径;如何发挥各区域的不同优势,实现最优的整体可持续发展;如何促进贫困地区社会经济的迅速发展;等等。这套丛书着力解决制约可持续发展的"瓶颈"问题,发挥研究成果对可持续发展的前瞻性引领和支撑作用,并为政策制定部门、学术界和各级地方政府提供参考。

区域可持续发展是不可阻挡的潮流,为中国经济可持续发展提供了新的动力和方向。中国区域发展正站在新的历史起点上,促进区域可持续发展正逢其时。让我们共同迎接中国区域经济发展与合作的辉煌的明天!

2008 年 6 月

前　言

　　安徽省旌德县位于皖南山区、黄山北麓，东临苏浙沪，北枕皖江。建置于唐宝应二年（公元763年），因"旌表其礼，以彰其德"而得名。县域面积904.8平方公里，总人口15.2万人，辖9镇1乡，68个村（居），是"中国灵芝之乡"、"中国宣砚之乡"和全国首批创建生态文明典范城市。

　　旌德环境优美，山水特色鲜明，是国家级生态示范区建设试点县和省级生态县。全县森林覆盖率达66%，是全国造林绿化百佳县、全国绿色小康县。县域自然生态保持良好，野生动植物资源丰富，有梅花鹿、云豹、红豆杉等国家级、省级重点保护动植物，以及灵芝、茶叶、肉牛、小籽花生等特产。

　　旌德紧临黄山，区位优势明显，是皖南国际文化旅游示范区的核心区。旌德距黄山风景区仅30公里，是黄山的东大门。全县现有江村、朱旺村、旌歙古道等景区景点28个。相继获得"中国十佳休闲养生旅游县""中国最具投资开发价值旅游县"等称号。

　　近年来，旌德县针对村集体资产归属不清、权能不明、管理不当而导致的资源闲置、滋生腐败、引发民怨等问题，通过"重构产权、创新经营、激发活力"的制度设计，探索了进一步深化村集体经济改革之路。通过资产确权、股份制改革，实现了资源变资产、资金变股金、农民变股东，有效为开展全域旅游提供了基础。通过统筹"集体经济＋全域旅游"，激发了农民脱贫致富的内生动力，拓宽了农民增收致富的途径渠道，有效带动了全县精准扶贫工作的开展，取得了显著的脱贫成绩。因此，旌德模式最突出的特征就是，下好"集体经济＋全域旅游＋多元扶贫"这一盘大棋，实现农村改革、经济发展、脱贫攻坚的协同共进。

针对旌德近年所取得的成绩，北京大学贫困地区发展研究院在创始院长、我国著名经济学家厉以宁先生的直接指导下，北京大学贫困地区发展研究院调研组在研究院现任院长雷明教授和副院长傅帅雄老师的带领下，分别于2016年11月30日至12月4日以及2017年8月22日至12月24日，赴安徽省宣城市旌德县开展农村集体资产确权到户和股份合作制改革及精准扶贫工作调研，其中包括调查问卷的数据分析、与当地参与扶贫工作的政府工作人员和贫困户的访谈两种形式。

调研组先后与县委领导及县委办、政研室、县农委、扶贫办、发改局、土地局、文化旅游局、人社办等各职能部门以及三溪镇、旌阳镇、兴隆镇、白地镇、孙村镇负责人召开了座谈会，听取旌德相关工作经验介绍，并进一步分组走访了相关职能部门，与各职能部门工作人员座谈，听取具体工作介绍，随后深入三溪镇三溪社区、路西村、蔡家桥镇朱旺村、旌阳镇凫山村、兴隆镇三峰村、白地镇江村和孙村镇合庆村展开实地调研及访谈。问卷调查数据来自三溪镇、庙首镇、孙村镇等4个镇9个村的实地访问的问卷，调查对象包括村民、村两委成员，还包括旌德县参与扶贫工作的政府工作人员，发放问卷200份，回收有效问卷138份。调研在旌德县各级领导干部农户的支持配合下，实现了预定目标，收集了丰富的一手数据和材料，为研究工作奠定了扎实基础。本书就是在此基础上形成的。

在此特别感谢北京大学贫困地区发展研究院名誉院长张梅颖先生的关心；特别感谢北京大学贫困地区发展研究院名誉院长厉以宁先生的辛勤指导；感谢贫困地区发展研究院各位同仁的大力支持；特别感谢旌德县委及旌德县政府，旌德县委书记周密、县委办主任李高峰、县农委主任钱高潮、县政研室主任毕勇剑；特别感谢旌德县委办、政研室、县农委、扶贫办、发改局、土地局、文化旅游局、人社办等各职能部门以及三溪镇、旌阳镇、兴隆镇、白地镇、孙村镇等各有关政府部门和相关企事业单位以及5个乡镇10余个村各级领导与同志们的大力指导和帮助。另外，还要特别感谢马鞍山市原市委副书记鲍寿柏书记，特别感谢经济科学出版社的赵蕾女士和其他编辑，以及北京大学贫困地区发展研究院傅帅雄副院长、张一弛副院长、黄涛副院长、王咏梅副院长、安永成主任和赵爱琴秘书的支持与帮助。特别感谢研究团队马海超博士富有成效的组织沟通工作，特别感谢调研组陈丽娜博士后、马海超博士、李浩博士、熊晓晓博士、薛梅硕士、周若馨博士等全体成员，特别感谢其他所有为本项研究提供过支持和帮助的人，恕不能一一致谢。在此，再次对所有提供帮助者表达衷心的谢意！

目　录

Contents

第 *1* 章

旌德改革发展概述
——确权股改、全域旅游带动多元扶贫

第1节
旌德基本情况概述

旌德县隶属于安徽省宣城市，位于皖南山区、黄山北麓，东临苏浙沪，北枕皖江。旌德建置于唐宝应二年（公元763年），因"旌表其礼，以彰其德"而得名。旌德县地处皖南国际文化旅游示范区核心区，县域面积904.8平方公里，辖9镇1乡，总人口15.2万人，是"中国灵芝之乡"、"中国宣砚之乡"和全国首批创建生态文明典范城市。旌德县地理坐标为东经118度15分至44分、北纬30度7分至29分，东依宁国市，南邻绩溪县，西毗黄山市黄山区（原太平县），北接泾县。

旌德生态优美，山水特色鲜明，是国家级生态示范区建设试点县和省级生态县。全县森林覆盖率达65.5%，是全国造林绿化百佳县、全国绿色小康县。县域自然生态保持良好，野生动植物资源丰富，有梅花鹿、云豹、红豆杉等国家级、省级重点保护动植物，以及灵芝、茶叶、肉牛、小籽花生等特产。

旌德紧临黄山，区位优势明显，是皖南国际文化旅游示范区的核心区。旌德距黄山风景区仅30公里，是黄山的东大门。全县现有江村、朱旺村、旌歙古道等景区景点28个。相继获得"中

国十佳休闲养生旅游县""中国最具投资开发价值旅游县"等称号。

旌德历史悠久，历代名人辈出，是徽文化的发祥地。有农学家王祯、著名词媛吕碧城、中国第一个红色县长谭梓生、数学泰斗江泽涵、文坛巨匠周而复等。徽文化在这里有着深厚的积淀和传承，徽派建筑随处可见，独具特色，是皖南徽州古村落的集中地。

旌德交通便利，干线四通八达，是长三角地区进入黄山的重要通道。205国道、217省道、323省道和三仙线等重要公路贯通全县。205国道直通合铜黄高速，217省道直通徽杭高速，323省道连接扬绩高速。穿境过的合福高铁于2015年7月通车，境内全长22公里，在县城设旌德站，是距黄山风景区最近的高铁车站。

目前，旌德县辖9镇1乡，68个村（居），行政区划基本信息如表1-1所示。

表1-1　　　　　　旌德县行政区划基本信息（截至2015年）

名称	面积（平方公里）	人口（人）
旌阳镇	109.1	44862
蔡家桥镇	106.2	15049
三溪镇	56	51000
庙首镇	91.4	11825
白地镇	95.8	15000
俞村镇	105	14600
兴隆镇	84.4	9687
孙村镇	83.6	10403
版书镇	84.6	11608
云乐乡	80.7	6700

资料来源：根据旌德县统计局有关资料整理。

2016年，旌德县全年生产总值（GDP）35.8亿元，按可比价格计算（下同），比2015年增长7.3%。分产业来看，第一产业增加值5.4亿元，增长2%；第二产业增加值15.5亿元，增长6.1%；第三产业增加值14.9亿元，增长11.7%（如图1-1所示）。第一、第二、第三产业比例由2015年的19.3:44.4:36.3调整为15.1:43.3:41.6，第三产业比重明显提升，经济结构进一步优化（如图1-2所示）。2016年，黄山胶囊公司在深圳A股上市，是旌德县首家、2016年宣城市唯一一家上市企业。

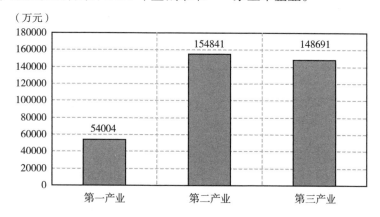

图1-1　旌德县三次产业增加值（2016年）
资料来源：根据《旌德县2016年国民经济和社会发展统计公报》整理。

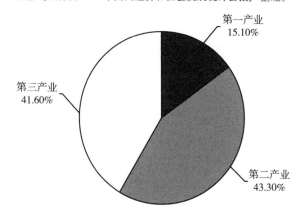

图1-2　旌德县三次产业比重（2016年）
资料来源：根据《旌德县2016年国民经济和社会发展统计公报》整理。

　　近年来尽管旌德县经济发展取得一定的成效，但是在安徽省、宣城市仍处于较为落后的地位，属于省域、市域内的欠发达地区。2014～2016年，旌德县的年均GDP增长率分别为6%、6.5%和7.3%，虽然经济增速逐年抬升，但是与安徽省、宣城市的GDP增速相比，仍有一些差距。2014年，旌德县落后于全省、全市平均经济增速3个百分点。到了2016年，旌德县仍落后于全省、全市平均经济增速1.4个百分点（如图1-3所示）。由于经济增速落后于全省、全市平均水平，将使旌德县的相对发展水平更加居于劣势。因此，旌德县仍面临较大的发展压力。

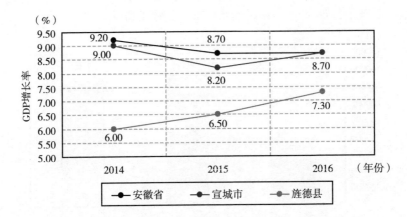

图 1 - 3　旌德县与安徽省、宣城市经济增速对比（2014～2016 年）

资料来源：根据历年《安徽省国民经济和社会发展统计公报》《宣城市国民经济和社会发展统计公报》《旌德县国民经济和社会发展统计公报》整理。

在今后相当长的一段时期内，改革和发展仍将是旌德县的首要任务。如何充分调动干部群众的积极性，利用区位资源优势，创新发展思路，破解发展困局，提高发展水平，是摆在旌德县领导干部和人民群众面前的一道现实难题。在这方面，旌德县近年来进行了一些有益的探索，做出了一些大胆的尝试，取得了一些初步的效果。

第 2 节

旌德改革发展工作背景

一、农村集体资产确权到户与股份合作制改革工作背景

随着我国经济发展进入新常态，农村集体产权制度改革也进入了深水区。[①] 由于历史原因，我国农村普遍存在农村集体资产产权归属不清晰、权责不明确、保护不严格等问题。[②] 因此，为了更好地保护农民权益，促

---

① 厉以宁：《产权明确市场主体才能形成》，载于《当代贵州》2014 年第 2 期。
② 厉以宁：《论乡镇企业的产权改革》，载于《学习与探索》1994 年第 3 期；潘修：《推进和深化农村集体资产产权制度改革的思考》，载于《中国集体经济》2011 年第 30 期。

进农民增收和集体经济发展，进行农村集体产权制度改革势在必行。①
2007 年，国家农业部在出台的《关于稳步推进农村集体经济组织产权制度
改革试点的指导意见》中提出，要引导有条件的地方开展以股份合作为主
要形式，以清产核资、资产量化、股权设置、股权界定、股权管理为主要
内容的农村集体经济组织产权制度改革。截至 2016 年的"中央 1 号"文
件，关于推动农村集体产权制度改革的相关内容多次被提出（如表 1 - 2
所示）。作为农业供给侧结构性改革的重要内容之一，2016 年"中央 1 号"
文件尤其强调农村集体产权制度改革对农业发展、农民增收的拉动作用。②
2016 年的十二届全国人大第十八次常务委员会会议决定，授权全国 59 个
县（市、区）为农民住房财产权（含宅基地使用权）抵押贷款试点。

表 1 - 2   中央有关农村集体产权制度改革的主要文件和内容

年份	文件名称	改革内容
2008	关于切实加强农业基础建设进一步促进农业发展农民增收的若干意见	全面推进集体林权制度改革：在坚持集体林地所有权不变的前提下，将林地使用权和林木所有权落实到户
2009	关于 2009 年促进农业稳定发展农民持续增收的若干意见	全面推进集体林权制度改革：用 5 年左右时间基本完成明晰产权、承包到户的集体林权制度改革任务
2010	关于加大统筹城乡发展力度进一步夯实农业农村发展基础的若干意见	首次提出"鼓励有条件的地方开展农村集体产权制度改革试点"
2013	关于加快发展现代农业进一步增强农村发展活力的若干意见	建立归属清晰、权能完整、流转顺畅、保护严格的农村集体产权制度；健全农村集体经济组织资金资产资源管理制度，依法保障农民的土地承包经营权、宅基地使用权、集体收益分配权
2013	中共中央关于全面深化改革若干重大问题的决定	赋予农民对集体资产股份占有、收益、有偿退出及抵押、担保、继承权的改革任务
2014	关于全面深化农村改革加快推进农业现代化的若干意见	重点提出了要"深化农村土地制度改革"
2015	关于加大改革创新力度加快农业现代化建设的若干意见	推进农村集体产权制度改革：探索农村集体所有制有效实现形式，创新农村集体经济运行机制
2016	中共中央、国务院关于落实发展新理念加快农业现代化实现全面小康目标的若干意见	到 2020 年基本完成土地等农村集体资源型资产确权登记颁证、经营性资产折股量化到本集体组织成员，健全非经营性资产集体统一运营管理机制

资料来源：根据有关中央文件整理。

---

① 孔祥智、穆娜娜：《农村集体产权制度改革对农民增收的影响研究——以六盘水市的"三
变"改革为例》，载于《新疆农垦经济》2016 年第 6 期。
② 高全成：《通过合作化重建农民生产组织体是实现农业增效、农民增收、农村增美的基础
路径》，载于《农场经济管理》2017 年第 5 期。

农村集体产权制度改革的目的和效果是多方面的。全国政协常委、经济委员会副主任陈锡文曾表示，农村集体产权制度改革的目的，一是搞懂自己集体到底有多少"家当"；二是希望在经营这些资产的决策过程中能够公平公开、管理民主；三是经营成果能够公平分配。① 近年来，随着经济发展新常态的特征越来越明显，影响实现农民收入"倍增"并超过城镇居民收入目标的不确定性因素也越来越多，因此，必须在家庭经营收入、工资性收入之外寻找新的收入来源。② 中共十八届五中全会提出"保障农民集体经济组织成员权利，积极发展农民股份合作，赋予农民对集体资产股份占有、收益、有偿退出及抵押、担保、继承权。"其实质就是保护农民的财产权利，扩大农民的增收渠道。

实践证明，农村集体产权制度改革能够促进农民增收，尤其是能够较大程度地提高农民的财产性收入水平。③ 截至 2014 年底，在我国 30 个省、区、市完成产权制度改革的村有 4.7 万个，累计股金分红 1335.1 亿元，当年股金分红 226.9 亿元，平均每个股东分红 364 元。但是目前，我国农民的财产性收入在其总收入中占比不到 4%，其根本原因在于农村巨大的集体资产尚未盘活或者尚未实现农民的财产化。④

我国农村居民的收入构成主要包括家庭经营性收入、财产性收入、工资性收入以及转移性收入。而农村集体产权制度改革主要是通过影响农民的财产性、工资性和家庭经营性收入来促进农民收入的增长。⑤ 首先，集体产权制度改革提高了农民的财产性收入水平。农村集体产权制度改革使得农村"三资"确权到户，农民的财产权利得到了保障。⑥ 而在实际中多数乡（镇）村级集体又依靠股份合作的方式鼓励农民以资金、土地等入股

---

① 陈锡文：《农业和农村发展：形势与问题》，载于《南京农业大学学报》（社会科学版）2013 年第 1 期。
② 厉以宁：《提高农民收入的新路子》，载于《农村工作通讯》2012 年第 3 期。
③ 张红宇、张海阳、李伟毅，等：《当前农民增收形势分析与对策思路》，载于《农业经济问题》2013 年第 4 期。
④ 张克俊、高杰、付宗平：《深化农村土地制度改革与增加农民财产性收入研究》，载于《开发研究》2015 年第 1 期。
⑤ 张立先、郑庆昌：《保障农民土地财产权益视角下的农民财产性收入问题探析》，载于《福建论坛》（人文社会科学版）2012 年第 3 期。
⑥ 厉以宁：《新一轮农村改革最重要的就是土地确权》，载于《理论学习》2013 年第 9 期。

合作社或企业等集体经济，通过资源的优化配置，促进了农民增收。且多数学者也认为，农村集体经济组织实施股份制改革有利于促进农民增收和收入结构调整。[①] 其次，集体产权制度改革提高了农民的工资性收入水平。农村集体经济产权制度进行股份合作化改革之后，农民多数将土地入股或出租给了集体经济、合作社或企业。土地流转后，促进了农民从第一产业向第二、第三产业转移，让农民在获得更多租金收入的基础上拥有了工资性收入。最后，集体产权制度改革提高了农民的经营性收入水平。农民的家庭经营性收入是指农村住户以家庭为生产经营单位进行生产筹划和管理而获得的收入。在集体产权制度改革的过程中，股份合作经济使农户得以通过经营餐厅、超市以及农家乐等提高了自己的家庭经营性收入水平。

随着我国经济社会转型，农业和农村的发展也进入到一个新阶段，处于一个重要转折期，农村改革正成为全面深化改革的关键环节与重中之重。党的十八届三中全会以来，中央围绕健全共同富裕保障目标，聚焦农村集体产权制度、农业经营制度、农业支持保护制度、城乡一体化发展体制机制、农村社会治理制度等领域，出台了一系列深化农村综合改革的重大举措。2015 年 11 月 27 日，习近平总书记在中央扶贫开发工作会议上强调：要通过改革创新，让贫困地区的土地、劳动力、资产、自然风光等要素活起来，让资源变资产、资金变股金、农民变股东，让绿水青山变金山银山，带动贫困群众增收。在 2015 年 12 月 24 日至 25 日召开的中央农村工作会议上，国务院副总理汪洋同志要求：要通过资源变资产、资金变股金、农民变股东，把闲置和低效的农村资源、资金有效利用起来，给农民创造财富。由此可见，农村集体资产确权到户对解放农村生产要素、释放农村发展潜力、发展农村生产力、促进我国经济持续健康发展具有重要的现实意义，已经得到党和国家领导人的高度重视，需要在实践中推进落实。

十八届五中全会提出"创新、协调、绿色、开放、共享"的五大发展

---

① 罗小华：《推进农村集体经济股份制改革的探索与实践》，重庆师范大学，2012 年；尚馥娟、曹丽勇、姜文静等：《城中村集体经济股份制改革经验与成效》，载于《合作经济与科技》2012 年第 4 期；倪冰莉：《广东农村集体经济股份制改革研究》，载于《河南科技学院学报》2014 年第 3 期。

理念，为新时期我国的改革和发展事业奠定了基调。"三变"改革贯穿了五大发展理念的基本内涵，全面体现了"创新""协调"之于经济规律，"绿色"之于自然规律，"开放""共享"之于社会规律。①

从创新发展上讲，"三变"改革是围绕解决农村发展动力不足问题实施的一系列理论创新、观念创新、制度创新、方法创新。从协调发展上讲，"三变"改革通过产业平台和股权纽带，解决区域发展不平衡、"四化同步"发展不平衡、城乡发展不平衡以及平均数高、大多数低等问题，推动城乡资源要素双向流动、三次产业融合发展。从绿色发展上讲，"三变"改革围绕怎样才能既保住绿水青山、又创造金山银山问题，② 立足农村产业发展和资源优势，通过生态产业化、产业生态化发展，充分激活山地资源、生态资源、政策资源、劳动力资源等各种发展要素，找到生态建设和经济建设的结合点，实现生态价值、经济价值、社会价值、旅游价值"四个最大化"。从开放发展上讲，"三变"改革把千家万户的农户同千变万化的大市场联系起来，放大了农民狭隘的生产生存空间，提高了农业生产经营的组织化程度和市场竞争力，促进了农业向区域化、规模化、特色化、产业化、市场化发展。从共享发展上讲，"三变"改革有效推动了资源要素有序流动、优化重组、互联互通，为人人参与改革、推动发展提供了平台和机遇，让改革发展成果更多更公平地惠及广大人民群众，实现共同发展、共享成果、共同致富。

农村土地家庭承包经营和城市国有企业改制，使农村除承包地之外的集体资产成为计划经济时代残存的最后一块"大锅饭"领地。如何运用社会主义市场经济原理打破这个"大锅饭"，让集体资产迸发活力，具有市场精神，安徽省旌德县做了一些有益的探索。③

二、全域旅游工作背景

县域作为中国历史悠久的地理行政单元，是县域内社会、经济、政

---

① 刘远坤：《农村"三变"改革的探索与实践》，载于《行政管理改革》2016 年第 1 期。
② 雷明：《两山理论与绿色减贫》，载于《经济研究参考》2015 年第 64 期。
③ 刘奇：《乡村里的社会主义市场经济道路——旌德样本》，载于《中国发展观察》2016 年第 15 期。

治、文化等活动开展的重要空间载体。2002 年，党的十六大提出要发展壮大县域经济，表明国家顶层设计层面上对县域经济发展的高度重视。随着我国旅游业的快速发展，旅游业对促进县域经济发展、加快产业结构转型升级、增加居民收入、完善公共基础设施建设等方面作用突出，"县域旅游"成为县域经济的重要着力点。

县域旅游的发展并不是旅游资源、旅游产业或旅游服务等某一环节的独立发展，也不是这几个环节的简单"加法"，而应是各个环节环环相扣的全域发展模式。[①] 所谓的"全域"，不仅仅局限于地域的空间概念，更包含存在于特定地域空间的旅游各行各业、政府部门及居民等相关要素所组成的旅游系统。全域旅游正是以全新的视角重新审视整个县域的旅游系统，并以全新的理念指导与促进县域旅游的发展与提升。[②]

全域旅游的概念内涵中包含全新的发展观、全新的合作观、全新的资源观、全新的产品观、全新的市场观和全新的服务观。全域旅游通过整合相关的行业、部门、资源，将旅游业上下游的相关产业打造成产业链，充分挖掘区域内自然资源、人文资源、社会资源的服务价值，利用全媒体营销手段，为游客提供全方位的体验服务，达到社会、经济、文化、生态的协调共赢（如图 1-4 所示）。

2017 年 3 月 5 日，国务院总理李克强在政府工作报告中提出，完善旅游设施和服务，大力发展乡村、休闲、全域旅游。"全域旅游"首次写入政府工作报告，预示着中国推进"全域旅游"的步伐将更加务实、坚定。在 2016 年全国旅游工作会议上，国家旅游局局长李金早提出，要推动我国旅游从"景点旅游"向"全域旅游"转变。发展全域旅游的核心是要从原来孤立的点向全社会、多领域、综合性的方向迈进，让旅游的理念融入经济社会发展全局。目前，国家旅游局已公布了两批国家全域旅游示范区，在全域旅游示范区内先行先试国家相关政策，以全域旅游开创旅游发展新格局。

① 彭清华：《着力打造特色旅游名县 推动全域旅游创新发展》，载于《中国旅游报》2016-10-20（001）。
② 曾祥辉、郑耀星：《全域旅游视角下永定县旅游发展探讨》，载于《福建农林大学学报》（哲学社会科学版）2015 年第 1 期。

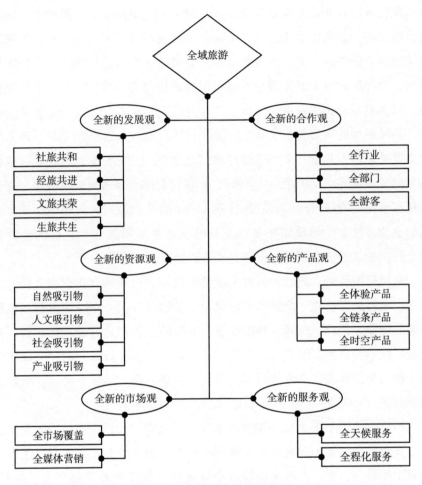

图1-4 全域旅游的概念内涵

一年多以来，国家旅游局围绕全域旅游发布了《国家全域旅游示范区认定标准》《全域旅游示范区创建验收标准》等多个文件，除此之外，在"十三五"旅游规划文件中均围绕全域旅游开展工作部署，加大了政策扶持的力度。同时，全域旅游也得到了全国各地各级政府的重视和支持，有望成为经济新常态下地方经济发展的新动能，为区域经济注入新的活力。在这一背景下，安徽省旌德县需要响应国家号召，把握时代潮流，抢占发展先机，在全域旅游方面有所作为，充分调动县域内的各类自然、生态、人文资源，为县域经济发展寻找新的着力点。

三、多元扶贫工作背景

中国是世界上人口最多的发展中国家，贫困人口问题一直是事关我国稳定和发展的重要问题，直接决定了经济建设和社会发展的成果质量，决定了我国能否达到社会主义的本质要求，实现共同富裕的目标。

党的十八大以来，党中央对脱贫攻坚作出新的部署，吹响了打赢脱贫攻坚战的进军号，脱贫攻坚取得显著成绩。2013～2016年的4年间，每年农村贫困人口减少都超过1000万人，累计脱贫5564万人；贫困发生率从2012年底的10.2%下降到2016年底的4.5%，下降5.7个百分点；贫困地区农村居民收入增幅高于全国平均水平，贫困群众生活水平明显提高，贫困地区面貌明显改善。总的看，党中央确定的中央统筹、省负总责、市县抓落实的管理体制得到了贯彻，"四梁八柱"的顶层设计基本形成，各项决策部署得到较好落实。在实践中，形成了不少有益经验，概括起来主要是加强领导是根本、把握精准是要义、增加投入是保障、各方参与是合力、群众参与是基础。这些经验弥足珍贵，要长期坚持。

中共中央政治局于2017年2月21日下午就我国脱贫攻坚形势和更好实施精准扶贫进行第三十九次集体学习。中共中央总书记习近平在主持学习时强调，言必信，行必果。农村贫困人口如期脱贫、贫困县全部摘帽、解决区域性整体贫困，是全面建成小康社会的底线任务，是我们做出的庄严承诺。习近平总书记指出，要强化领导责任、强化资金投入、强化部门协同、强化东西协作、强化社会合力、强化基层活力、强化任务落实，集中力量攻坚克难，更好地推进精准扶贫、精准脱贫，确保如期实现脱贫攻坚目标。

一是要坚持精准扶贫、精准脱贫。要打牢精准扶贫基础，通过建档立卡，摸清贫困人口底数，做实做细，实现动态调整。要提高扶贫措施有效性，核心是因地制宜，因人、因户、因村施策，突出产业扶贫，提高组织化程度，培育带动贫困人口脱贫的经济实体。要组织好易地扶贫搬迁，坚持群众自愿原则，合理控制建设规模和成本，发展后续产业，确保搬得出、稳得住、逐步能致富。要加大扶贫劳务协作，提高培训针对性和劳务输出组织化程度，促进转移就业，鼓励就地就近就业。要落实教育扶贫和健康扶贫政策，突出解决贫困家庭大病、慢性病和学生上学等问题。要加大政策落实力度，加大财政、土地等政策支持力度，加强交通扶贫、水利扶贫、金融扶贫、教育扶贫、健康扶贫等扶贫行动，扶贫小额信贷、扶贫再贷款等政策要突出精准。

二是要加强基层基础工作。要加强贫困村两委建设，深入推进抓党建促脱贫攻坚工作，选好配强村两委班子，培养农村致富带头人，促进乡村本土人才回流，打造一支"不走的扶贫工作队"。要充实一线扶贫工作队伍，发挥贫困村第一书记和驻村工作队作用，在实战中培养锻炼干部，打造一支能征善战的干部队伍。农村干部在村里，工作很辛苦，对他们要加倍关心。

三是要把握好脱贫攻坚的正确方向。要防止层层加码，要量力而行、真实可靠、保证质量。要防止形式主义，扶真贫、真扶贫，扶贫工作必须务实，脱贫过程必须扎实，脱贫结果必须真实，让脱贫成效真正获得群众认可、经得起实践和历史检验。要实施最严格的考核评估，开展督查巡查，对不严不实、弄虚作假的，要严肃问责。要加强扶贫资金管理使用，对挪用乃至贪污扶贫款项的行为必须坚决纠正、严肃处理。

今后几年，我国脱贫攻坚面临着十分艰巨的任务。越往后脱贫难度越大，因为剩下的大都是条件较差、基础较弱、贫困程度较深的地区和群众。今后，在我国的脱贫攻坚工作中，要把深度贫困地区作为区域攻坚重点，确保在既定时间节点完成脱贫攻坚任务。① 我国的贫困人口分布中，少数民族地区、边疆地区、偏远山区是重度贫困人口集中分布的地区，② 也是今后几年扶贫工作最需要重点攻克的难关。在这些地区开展扶贫工作，面临着贫困连片面积大、自然生态环境恶劣、人口文化水平低、脱贫效果可持续性差等现实难题。因此，在今后"老少边穷山"地区的脱贫攻坚战中，需要创新扶贫思路，开拓扶贫手段，综合运用多元化的扶贫模

---

① 雷明：《扶贫战略新定位与扶贫重点》，载于《改革》2016 年第 8 期。
② 杨华松、彭吉萍：《民族地区贫困问题及多元化扶贫开发模式选择》，载于《中国管理信息化》2017 年第 8 期。

式，形成工作合力，提升扶贫效果。

一是扶贫方式多元化。造成贫困的因素是多样化的，因此需要采取多元化的扶贫方式。对于那些本身就没有什么经济发展来源的贫困地区，在帮扶其摆脱贫困时，不能只依靠政府公共财政的支持和社会公益力量的帮助，民政部门和各种公益性组织也有着非常重要的作用。而对于那些生活方式和文化相对落后的地区，要加大对其基础建设和科教事业的投入，从而提高村民整体的文化水平，加强其文化建设，从观念上扶助他们脱离贫困。同时在劳动生产中，要让他们掌握先进的生产技术和生活方式，从而提高生产效率和生活质量。而对于环境已经比较恶劣的地区，可以让村民进行迁移，然后把他们安置在交通比较便利和经济发展相对稳定的地区，同时加强这些地区通信设备的建设等。而对于那些制度比较落后的地区来说，要进一步完善当地的制度建设，同时加大对其科学、教育、文化、卫生等方面的投入，从而为大面积的扶贫工作提供强有力的支撑。

二是扶贫主体多元化。在开展扶贫工作时，相关人员要加强扶贫的力度和能力。在这一方面，相关人员不能只依靠政府的力量来进行这项艰巨的工程，因为政府的力量也是有限的，且不可能把所有的财力、人力和物力都运用到扶贫的工作中，因此需要扩大扶贫的主体。在政府的主导下，尽量使各社会成员自主参与到扶贫工作中，建立多元化的扶贫主体，从而完善我国的扶贫制度，增强我国的扶贫的实力。在和民族地区反贫困有关的活动中，政府的作用固然重要，但一些社会组织和市场力量也是不可忽视的。

三是扶贫效益多元化。针对民族地区扶贫时，不仅要关注其经济效益，同时还要重视其文化发展和生态环境的发展，所以在扶贫过程中，要注重可持续发展观念在扶贫工作中的应用。因此，在开展扶贫工作过程中，首先要建立一条绿色的经济发展道路，使农村的经济发展不以牺牲环境为代价。因为落后地区的村民受传统观念影响，对资源的保护意识不足，导致自然灾害频发，还对我国的整体环境保护带来了严重影响，所以，在对民族地区扶贫时，不但要增加他们的经济收入，同时也要宣传环保和可持续发展理念，合理规划民族地区的生产结构。同时，在对民族地区进行扶贫时，还要注意对民族文化进行保护，尊重他们的文化和传统，在扶贫工作中体现出民族文化的特征，使民族文化成为扶贫效益的重要财富。

安徽省旌德县属于省域、市域内相对欠发达的地区，而且地处山区，境内分布着原生态的自然环境资源和历史文化资源。旌德县的扶贫工作开展，需要创新思路，整合资源，形成合力，以多元化、精准化的扶贫手段，打造具有特色的扶贫工作模式。

第3节
旌德"确权股改＋全域旅游＋多元扶贫"模式总结

旌德县位于皖南国际文化旅游示范区核心区，总面积904.8平方公里，总人口15万人，辖9镇1乡，61个行政村，7个社区。2003年全县行政区划调整前有123个村，1267个组，调整后有68个村（居），1165个组。目前村组资产合计2.32亿元，其中有经营性资产的村55个。

近年来，旌德县针对村集体资产归属不清、权能不明、管理不当而导致的资源闲置、滋生腐败、引发民怨等问题，通过"重构产权、创新经营、激发活力"的制度设计，彻底攻取了村集体经济"大锅饭"这块领地。通过资产确权、股份制改革，实现了资源变资产、资金变股金、农民变股东，有效的为开展全域旅游提供了基础。通过统筹"集体经济＋全域旅游"，激发了农民脱贫致富的内生动力，拓宽了农民增收致富的途径渠道，有效带动了全县的精准扶贫工作开展，取得了显著的脱贫成绩。因此，旌德模式最突出的特征就是，下好"集体经济＋全域旅游＋多元扶贫"这一盘大棋，实现农村改革、经济发展、脱贫攻坚的协同共进（如图1－5所示）。2016年度，旌德县精准扶贫综治考核名列宣城市第一，精准扶贫工作取得了卓著的成绩。农村集体资产确权到户和股份合作制改革工作获得了中央和省、市领导的批示认可，2016年先后被确定为全省整县推进"三变"改革试点县、全国农村集体产权制度改革试点县。

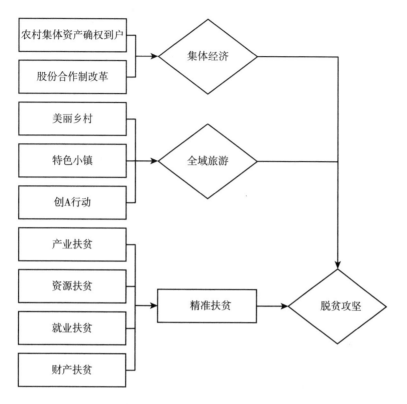

图 1-5　旌德"集体经济 + 全域旅游 + 多元扶贫"模式

一、集体资产确权和股份合作制改革

2015 年以来，旌德县开展了农村集体资产确权到户和股份合作制改革整县推进工作。2015 年 4 月，在大量前期调研的基础上，确定了 3 个试点村，围绕集体资产产权这一核心进行了初步探索。到 2015 年底，形成了公司制为基础、"母—子公司"并行、"全域旅游 + 美丽乡村 + 集体经济"一盘棋的基本经验。2016 年 3 月，经安徽省农委同意，全面启动了农村集体资产股份合作制改革整县推进工作。按照县委"1334"工作布局（即"走出一条新路、坚持三点原则、把住三个关口、拓展四条途径"），截至 2016年 5 月底，全县 68 个村（居）全部成立了集体经济公司，一批进度较快的村已经开展了实质性运营，取得了较好的效果。

旌德整县推进的农村集体资产股份合作制改革，以企业为龙头，以产业为平台，以股权为纽带，以农民为主体，以小康为目标，全面推进农村"三变"改革。通过股权纽带把农村各种资源要素整合到产业平台上来，创新了农业经营体制机制，促进了农业产业结构调整，拓宽了农民增收致富渠道，激活了农村发展内生动力，探索出一条深化农村改革新路。①

一是推进资源变资产，让沉睡的资源活起来。围绕盘活农村土地、资本、劳动力、技术等资源要素，以集体土地、森林、草地、荒山、滩涂、水域等自然性资产和房屋、建设用地、基础设施等可经营性资产的使用权，以及农民的土地承包经营权、房屋产权等进行核查清理、登记备案、评估认定，以股权形式入股经营主体，使集体经济组织和农民拥有合作社、企业、家庭农场等法人经济实体的股权，按股权比例获得收益，让农村分散闲置的资源活起来，发展壮大集体经济，促进农民增收致富。

二是推进资金变股金，让分散的资金聚起来。农村财政资金具有项目多、额度小、一次性等特点，导致财政资金无规模、财政投入效益低、财政支持不可持续等问题。旌德县将财政投入农村的生产类发展资金、扶贫开发资金、农村基础设施建设资金、支持村集体发展资金等量化为村集体或农户的股金，在不改变资金使用性质和用途的前提下，按照集中投入、产业带动、社会参与、农民受益的方式，集中投入合作社、企业、家庭农场等经营主体形成股权，按股权比例分享收益，提高资金的集中度和使用效益，形成农民稳定增收的长效机制。

三是推进农民变股东，让增收的渠道多起来。传统的租赁关系难以将经营主体与分散农户紧密联系起来，农户缺乏参与现代农业经营的积极性。旌德县积极推动农民以土地、资金、技术等入股经营主体，改变了主要通过土地流转发展规模经营的方式，既让经营主体在不增加成本的情况下发展适度规模经营，又让入股农户通过以承包地入股成为合作社、企业和家庭农场的股东，实现在家门口就业。由过去的旁观者变为参与者，促

---

① 王运宝：《"三变"与激活：旌德农村股改"多赢效应"调查》，载于《决策》2016年第6期。

进农户与经营主体"联产联业""联股联心",推进共建共享发展,有效增加了农民工资性收入和财产性收入,培育了一大批职业农民。

近年来,旌德县在坚持土地公有性质不改变、耕地红线不突破、农民利益不受损的前提下,开展了"资源变股权、资金变股金、农民变股民"的"三变"改革探索。通过将农村集体资源性资产和经营性资产做价入股,将财政投入农村的生产发展类、扶持类资金,在不改变使用性质和用途的前提下量化为村集体经济组织或农民的股金,将农民的承包土地经营权、住房财产权以及资金、实物、技术、劳动力等生产要素入股农业产业化龙头企业、农民合作社等新型农业经营主体,促进了农业适度规模经营。①

"抓股改、促三变"以来,旌德全县集体经济空白村从 28 个减少到 9个,总收入增长 124.5%,农村居民人均可支配收入增长 20.6%,大量集体债务被化解,村级公共支出保障能力大幅提升。

二、全域旅游

习近平总书记指出,"绿水青山就是金山银山"。过去"村村点火、户户冒烟",现在农旅融合、以城带乡。旌德县通过下好"集体经济、美丽乡村、全域旅游"一盘棋,把美丽乡村建设成果、良好的自然生态环境变成旅游景点,为集体经济提供持续稳定的收入来源,反哺美丽乡村建设,实现可持续发展。②

全域旅游战略实施以来,使旌德拥有了 214 处景区景点,一跃成为安徽省旅游局评定的全省旅游强县。截至 2016 年底,旌德县内共有景区景点214 处。其中,4A 级景区 1 处(江村景区),3A 级景区 4 处(朱旺景区、旌歙古道景区、路西景区、旌德文庙景区),2A 级景区 18 处,1A 级景区26 处,景点 165 个。

例如,三溪镇路西村盘活百亩茶园、千年古埂等自然资源,实现了

① 周密:《"三变"与激活:旌德农村股改探新路》,载于《农村经营管理》2016 年第 9 期。
② 刘玉春、贾璐璐:《全域旅游助推县域经济发展——以安徽省旌德县为例》,载于《经济研究参考》2015 年第 37 期。

"资源变资产"；将各级财政投入的534万元项目资金形成的资产纳入集体经济公司，实现了"资金变股金"；将这些资产进行打包，创成3A级景区，委托南京康富源公司运营，每年保底收入10万元，真正把"绿水青山"变成了"金山银山"。

还有省级美丽乡村示范村孙村镇玉屏村，通过美丽乡村建设，创成2A级景区，委托县旅游公司运营，为集体经济带来持续、稳定的收入。

此外，旌德县通过实施"创A行动"，全县景区景点总数达到210处，其中大多数产权主体是村集体，如高甲的香榧生态园、庙首的老街、乔亭的垫湖等，都在探索通过市场化委托运营为集体经济带来稳定收入。

三、多元扶贫

在脱贫攻坚方面，旌德县的做法是依托农村集体资产确权到户和股份合作制改革，激发农民的生产积极性，盘活农业资源资产，壮大农村集体经济，调动农民脱贫致富的内在动力，创造了贫困村出列、贫困户摘帽的前提条件。在脱贫手段上，旌德县以农村集体资产股份制改革为基础，实现了农民变股民、股民有股金、入股享分红，增加了农民的财产性收入，达到了财产脱贫效果；通过整合包装村集体资源，实施创A行动，建设美丽乡村，旌德的全域旅游产业得到蓬勃发展，形成了皖南地区独具特色的旅游产业，带动当地旅游业从业居民增收致富，达到了产业脱贫效果；通过成立村级集体企业的母公司、子公司，吸纳了一批农民就业，达到了就业脱贫效果；通过成立产业发展基金，鼓励和扶持有理念、有技术、有能力的农民返乡创业，利用独特的高山生态气候和自然环境，发展特色化的山地农业、有机农业、光伏发电，最大化自然资源效益，达到了资源脱贫效果。

旌德县巧妙地将扶贫工作融入"集体经济+全域旅游"的一盘棋中去，以推进股改"三变"、建设美好乡村、打造特色小镇为依托，创造了大量就业机会，开辟了更多增收途径，形成了积极向上的生产生活氛围，综合运用产业脱贫、就业脱贫、资源脱贫、财产脱贫等多元化手段，共同助力全县精准扶贫事业登上新台阶。

第4节
┈┈┈┈┈┈➤ 旌德经验提炼

一、重构产权

我国《公司法》规定，有限公司的股东人数在 2～50 人之间。如果
按村民或者户数入股成立集体资产有限公司，一村内庞大的股东数设定
将违背《公司法》。旌德县的具体做法是：在清产核资的基础上，以户
为单位分发股权，量化到个人；再以自然村或村民组为单位成立专业合
作社，村民以量化到人的股权出资，成为合作社股东，合作社成为村民
实现股权的法人主体，实行"生不增、死不减"的股权终生不变的管理
方式。依照《公司法》，各个合作社作为股东共同发起成立集体资产经
营管理有限公司，作为母公司。为防止走过去"大锅饭"的老路，县里
要求母公司不得独立经营，只能以拥有的集体资产入股成立子公司，由
子公司独立经营，且母公司只能参股，不得控股，主要职责是负责监督
子公司的运营。母公司作为集体产权承载主体，具体体现了社会主义公
有制特征。[①] 子公司作为经营主体，按市场规律独立运营，充分体现了
市场经济的法则。这一制度设计灵活运用了《公司法》和《农民专业合
作社法》，充分体现了"股份＋合作"，且完全符合现有法律，既没有
"抢跑"，也不"越位"，是公有制背景下农村社会主义市场经济原理的
直接体现，它使得所有权与经营权分离，财产权与收益权分离，"运动
员"与"裁判员"分离，从而使社会主义的公平原则与市场经济的效率
原则得以高度统一。

目前，全国各地的集体资产经营管理公司大体有两种形式：一种是按
公司法要求登记股民，其余村民作为附加，然而一旦出现风险，法律保护
不了附加者；二是靠省一级出台地方政策明确主体地位，如上海、浙江，

---

① 厉以宁：《厉以宁改革论集》，中国发展出版社 2008 年版，第 18 页。

这只是"地方粮票"。① 旌德的做法既合理规避了《公司法》，也不需要"地方粮票"，是农村集体产权制度改革的第三条道路，且化繁为简，操作方便，易于复制，具有普适性，极具推广价值。

二、创新经营

旌德县以公司制为基础，创新出"母公司＋子公司"的双层结构经营模式。村集体资产经营管理有限公司作为母公司，通过招商、吸引能人、扶持"双创"等方式，引进民营主体，由母公司和民营资本共同注册成立子公司。为了保障集体稳定收益，母公司与子公司签订收益分成协议，按照"保底收益＋按股分红"的方式进行利益分配。这样既使集体资产保值增值有了保障，又使乡村创业创新有了支撑平台，更使资源开发有本可依，充满活力。如旌德县三溪镇三溪社区，体现了当前旌德县产权改革的多种经营模式。三溪社区以清产核资后的所有集体资产确股到人后，同步成立股份经济合作社；再以合作社为股东，成立旌德三圆生态农林经济发展有限公司。三圆公司以母公司的身份裂变子公司：一是以道路等基础设施使用权入股，由自然人控股成立生态农业公司，流转村民闲置旱地发展体验式乡村旅游，生态农业公司每年上交村集体至少 3 万元；二是引入自然人入股，村集体以原有保洁设施等固定资产或者资金入股，共同成立物业管理等公司，每年上交给村集体固定收益；三是以一定年限的林地使用权入股，引进外地企业，三年后村集体保底收入每年递增。

对于无集体经营性资产的村，旌德县设立了扶持集体经济发展基金，为集体经济空白村的股份合作制改革注入"源头活水"。2014 年，全县 68 个村中空白村 28 个（占 41.2%），收入 0~2 万元的 25 个，两项合计年收入 2 万以下的村有 53 个，占 77.9%。经过一年努力，集体经济空白村只剩下 8 个，占 11.76%，68 个村中目前已有 55 个拥有经营性收入，占 80.88%。

---

① 沈冰、郭培媛、李婧：《完善地票交易制度的个案研究》，载于《经济纵横》2010 年第 8 期。

三、激发活力

一是激活了创业激情。农村集体资产确权到户和股份合作制改革后，产权变得清晰。政府、村集体、村民、本地能人或者外来投资者利益联动，各方责任感、主动性、积极性大大提升。县政府设立的扶持集体经济发展基金为大学生、农民工返乡创业提供了资金支持；村集体资产经营管理有限公司通过招商引资、扶持双创、监管子公司运营等为农村创业搭起平台并"保驾护航"；而村民、本地能人、外来投资者则成为推动农村创业最直接、最活跃的因素，各路人才纷纷流向乡村寻找商机。截至2016年6月，据6个乡镇调查，已有返乡创业的大学生46位，返乡创业的农民工79位。

二是激活了农村闲散资源。将外出打工者的闲置民居改造、升级为"三化"（企业化、信息化、标准化）民宿，融入旅游产业链条，使"老鼠住的房子"成了"老板住的别墅"。把舍弃校舍或废弃村部开发成工厂车间或旅店，资产保值增值立现。目前，三溪镇路西村共开发36家民宿，方便了游客，富裕了村民。路西村还将一条荒废的宋代古河堤作为旅游资源入股招商引资，变"闲"为"宝"，集体收益立增。旌德县"全域旅游"的发展理念，正遇上产权改革的制度活力。旅游业的兴旺使得当地妇女、老人等闲散劳动力及村民的闲散时间得以利用，如通过打扫卫生、保持村容与民俗整洁为游客提供卫生服务，通过为游客讲解当地民俗风情、山川路线提供导游服务，通过发展农家散养禽畜、农产品加工等为游客提供购物服务，使"闲人"和"闲时"都产生价值，社会活力及经济效益大增。

三是激活了各类村级组织。农村集体资产确权到户和股份合作制改革后，村里挂党支部、村委会、村务监督委员会、集体经济有限公司四块牌子。村里稳定的收益不仅使各项工作经费、干部报酬有了保障，而且道路、卫生、水电等公益事业经费也有了进项，干部不再为钱发愁，也不需要再为集体资产经营到处忙，各司其职抓工作的积极性空前提高。集体经济的发展壮大，也为维护基层政权稳定提供了坚实保障。

四是激活了村民民主意识和市场经济意识。村民的民主意识和市场经济意识需要通过实践来提升。三溪镇三溪社区在讨论林地入股的村小组会议时，很快从 26 户村民家庭中邀请到 21 人参加讨论，当场选出了合作社理事长，村民民主意识得到了锻炼；而将村民变股民，参与经营管理的产权制度改革过程，本身就是对村民市场主体意识的一种提升。①

旌德县村级集体经济产权制度改革的实践，为中西部农村集体产权制度改革探索出了一条新路子，为攻取计划经济时代残存的农村最后一块"大锅饭"领地积累了成功经验。

第 5 节
→ 总结与启示

一、总结

旌德的经验表明，农村"三变"改革有利于深化农村综合改革，有利于构建新型农业经营体系，有利于精准扶贫到村到户，有利于夯实农村发展基础，有利于守住发展和生态两条底线。

1. 建立支持保护机制

通过大力发展现代山地特色高效农业，因地制宜选择好发展产业，培育壮大新型农业经营主体。② 创新财政资金资源配置机制，整合涉农、扶贫等相关项目和资金，用好国家政策举措，发挥整体合力。逐步扩大新型农业经营主体承担农业综合开发、基建投资等涉农项目规模。允许将财政投入农村的涉农资金量化为村集体的股金（补贴类、救济类、应急类资金除外，扶贫开发资金可量化到贫困农户），在不改变资金性质及用途的前提下，集中投入各类农业经营主体，按股比获得收益。支持农民合作社建设农产品加工仓储冷链物流设施，允许财政补助形成的资产量化为村集体

---

① 厉以宁：《让农民成为市场主体》，载于《农村工作通讯》2013 年第 23 期。
② 朱善利：《产业选择与农民利益：宁夏固原扶贫与可持续发展研究》，经济科学出版社 2010 年版，第 71～79 页。

资产转交给农民合作社持有和管护。鼓励农民以承包土地经营权或者资金、技术等入股农民合作社、农业产业化龙头企业，分享产业链增值收益。按照依法自愿有偿原则，引导农民以多种方式流转承包土地经营权，以及通过土地经营权入股、托管等方式，发展适度规模经营。加快培养新型职业农民，大力发展农民合作社、专业大户和家庭农场，支持龙头企业、合作社等新型农业经营主体与村集体、农户建立紧密型利益联结机制，采取保底收购、股份分红、利润返还等方式，实现合作共赢。采取财政扶持、信贷支持等措施，加快培育经营性农业服务组织，推进农业社会化服务主体多元化、形式多样化、运作市场化。

2. 建立确权颁证机制

大力推进农村集体土地所有权确权登记颁证工作，在此基础上，按照不动产统一登记原则，加快推进集体建设用地和宅基地使用权、农民房屋所有权、集体林权、小型水利工程产权等确权登记颁证工作，进一步厘清和明晰农村资源资产权属，做到四至清楚、面积准确、产权清晰。[①] 土地承包经营权登记原则上确权到户到地，在尊重农民意愿的前提下，也可以确权确股不确地。实行最严格的土地用途管制制度，禁止以农业为名圈占土地从事非农建设。分类推进农村集体资产确权到户和股份合作制改革，对农村集体经营性资产，重点是将资产折股量化到本集体经济组织成员，赋予农民对集体资产更多权能，发展多种形式的股份合作。引导农村集体所有的荒山、荒沟、荒丘、荒滩使用权有序流转。鼓励将农村集体各类资产进行清理核实，经村集体经济组织全体成员同意，确定权属关系，折价入股农业经营主体，并按比例获得收益。健全农村集体"三资"管理监督和收益分配制度。明确集体经济组织市场主体地位。

3. 建立产权交易机制

建立符合实际需要的农村产权流转交易市场，保障农村产权依法自愿公开公正有序交易。[②] 制定农村产权流转的管理办法等相关配套文件，完善交易规则和流程。建立交易监督机制，强化监管，确保产权交易规范透

---

① 厉以宁：《推动城镇化应给农民发放产权证》，载于《新世纪领导者》2010 年第 9 期。
② 程志强：《规模连片经营一定要土地使用权的集中吗？——基于漯河市粮源公司"中间人"制度的案例分析》，载于《中国市场》2011 年第 3 期。

明运行。创新农村内部法人治理结构。分级建立农村产权综合交易平台，形成市级农村产权交易中心、县级交易所、乡级流转服务站三级农村产权流转服务体系。鼓励和支持以市场化方式组建农村产权及其他权益类资产评估机构，满足农村资产和权益评估需求。在农村产权评估市场的培育阶段，通过采取扶持补贴政策和适当降低民营评估机构行业准入条件等措施，鼓励和支持社会评估、会计等中介机构进入农村产权评估市场，让农村集体资产和农民承包土地经营权以及资金、劳动力等入股投资平台。村集体和农民以承包土地经营权或者其他财产权利入股农业经营主体，需要评估作价的，可以协商确定，也可以委托法定评估机构评估。加强评估人才队伍建设，通过业务指导、讲座培训、考核颁证的方式，培养一批专职从事农村产权评估业务的专业队伍。

4. 建立融资担保机制

加快农村金融制度创新，完善农村信贷损失补偿机制，探索建立地方财政出资的涉农信贷风险补偿基金。稳妥开展农村承包土地的经营权和农民住房财产权抵押贷款试点，创新和完善林权抵押贷款机制，拓宽"三农"直接融资渠道。[①] 坚持社员制、封闭性原则，在不对外吸储放贷、不支付固定回报的前提下，以具备条件的农民合作社为依托，稳妥开展农民合作社内部资金互助试点，引导其向"生产经营合作 + 信用合作"延伸。完善农村信用体系建设，将农户和承接经营主体的信贷信用信息纳入中国人民银行征信系统，进一步扩充信息采集范畴，公安、工商、法院、税务、国土、环保等部门可依法依规向征信系统报送行政执法信息。深入推进信用农户、信用村组、信用乡镇和农村金融信用县等农村信用工程建设，开展新型农业经营主体信用评级与授信。探索融资担保新模式，鼓励组建政府出资为主、重点开展涉农担保业务的县域融资性担保机构或担保基金。加快再担保机构发展，扩大小微企业和"三农"融资担保业务规模。探索企业、合作社等经营主体、村集体经济组织以及村民共同出资组建的行业性担保公司。

---

① 程志强：《对我国土地信用合作社实践的思考——以宁夏平罗为例》，载于《管理世界》2008 年第 11 期。

5. 建立风险防控机制

进一步加大对农业保险的支持力度，针对各地各类特色农产品的发展情况，建立创设各级财政支持开发、扩大特色农产品保险品种的机制，增加保费补贴品种、扩大保费补贴区域、支持提高保障水平，增强农业和农户的抗风险能力。进一步推动农业保险业务发展，扩大茶叶、中药材等特色农产品保险的试点范围。完善农业保险制度，支持有条件的地区成立农业互助保险组织，扩大农业保险覆盖面，开发适合新型农业经营主体需求的保险品种。采取风险补偿、政府资源配置等方式，引导商业保险机构开发面向农户的小额信贷保证保险产品，并与银行共同制定合理的风险分摊机制。建立股权（股金）监管机制，重点对财务和经营情况进行监管。建立抵押物处置机制，对于纳入全国农村承包土地的经营权和农民住房财产权抵押贷款试点的县（市、区），因借款人不履行到期债务或者发生当事人约定的情形需要实现抵押权时，允许金融机构在保证农户承包权和基本住房权利前提下，依法采取多种方式处置抵押物。建立股权退出机制，农民和村集体持有承接经营主体的股份部分，成员内部之间可以依法转让并办理相关手续。建立合同备案机制，引导合作当事人按协商内容，依法签订合同协议，约定双方的权利和义务。按照合作当事人签订的合同协议约定，履行权利和义务，兑现收益分配。在保障农民利益的前提下，合理设定土地承包经营权流转年限，明确农民入股经营主体解散、破产后的处理办法。探索筹建农业资产经营公司，健全风险防控机制。建立法律顾问机制，组织律师和法律服务工作者对法律文书进行审核把关，并全程指导农民签合同、入股经营、股权收益等环节。

6. 建立权益保障机制

政府部门把保护农民产权利益列为重大事项进行督查，确保土地流转的合法性，维护好农民群众的切身利益。加强对工商企业租赁农户承包地的监管和风险防范，建立健全资格审查、项目审核、风险保障金制度，对租地条件、经营范围和违规处罚等做出规定。允许试点乡镇成立村集体经营公司，实现集体资产的统筹经营和统一管理，提高集体资产的使用效率，放大收益；实现村民到股东的转变，保障入股村民获得长期稳定收益。建立股份联结机制，引导农民、村集体经济组织和承接经营主体依法订立合同或协议，形成"利益共享、风险共担"的股份联结机制。建立股权分红机制，入股主体和承接经营主体按照合同确定的收益分配方式进行分配，在集体资产评估量化、资金量化、合理划分股权结构的基础上，入股主体和承接经营主体合理确定入股主体股金所占股比及收益分配办法，通过签订股权分红协议约定相关事宜。探索建立灵活多样的股权收益分配机制和兼顾国家、集体、个人的土地增值收益分配机制。引导新型农业经营主体按照合作制原则完善股权结构和治理方式，确保村集体和农民履行股东职责、行使股东权力、参与重大决策。

二、启 示

在下一步推进农村"三变"改革的工作中，要精准发力，抓住改革关键环节，扎实有效地深化"三变"改革工作。

一是抓好关键环节，筑牢工作基础。按照项目化、数量化、时限化和责任化的要求，组织精干力量，汇聚各方智慧，立非常之志、谋非常之策、用非常之举，在农村产权确权登记颁证、清产核资、农村产权交易平台和股权交易平台、村集体资产股权化等改革取得进展，不断夯实"三变"改革工作基础，激发"三变"改革综合效应。

二是抓好打造提升，培育提升样板。坚持示范带动，加强"三变"改革乡镇、村的培育打造，创新形式和内容，探索不同股权构成的"三变＋N"模式，搞好结构调整、完善产业布局。

三是抓好政策配套，强化风险防控。积极协调有关部门出台支持改革配套政策措施，形成政策合力，为更好推进"三变"改革创造良好政策环境。建立股权监管机制、股权退出机制等，有效防止"三变"改革中市场风险、社会风险、道德风险和法律风险。

四是抓好组织保障，确保改革成效。完善省级领导、市级协调、县级为主、乡镇实施的管理机制，强化县级党政的领导。加大考核、督查、教育、培训和宣传力度，使各项改革政策措施落地生根、开花结果，为农业农村发展提供强大动力。

三、建 议

农村集体产权制度改革对于促进农民增收确实具有重要作用。从全国来看，农村集体资产总量巨大，但基本上没有盘活，或者即使盘活了也没有通过股份合作等规范的形式落实给农户。作为欠发达地区，安徽省旌德县以"三变"为核心的农村产权制度改革有效激活了包括集体土地、山林、厂房等"沉睡的资产"，不仅找到了农民增收的新渠道，更重要的是找到了欠发达农区实现农业现代化的路径，其经验值得借鉴。当然，在推行农村集体产权制度改革时，根据不同地区的条件，也应因地制宜采取不同的模式。

1. 把握好关键环节

选择经济实力强和效益好的农业经营主体，强化企业章程建设，建立完善企业收入分配农民"优先股"、信息公开和决策等系列监督机制，提升群众自身素质和适应市场的能力建设，确保群众利益不受损。抓好农村产权确权登记颁证工作，农村土地承包经营权总体上要确地到户，从严掌握确权确股不确地的范围。合理设定土地承包经营权流转年限，以5年为宜，最长不要超过10年。开展农民土地承包经营权有偿退出试点，引导农村集体所有的荒山、荒沟、荒丘、荒滩使用权有序流转。分类推进农村集体资产确权到户和股份合作制改革，对农村集体经营性资产，重点是将资产折股量化到本集体经济组织成员，赋予农民对集体资产更多权能，发展多种形式的股份合作。因土地被征用等集体经济组织所得的土地补偿费和集体资产置换增值等增加的收益，应及时足额追加到集体资产总收益中，以保障集体经济组织成员的集体收益分配权。现阶段农村集体产权制度改革严格限定在本集体经济组织内部进行，切实防止集体经济组织内部少数人侵占、支配集体资产，防止外部资本侵吞、控制集体资产。建立"三变"管理监督制度、收益分配制度、退出机制和应急机制，探索设立政府性风险补偿保障金、农业经营主体风险保证金，发展特色农业保险。实行最严格的土地用途管制制度，禁止以农业为名圈占土地从事非农建设。

2. 建设好交易平台

建立符合实际需要的农村产权流转交易市场，保障农村产权依法自愿公开公正有序交易。分级建立试点地区农村产权综合交易平台，形成市级农村产权交易中心、县级交易所、乡级流转服务站三级农村产权流转服务体系。制定农村产权流转的管理办法（试行）等相关配套文件，完善交易规则和流程。建立交易监督机制，强化监管，确保产权交易规范透明运行。通过第三方评估机构，按市场行情因时因地确定资产评估、价格确定、交易规则等，培育承接载体，壮大村级集体经济，让农村集体资产和农民土地、林地承包经营权以及资金、劳动力等入股投资平台。村集体和农民以承包土地经营权或者其他财产权利入股农业经营主体，需要评估作价的，可以协商确定，也可以委托法定评估机构评估。

3. 掌控好融资风险

建立农村产权和土地承包经营权抵押贷款风险防范机制，探索"三四五"改革框架，为改革试验提供指导。"三四五"即"三个基金"，设立农村土地承包经营权收储基金、农村产权抵押担保基金、农民宅基地和房屋使用权退出收储基金；"四项机制"，建立农村土地承包经营权退出补偿机制、土地承包经营权退出保障机制、农民宅基地使用权自愿退出机制、农村产权抵押担保风险机制；"五项制度"，深化农村土地承包经营权流转制度、农村集体荒地使用制度、农村集体经营性建设用地制度、农民宅基地制度、农村产权抵押融资制度。同时，深入推进农村信用工程建设，完善农村信用评价机制，先建档，后评级，再授信。通过新设、控股、参股等方式，发展一批以政府出资为主，主业突出、经营规范、实力较强、信誉较好、影响力较大的政府性融资担保机构，作为服务"三变"改革的主力军。按照组建灵活、动作规范、风险严控的要求，探索建立融资担保基金。创新农村土地信托流转贷款，建立土地信托公司，形成土地信托服务网络。农户可将土地经营权交给信托公司，由公司进行流转。创新金融服务，把新型农业经营主体纳入银行业金融机构客户信用评定范围，对信用等级较高的在同等条件下实行贷款优先等激励措施。

第2章

旌德股改模式总结

第1节
旌德股改工作背景

一、旌德股改的重要意义

股改原指上市公司中的股权分置改革，是对非流通股股东和流通股股东之间的利益进行平衡协商的一种有效机制。[①] 由于股改在多方面制约资本市场发展和国有资产管理体制，因此改革开放后，随着资本市场的发展与中国证券市场的设立，股改问题日益引发关注。[②] 1998 年下半年开始到 2001 年，我国政府曾先后两次对国有资产的股改进行探索性尝试；2004 年 1 月 31 日，在诸多试点改革经验的基础上，国务院正式发布《国务院关于推进资本市场改革开放和稳定发展的若干意见》，明确指出要"积极稳妥解决股权分置问题"。"众人拾柴火焰高"的股份制改革，让流通股股东与非流通股股东之间可以"讨价还价"，寻找利益平衡点，这使得市场更加公平统一，兼顾了效率与公平。[③]

---

① 吴晓求：《股权分置改革的若干理论问题——兼论全流通条件下中国资本市场的若干新变化》，载于《财贸经济》2006 年第 2 期。
② 厉以宁：《中国经济双重转型之路》，中国人民大学出版社 2013 年版，第 43 页。
③ 厉以宁：《中国经济改革与股份制》，香港文化教育出版社 1992 年版，第 14 ~ 15 页。

国企的股份制改革，既是中国经济改革的伟大创举之一，也是以厉以宁教授为代表的中国本土经济学家对中国乃至世界经济发展的独特贡献。[①]它让人们在经济学的传统教条之外，寻找到了现代产权概念与现代经济规模的交汇点，在股改成为中国经济体制改革的重中之重后，中国逐渐走出了一条有自己特色的经济发展之路。

与此同时，当代中国农村在经历了农村税费改革等 60 多年的发展后，国家治权与民间自治的分离依旧未使农村社会走向"善治"。如何将处于自发形态下的传统"三农"逐步塑造为自觉状态下的新"三农"，进而演化为具有自主状态的现代新"三农"，是亟待解决的问题。[②] 具体以农村集体资产为例，截至 2013 年底，农业部调查数据显示，全国农村集体资产总额高达 2.4 万亿元。作为国企改革和农村土地改革后的最后一份"大锅饭"，这些资产到底归谁所有，如何量化确权，如何使用，是摆在农业经济发展道路上的难题；而中国巨大的城乡差异，更是加剧了社会的不平等，与政府所倡导的和谐社会和共同富裕目标南辕北辙，如何增加农民收入，解决农村空心化、老龄化问题，也是摆在政府面前的严峻现实。[③]

针对这一系列农村发展问题，2007 年农业部在《关于稳步推进农村集体经济组织产权制度改革试点的指导意见》中明确指出，要逐步建立起适应社会主义市场经济的农村集体经济组织运营机制和分配机制，并推进以股份合作为主要形式，以清产核资、资产量化、股权设置、股权界定、股权管理为主要内容的农村集体经济组织产权制度改革。2013 年，党的十八届三中全会再次明确提出：要"保障农民集体经济组织成员权利，积极发展农民股份合作，赋予农民对集体资产股份占有、收益、有偿退出及抵押、担保、继承权"。2015 年 12 月 24 日，中共中央政治局委员、国务院副总理汪洋要求"通过'资源变资产、资金变股金、农民变股东'，把闲

[①] 厉以宁、马国川：《股份制是过去三十年中最成功的改革之一（上）——厉以宁谈股份制》，载于《读书》2008 年第 5 期。

[②] 雷明：《论农村社会治理生态之构建》，载于《中国农业大学学报》（社会科学版）2016 年第 6 期。

[③] 厉以宁：《中国当前的经济形势分析》，载于《北大商业评论》2005 年第 1 期。

置和低效利用的农村资源、资金有效利用起来，给农民创造财富。"[①] 2016年4月，国家主席习近平在安徽凤阳小岗村召开的农村改革座谈会上强调："着力推进农村集体资产确权到户和股份合作制改革，加快构建新型农业经营体系，发展多种形式股份合作，赋予农民对集体资产更多权能，赋予农民更多财产权利。"[②] 2017年2月5日颁布的《中共中央、国务院关于深入推进农业供给侧结构性改革加快培育农业农村发展新动能的若干意见》也明确指出，应稳妥有序、由点及面推进农村集体经营性资产股份合作制改革，确认成员身份，量化经营性资产，保障农民集体资产权利。由此，关于农村集体经济股份制改革的探索正在不断深入。

股份合作制作为社会主义集体公有制经济在市场经济条件下的一种过渡型组织模式，保持了集体的公益性和对个人责权给予的量化，并通过分红等手段调动集体内的个人积极性，兼顾公平与效益，对村民的生活产生了重大影响。在确立了"确权到人、权跟人走"的农村集体产权制度体系后，农村的集体经济股改盘活了巨量的闲置农村资产，并让资产管理变得规范透明。浙江、山东、安徽，乃至全国各地纷纷推行的股改政策，让数以亿计的集体资产在确权以后得以投入使用，避免了资源的消耗与浪费，为农村经济的发展扩增了巨量的资本。[③] 与此同时，曾经实际掌握在村干部手中的集体资产，通过股东制极大地约束了私人权力，让利益再次回归农民手中，在基层构建起规范的资产管理模式，人人都能够公平、公正、公开地分配集体资产的收益。在一些集体经济状况较好的村居，由于家底不清、产权不明，村民对村党组织、村干部往往缺乏信任，使得基层管理缺乏凝聚力。股改有效地从体制、机制上减少了村干部以权谋私的机会，将隐患消除在源头；而通过村股东大会凝聚而来的群众力量，也直接督促了合作社、董事会等机构的工作效率，对提升集体经济的经营能力，让资产发展进入良性循环轨道发挥了重要作用。

此外，股改对于增加农民收益，缩减城乡差异、缓解农村空心化问题

---

①② 袁家榆：《贵州"三变"农村改革发展的"牛鼻子"》，载于《农村工作通讯》2016年第18期。

③ 孙金同：《加速农村股份制改革促进村集体经济发展壮大》，载于《天津经济》2015年第11期。

也起到重要作用。在江浙一些自然禀赋较好的村庄，通过旅游资源、土地资源等，不少股民已经获得了实质性的股金分红，而在那些效益还尚未完全凸显的村庄，集体债务也正在逐步减少。[①] 林毅夫曾说，即便农民收入会增加，如果农村改革不到位，城乡收入差距也还是会逐步扩大。[②] 而要从根本上增加农民获取得收益的资产，股改正是重要举措之一。股改为促进农民从大城市回流，提高乡村人力资本，解决农村的空心化、老龄化等问题，提供了有效的思考途径。

继农村土地改革、家庭联产承包责任制、乡村集体企业改制、全国集体林权制度改革后，农村经济合作社的股份制改革已成为农村经济体制改革的又一次重大突破。[③]

二、旌德股改工作的探索

2016 年，旌德全县地区生产总值为 357536 万元，较 2015 年增加了 7.3%。其中三次产业占比分别为 15%、43% 和 32%，第一产业占比最低且较 2015 年仅增长 2%。旌德 2016 年全部居民可支配收入为 15445 元，农村常住居民可支配收入是 10732 元，为城镇居民可支配收入的 48.37%。全年固定资产投资完成额为 487939 万元，而第一产业仅投入 14491 万元。[④] 为了提高农民的可支配收入，改善农村基础设施现状，旌德积极贯彻落实党中央十八届三中全会精神，通过"抓股改、促三变"盘活农村集体资产，解决集体资产错配、资产流失等问题。

2015 年以来，旌德县按照"1334"工作布局（走出一条新路、坚持三点原则、把住三个关口、拓展四条途径），试点先行、积极稳妥，整县推进农村集体资产确权到户和股份合作制改革工作。在集体经济发展的道路上，旌德做了一些初步探索和尝试。旌德的农村集体经济股份制

---

① 徐建春、李翠珍：《浙江农村土地股份制改革实践和探索》，载于《中国土地科学》2013 年第 5 期。

② 林毅夫：《改革动力源于农村经济社会发展》，载于《人民论坛》2005 年第 8 期。

③ 朱善利：《城乡一体化与农村体制改革》，载于《中国市场》2011 年第 3 期。

④ 旌德县统计局：《旌德县 2016 年国民经济和社会发展统计公报》，2017 年 5 月 11 日。

改革非常注重多要素联动和统筹推进。把产权改革与产业发展、脱贫攻坚、全域旅游、基层党建、经营主体培育、美丽乡村建设等相结合，形成了"集体经济、美丽乡村、全域旅游"的一盘棋，并创新出"母公司＋子公司"的双层结构经营模式，充分发挥了改革中人的能动性，从上至下的挖掘党委政府、村社、经营主体与农民的积极性，使改革具有自己的内生动力，不再局限于外部"输血"，也积极地"自我造血"，开辟了独特的"旌德路径"。

2016 年，安徽省第十次党代会提出要"推进农村集体资产确权到户和股份合作制改革，开展资源变资产、资金变股金、农民变股东改革试点"，安徽省积极思考"三变"对"三农"腾飞的巨大作用。2016 年通过首批11 个县（区）的 13 个村开展"资源变资产、资金变股金、农民变股东"的改革试点。其中，旌德县三溪镇路西村为改革试点村之一。通过改革路西村盘活农村"三资"（资源、资产、资金），激活农民"三权"（土地承包经营权、住房财产权、集体收益分配权）。

在实践过程中，旌德县形成了一套体系完善的村集体资产股份合作工作流程（如图 2－1 所示）。在清产核资、成员界定和折股量化的基础上，以合作社为股东成立公司，赋予集体经济组织合法的市场主体地位。清核资产时严守习近平总书记在安徽视察时提出的"四个不能"①，实现"资源变资产"。界定经济组织成员时以人为本，因地制宜，有的村以节点前的户籍人口为准，有的村则是以原始户籍所在地为准。折股量化主要有两种形式：第一种将清核资产除以人口数计算股价；第二种是以1999 年的二轮土地承包为时间计算起点，核算居住在本村的农业人口，每年折算为一股，将清核总资产除以总股数数计算出股价。股权试行"生不增、死不减"，股权终生不变的静态管理模式，根据核算情况，颁发股权证给农民，实现了"资金变股金，农名变股民"。进而依据《公司法》，以自然村或村民组为单位，村民以量化到户的集体资产股权出资，成立合作社，再由各个合作社作为股东共同发起成立集体经济公司。

---

① 不涉及已确权到户的土地承包权、经营权，不改变耕地用途，不因发展多种经营影响粮食生产能力，更不损害农民利益；已经分到户和分到村民组、自然村的资产，不纳入清产核资范围，确保公平公正、保障群众利益。

集体经济公司为母公司，通过招商、扶持双创等形式，入股企业或出资与民营企业共同成立子公司。母公司只是控股，不参与生产经营活动，只是负责监督子公司的经营活动和获得分红。在 2016 年度地方公共决策系列评选中，"安徽旌德农村股改样本"被评为"十大地方公共决策实验"之一。①

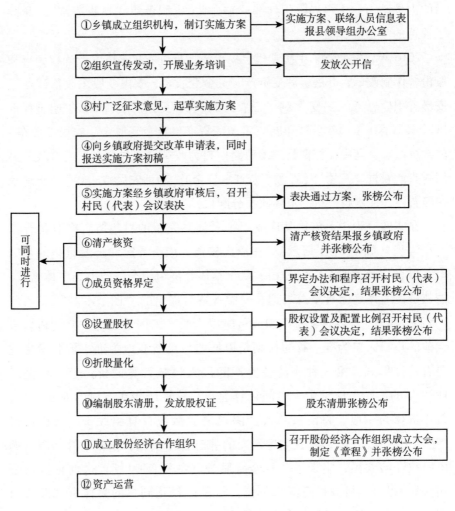

图 2-1 旌德股改工作流程

---

① 佚名：《向上的力量之五大理念地方行动：2016 十大地方公共决策实验》，载于《决策》2017 年第 1 期。

第 2 节

┈┈┈┈┈➤ 旌德股改成效评价

一、中国农村股改现状与成效

"中国改革的基础,在于产权改革。产权改革待攻克的最后两个堡垒,一是国企,二是农村。农村产权改革的格局是'3+1',3 是指林权、农地承包经营权、宅基地使用权及其房屋所有权,1 就是集体资产确权到户和股份合作制改革。最后一项是兜底的,它包括农村集体资产除去前三项外的剩余所有资产。因此,集体资产确权到户和股份合作制改革是农村产权改革的收官之作,也将揭开中国改革的新篇章"。[①] 由此,对农村集体经济股份制改革的研究在中国屡见不鲜。

农村的股份合作制发源于 20 世纪 80 年代初的浙江温州、台州地区。温台农村在推行家庭联产承包责任制重构农村微观经济组织的同时,以家庭工业为主体的非农产业也迅速发展,形成了既承包集体土地又独立从事家庭工副业的家庭经济组织。1993 年,农村股份合作制企业在温州已达 3.4 万家、台州 2.1 万家,均占当地农村村以下企业数的 60% 以上。截至 2015 年底,浙江省已率先全面完成农村集体经济股份制改革,全省 3500 多万农民当上了股东。值得一提的是,浙江省 97% 的海洋渔村也早在 1995 年就已经实行了股份合作制改革,通过集体渔船折价入股和渔民个人股相结合的方式,在短短数年内就使浙江省的海洋捕捞产量重跃全国第一。[②] 据浙江省农业厅统计,全省范围内到 2007 年初,已对 705 个村完成了村集体产权制度的改革,累计量化集体资产 163 亿元,享受股份社员达到 78.5 万人,合作社全年可分红 5.6 亿元,社员人均增

[①] 《周密、李孝云、章卿、孙军平同志在全县农村集体资产确权到户和股份合作制改革暨"三变"工作会议上的讲话》,2016 年 11 月 8 日。

[②] 解力平:《股份合作制:农村集体经济新的实现形式》,载于《浙江社会科学》1997 年第 6 期。

收 909 元。[1]

对于股改与农民收入的探讨,不少人与农村的城镇化相联系,认为新形势下推进农村集体产权制度改革不仅是增加农民财产性收入、扩大内需的需要,也是加快城镇化和巩固农村执政基础的需要;[2] 深化集体产权制度改革对于农民市民化进程具有重要意义;[3] 而农村集体产权改革对于农民利益和财产性收入的保障作用,在农业部经管司 (2012)[4]、许惠渊(2005)[5] 等人的研究中得到了充分论证,无须赘言。北京及山东枣庄、成都温江区都曾被作为案例,针对股改促进农民收入被进行实践论证,并取得一致结果。[6]

农村集体经济的发展在实现农民经济利益的同时,还可以培育农民的自主意识、发展农村的文化建设和维护农村的社会稳定。集体经济能够逐步培养农民把个人价值实现与集体长远利益相结合的意识,有利于公共事业的开展;而当前农民集体观念的薄弱正是阻碍农村公共事务建设和公共产品提供的壁垒。[7] 对浙江省 138 个村进行村集体调研后发现:除却增加农民收入,村级集体经济在保障农村基层组织正常、提供农村公共物品方面起着重要作用。在 138 个调研村中,农村基层组织的运转经费(村干部报酬和办公经费等)多由村级集体经济组织承担,2003~2005 年样本村村均基层组织运转费用分别为 9.32 万元、10.4 万元和 12.4 万元,其中由村

① 佚名:《浙江推行农村社区股改成效显著》,载于《农村经营管理》2008 年第 1 期。

② 黄延信等:《对农村集体产权制度改革若干问题的思考》,载于《农业经济问题》2014 年第 4 期。

③ 陈雪原:《关于"双刘易斯二元模型"假说的理论与实证分析》,载于《中国农村经济》2015 年第 3 期。

④ 农业部经管司、经管总站研究课题组、关锐捷:《发展壮大农村集体经济增加农民财产性收入》,载于《毛泽东邓小平理论研究》2012 年第 3 期。

⑤ 许惠渊:《保护农民权益的关键在于深化农村集体产权改革——兼谈农村产权改革的具体形式》,载于《开发研究》2005 年第 1 期。

⑥ 刘俊杰:《土地产权改革对农民收入影响分析——来自山东省枣庄市的调研》,载于《农村经营管理》2015 年第 3 期;刘灿、韩文龙:《农村集体经济组织创新与农民增收问题的思考——基于成都市温江区天乡路社区股份经济合作社的调研》,载于《河北经贸大学学报》2013 年第 6 期。

⑦ 丰凤、廖小东:《农村集体经济的功能研究》,载于《求索》2010 年第 3 期。

级集体经济组织提供的比重分别达到了98.11%、97.67%和96.17%。① 韩俊、张云华（2008）对全国2749个行政村的调查也显示目前村级集体经济发展不平衡，多数村集体经济薄弱，且村集体组织的收入来源比较单一。②

村级集体经济发展状况直接关系到村集体组织的管理能力与效益，关系到新农村建设，对富民富村的重要作用，所以农村集体经济的组织和发展是亟待解决的一个重大课题，需要进行"企业化经营"的思考。

综合全国股改情况来看，股份制改革提高了村集体经济的效益，最重要的是为农民带来了财产性收入、工资性收入和家庭经营性收入，提高了农民收入；股改的初级阶段主要体现在对公共物品供应的完善和对基层组织运转的推动；与此同时，迫切需要研究经济欠发达地区的"三变"经验，完善其理论支撑和规范的操作化流程，增强其可复制性和推广性，以促进2020年全面建成小康社会目标的实现，而旌德县正是代表性地区之一。

二、旌德股改成效评价

2015年以来，安徽省旌德县深入学习贯彻习近平总书记系列重要讲话，特别是视察安徽重要讲话精神，在省市党委政府、农委的悉心指导下，按照"1334"工作布局（走出一条新路、坚持三点原则、把住三个关口、拓展四条途径），试点先行、积极稳妥，整县推进农村集体资产确权到户和股份合作制改革工作。

1. 走出一条新路

通过集体资产确权到户和股份合作制改革，夯实集体经济产权基础，通过"三变"改革发展壮大，努力走出一条可复制、可推广、可持续的农村社会主义市场经济新路。

---

① 张忠根、李华敏：《农村村级集体经济发展：作用、问题与思考——基于浙江省138个村的调查》，载于《农业经济问题》2007年第11期。

② 韩俊、张云华：《村级集体经济发展要有合适定位》，载于《发展研究》2008年第11期。

2. 坚持三点原则

符合中央精神：在大胆创新的同时，严格依照现有法律法规和政策，做到"不抢跑、不越位"；符合发展规律：建立符合市场经济要求的新型经营体系，尊重客观规律、经济规律、市场规律，不拔苗助长；符合旌德实际：保持政治定力，通过把绿水青山变成金山银山，实现集体经济发展壮大。

3. 把住三个关口

(1) "股份+合作"，把好主体关。一是清产核资。严守习近平总书记视察安徽时要求的"四个不能"底线，成立清产核资小组，逐项盘清村集体资产，并向村民公示。全县68个村（居）经营性资产和可供发包的资源性资产账面价值总计1.9亿元。二是成员界定。充分尊重乡风民俗和村民自治，因地制宜、一村一策，只要符合法律法规规定，无论是以户籍人口为准还是以常住人口为准，经合法程序通过的方案都坚决支持。三是折股量化。依照村民意愿，灵活折股量化，51个村（居）采取人口股，共界定96567股，平均每股1473.5元；17个村（居）采取农龄股，共界定486377股，平均每股87元。四是成立主体。依照《农民专业合作社法》，以自然村或村民组为单位，村民以量化到户的集体资产股权出资成立合作社，依照《公司法》，各个合作社作为股东发起成立集体经济公司。

经过"3次村民大会、5次签名确认、8次张榜公示"，全县68个村（居）全部注册成立了集体经济公司，为全县35502户农民发放了股权证，实现了"农民变股民"。村民均是股东，村民代表就是董事，村务监督委员会成员即为监事会成员。每个村挂"村党组织、村委会、村务监督委员会、集体经济公司"四块牌子。

(2) "公平+效率"，把好经营关。一是母公司不经营，避免走吃"大锅饭"的老路。集体经济公司是母公司，母公司通过出资参股的方式，和民营主体共同成立子公司。母公司不得经营，避免吃"大锅饭"、走"回头路"，主要职责是管理集体资产、选好发展项目、统筹收益分配，有效解决了经营人才不足、约束制度不配套、经营风险不可控等问题。二是入股子公司，发挥市场经济的效率优势。母公司和民营主体按照"保底收益+

按股分红"的方式，共同成立子公司，由民营主体控股经营。控股经营的民营主体可以是企业，也可以是合作社、家庭农场等新型主体，如云乐乡刘村入股灵芝行业领头人周俊经营的灵芝种植合作社，版书镇南关村入股返乡创业的马世红运营的百亩桃园项目，三溪镇三溪社区书记刘德荣通过竞标控股经营开心农场等。三是母公司统筹，彰显社会主义公有制的公平优势。2012 年以来，在美丽乡村建设过程中，每个村平均负债近 30 万元。与此同时，每个村每年用于美丽乡村管养维护、村干部绩效工资、农田水利基本建设等公共支出近 50 万元。为保障公共支出，母公司充分发挥统筹作用，集体经济收益转交村委会后，按照"偿还集体债务、美丽乡村管养维护、村干部绩效工资、基础设施建设、村民分红"的顺序支配，确保了公共支出，带动了村民增收。

（3）"油门 + 刹车"，把好机制关。一是建立激励机制。村干部不得在母公司中领工资，但可以从母公司转交给村委会的公共支出中，领取最高 2 倍于基本报酬的绩效工资。此外，还鼓励村干部通过领办合作社、控股子公司等方式，既带动集体增收，也获取"上了台面能说清、放进口袋能安心"的合法收入，确保他们把牢"底线"、不触"红线"。二是完善监督机制。制定了发展村级集体经济监督管理办法，紧盯集体资产发包租赁、母公司对外投资等风险关键点，通过多层次监督，严控廉政风险。内部监督，母公司的重大投资决策要经董事会决定，监事会既监督母公司和董事会，也在不干涉经营的前提下监督子公司。村级监督，母公司必须在村党组织领导下开展工作，接受村党组织领导，村务监督委员会既监督母公司财务，也监督村委会对收益的使用。乡镇监督，母公司账务由乡镇"三资"代理中心统一代理，发包租赁需报乡镇备案，简单自营和投资入股需乡镇批准后方可实施。县级监督，县农委、财政局对各村开展集体资产运营进行业务指导，县审计部门不定期对母公司和子公司账务进行审计监督。三是风险防控机制。市场经营，风险不可避免，为有效控制风险，采取有关举措。承担有限责任，母公司自身是有限责任公司，投资入股的对象必须是公司、合作社、企业制的家庭农场等承担有限责任的市场主体，不得入股个人独资企业、个体工商户等承担无限责任的市场主体，更不得为任何单位和个人提供任何形式的担保。固定资产不入股，原则上只发包或租赁。以增量为主，原则上不动存量，除上级项目资金外，县财政设立 1000 万元村级集体经济发展基金，为集体经济项目提供"源头活水"，截至 2016 年底已为 12 个项目投放了 360 万元。

4. 拓展四条途径

通过发包租赁、简单自营、投资入股、委托经营（全域旅游）四条途径，积极探索"三变"的实现形式，壮大集体经济。一是发包租赁。盘活集体所有的资源，通过发包租赁的方式获得收益，实现"资源变资产"。如白地镇高甲村，将 400 亩的集体林场发包给丰谷香榧公司种植香榧，为集体经济带来持续收入；版书镇江坑村将废弃的老村部、大会堂等维修后对外租赁，年收入 3 万余元。二是简单自营。对不直接面对市场的简单经营行为，如光伏发电和土地流转，可以开展简单自营。如三溪镇双河村等6 个贫困村，利用扶贫专项资金建设光伏电站，年均收入 10 万元以上；孙村镇合庆村集中流转 400 余亩土地给合作社，年收入 3 万余元。三是投资入股。母公司以扶持基金和上级投入的财政资金等入股子公司，实现"资金变股金"。如兴隆镇三峰村申报了 30 万元扶持基金，入股返乡创业大学生刘小俊的油桃园；三溪镇三溪社区，以上级财政扶持购买的垃圾桶等环卫设施折价入股当地能人控股经营的物业公司；庙首镇练山村以申报的 30万元扶持基金入股四季花海项目。四是委托运营（全域旅游）。习近平总书记指出，"绿水青山就是金山银山"。旌德通过下好"集体经济、美丽乡村、全域旅游"一盘棋，把美丽乡村建设成果、良好的自然生态环境变成旅游景点，为集体经济提供持续稳定的收入来源，反哺美丽乡村建设，实现可持续发展。如三溪镇路西村，盘活百亩茶园、千年古埂等自然资源，实现了"资源变资产"；将各级财政投入的 534 万元项目资金形成的资产纳入集体经济公司，实现了"资金变股金"；将这些资产进行打包，创成3A 级景区，委托南京康富源公司运营，每年保底收入 10 万元，真正把"绿水青山"变成了"金山银山"。与此同时，旌德县通过实施"创 A 行动"，全县景区景点总数达到 210 处，其中大多数产权主体是村集体，如玉屏的美丽乡村、高甲的香榧生态园、庙首的老街、乔亭的堃湖等，都在努力通过市场化委托运营实现"三变"，为集体经济带来稳定收入。

截至 2016 年底，68 个村的股改成果如表 2－1 所示。

旌德股改市场主体结构

表2-1

单位：万元、个、份

序号	乡镇	村别	发起人 名称	发起人 注册资本	成员数	股份类型	总股份	村集体资产管理公司 名称	发起人股东数	注册资本	总股份	备注
1	旌阳镇	北门社区	旌德县古溪马蹄茅农产品种植专业合作社	110.7	414	人口股	1478	旌德县北门利民农业发展有限公司	2	218.8	2922	
2			旌德县栖真山水产养殖专业合作社	108.1	406	人口股	1444					
3		新庄村	旌德县落袍潭农产品种植专业合作社	30	172	人口股	612	旌德县新庄农业发展有限公司	2	47.75	973	
4			旌阳镇新庄村资政油茶专业合作社	17.75	107	人口股	361					
5		新桥社区	旌德县洋滩家禽养殖专业合作社	417.9	338	人口股	1211	旌德县新桥农业发展有限公司	2	853.7	2474	
6			旌德县红阳家禽养殖专业合作社	435.8	329	人口股	1263					
7		河东社区	旌德县百家蔬菜专业合作社	32.022	104	人口股	381	旌德县盛茂农业发展有限公司	2	60	713	
8			旌德县欣丰农产品种植专业合作社	27.978	103	人口股	332					
9		南门社区	旌德县上东门桥农产品种植专业合作社	11.06	64	人口股	200	旌德县南门益民农业发展有限公司	2	19.57	355	
10			旌德县槐树坦水产养殖专业合作社	8.51	59	人口股	155					
11		篁市社区	旌德县云盘山农产品种植专业合作社	37.9897	387	人口股	1257	旌德县瑞市农业发展有限公司	2	80.6	2667	
12			旌德县登高农产品种植专业合作社	42.6103	386	人口股	1410					
13		柳溪村	旌德县盘元农产品种植专业合作社	27.9	253	人口股	899	旌德县柳溪农业发展有限公司	2	63	2028	
14			旌德县柳丰蔬菜种植专业合作社	35.1	324	人口股	1129					
15		华丰村	旌德县沈家山农产品种植专业合作社	81.033	246	人口股	882	旌德县华丰农业发展有限公司	2	160	1741	
16			旌德县河西农产品种植专业合作社	78.967	232	人口股	859					
17		岿山村	旌德县石峰白茶种植专业合作社	48.8	200	人口股	686	旌德县昆山农业发展有限公司	2	116	1630	
18			旌德县福石香榧种植专业合作社	67.2	248	人口股	944					
19		凫秀村	旌德县土桥家禽养殖专业合作社	81.822	258	人口股	1007	旌德县凫秀农业发展有限公司	2	148	1822	
20			旌德县竹园烟叶种植专业合作社	66.178	218	人口股	815					
21		浩计村	旌德县东升农产品种植专业合作社	16.7	157	人口股	554	旌德县浩计农业发展有限公司	2	30	995	
22			旌德县浩一农产品种植专业合作社	13.3	119	人口股	441					
23		霞溪村	旌德县强旭农产品种植专业合作社	10.65	201	人口股	699	旌德县旌霞农业发展有限公司	2	25	1638	
24			旌德县兴民农木竹专业合作社	14.35	256	人口股	939					
25		板桥村	旌德县蓬南水产养殖专业合作社	5.29	323	人口股	1150	旌德县板桥强农农业发展有限公司	2	11.1	2421	
26			旌德县杨溪水产养殖专业合作社	5.81	363	人口股	1271					
27		篁嘉村	旌德县篁嘉苗木种植专业合作社	20.54	232	人口股	850	旌德县篁嘉农业发展有限公司	2	41	1697	
28			旌德县大胡子农机专业合作社	20.46	231	人口股	847					

续表

序号	乡镇	村别	发起人 名称	发起人 注册资本	发起人 成员数	发起人 股份类型	发起人 总股份	村集体资产管理公司 名称	村集体资产管理公司 发起人股东数	村集体资产管理公司 注册资本	村集体资产管理公司 总股份	备注
29		杨墅村	旌德县川林苗木种植专业合作社	82.19	164	人口股	503	旌德县杨墅农业发展有限公司	2	290.19	1776	
30			旌德县墅影苗木种植专业合作社	208	382	人口股	1273					
31		俞村村	旌德县镇芳川水稻种植专业合作社	620.26	327	人口股	1109	旌德县八都生态旅游开发公司	2	1540.86	2755	
32			旌德县俞村镇俞村村水稻种植专业合作社	920.6	472	人口股	1646					
33		凫阳村	旌德县上口中药材种植专业合作社	78	199	人口股	732	旌德县十都农业发展有限公司	2	235.7	2212	
34			旌德县凫山茶叶专业合作社	157.7	470	人口股	1480					
35		合锦村	旌德县锦东村烟叶专业合作社	14.56	190	人口股	637	旌德县锦绣农业发展有限公司	2	24	1050	
36	俞村镇		旌德县锦西村汶水稻种植专业合作社	9.44	119	人口股	413					
37		桥埠村	旌德县俞村镇桥埠水稻种植专业合作社	112.7	199	人口股	1612	旌德县桥埠丁家山生态旅游发展有限公司	3	313.19	4479	
38			旌德县俞村镇前村水稻种植专业合作社	144.05	270	人口股	2060					
39			旌德县俞村镇尚岭水稻种植专业合作社	56.44	231	人口股	807					
40		芳岱村	旌德县高山吊瓜种植专业合作社	42	176	人口股	637	旌德县芳岱生态农业发展有限公司	2	87	1320	
41			旌德县程坑茶叶种植专业合作社	45	197	人口股	683					
42		仕川村	旌德县百罗园小黄牛养殖专业合作社	20	192	人口股	662	旌德县仕川农业发展有限公司	2	40	1324	
43			旌德县仕川西河中药材专业合作社	20	195	人口股	662					
44		张村	旌德县云雾农产品种植专业合作社	63.1257	141	人口股	517	旌德县张村农业发展有限公司	2	158	1294	
45			旌德县云乐期云农产品种植专业合作社	94.8743	195	人口股	777					
46		刘村	旌德县云乐乡云林苗木专业合作社	79.64	115	人口股	424	旌德县云梦农业发展有限公司	2	222	1182	
47			旌德县云乐梓山香榧种植专业合作社	142.36	199	人口股	758					
48		陈岭村	旌德县后秀农产品种植专业合作社	26.663	142	人口股	573	旌德县陈岭农业发展有限公司	2	65	1182	
49	云乐乡		旌德县后秀农产品种植专业合作社	28.337	146	人口股	609					
50		许村	旌德县奇彩苗木种植专业合作社	31.4922	160	人口股	611	旌德县乐寿许村农业发展有限公司	2	63.5	1232	
51			旌德县软罩竹笋专业合作社	32.0078	171	人口股	621					
52		洪村	旌德县高湖灵芝种植专业合作社	126.1258	190	人口股	643	旌德县洪村农业发展有限公司	2	265	1832	
53			旌德县基山中药材种植专业合作社	138.8742	213	人口股	708					

续表

序号	乡镇	村别	发起人 名称	发起人 注册资本	发起人 成员数	发起人 股份类型	发起人 总股份	村集体资产管理公司 名称	村集体资产管理公司 发起人股东数	村集体资产管理公司 注册资本	村集体资产管理公司 总股份	备注
54	蔡家桥镇	汤村	民发农产品种植专业合作社	100	403	人口股	1515	旌德县村兴农业发展有限公司	2	200	3032	
55			丰合农产品种植专业合作社	100	413	人口股	1517					
56		庆丰村	芝林农产品种植专业合作社	100	276	人口股	1025	旌德县丰源农业发展有限公司	2	200	2052	
57			戴家农产品种植专业合作社	100	305	人口股	1027					
58		三合村	里村水稻种植专业合作社	100	215	人口股	847	旌德县叶里农业发展有限公司	2	200	1694	
59			叶村烟叶种植专业合作社	100	207	人口股	847					
60		华川村	水竹坞林产品种植专业合作社	100	223	人口股	829	旌德县华云农业发展有限公司	2	200	1657	
61			碧霄山农产品种植专业合作社	100	236	人口股	828					
62		高溪村	高岭农产品种植专业合作社	100	131	人口股	425	旌德县高溪农业发展有限公司	2	200	854	
63			长坑农产品种植专业合作社	100	127	人口股	429					
64		凡村	丁岭水稻种植专业合作社	23.1	125	人口股	473	旌德县凡村永茂农业发展有限公司	2	48	983	
65			桐岭农产品种植专业合作社	24.9	152	人口股	510					
66		朱旺村	朱旺林业专业合作社	100	290	人口股	1016	旌德县萃畈农业发展有限公司	2	200	2032	
67			九井农产品种植专业合作社	100	295	人口股	1016					
68		乔亭村	埝湖水产养殖专业合作社	100	396	人口股	1382	旌德县乔亭文峰农业发展有限公司	2	200	2764	
69			上川农产品种植专业合作社	100	405	人口股	1382					
70	三溪镇	三溪社区	旌德县南丰果蔬种植专业合作社	201.3565	366	人口股	1285	旌德三园生态农林经济发展有限公司	3	530	3382	
71			旌德县乐成水稻种植专业合作社	298.6435	582	人口股	1906					
72			旌德县三溪旅游发展有限公司	30			191					县旅游公司不参与分红
73		路西	旌德县南田茶叶专业合作社	1566.06	282	人口股	954	旌德县三桥农业发展有限公司	2	2573.99	1568	
74			旌德县西河水稻种植专业合作社	1007.93	181	人口股	614					
75		古城	旌德县官吴水稻种植专业合作社	110.96	250	人口股	946	旌德县安吴农业发展有限公司	2	193.18	1647	
76			旌德县姚家水产养殖专业合作社	82.22	193	人口股	701					
77		双河	旌德县乐河门水稻种植专业合作社	145.7	236	人口股	803	旌德县麟溪农业发展有限公司	2	100	1704	
78			旌德县下门水稻种植专业合作社	163.4	276	人口股	901					
79		建强	旌德县龙头山茶叶专业合作社	67.9	262	人口股	886	旌德县建强农业发展有限公司	2	100	1751	
80			旌德县溪潭水稻种植专业合作社	66.34	245	人口股	865					
81		霍家桥	旌德县龙礼水稻种植专业合作社	1182.5	362	人口股	1204	旌德县霍家桥农业发展有限公司	2	100	2270	
82			旌德县油盐寺中药材种植专业合作社	1047	319	人口股	1066					

续表

序号	乡镇	村别	发起人名称	注册资本	成员数	股份类型	总股份	村集体资产管理公司名称	发起人股东数	注册资本	总股份	备注
83	白地镇	白地村	旌德县新节香榧种植专业合作社	20.85	476	人口股	1668	旌德县康乐农业发展有限公司	2	44.2125	3537	
84		江村	旌德县国勋黄牛养殖专业合作社	23.3625	536	人口股	1869	旌德县金鑫农业发展有限公司	2	129.42	2157	
85		江村	旌德县大洪山灵芝种植专业合作社	71.82	340	人口股	1197					
86		汪村	旌德县胜勇油茶种植专业合作社	57.6	290	人口股	960	旌德县汪川农业发展有限公司	2	171.336	2360	
87		汪村	旌德县金川白皮种植专业合作社	87.2652	330	人口股	1202					
88		洋川	旌德县屯庆仟白茶种植专业合作社	84.0708	321	人口股	1158	旌德县梓祥农业发展有限公司	2	259.44	2162	
89		洋川	旌德县建富水稻种植专业合作社	127.44	290	人口股	1062					
90		洋川	旌德县筈水稻种植专业合作社	132	307	人口股	1100					
91		高甲	旌德县筈岭农产品种植专业合作社	671.3464	221	人口股	796	旌德县高甲集体资产经营管理有限公司	3	1544.7	1832	县旅游公司不参与分红
92		高甲	旌德县马岭农产品种植专业合作社	843.3713	274	人口股	1000					
93		高甲	旌德县旅游发展有限公司	30			36					
94	兴隆镇	洪川	旌德县洪顺水稻种植专业合作社	52.32	124	人口股	436	旌德县兴洪农业发展有限公司	2	157.92	1313	
95		洪川	旌德县洪辉小黄牛养殖专业合作社	105.6	248	人口股	877					
96		三峰村	旌德县凤银农产品种植专业合作社	90.537	267	人口股	879	旌德县王银凤峰农业发展有限公司	2	273.586	2656	
97		三峰村	旌德县凤湖田农产品种植专业合作社	183.031	506	人口股	1777					
98		三山村	旌德县湖田农产品种植专业合作社	127.125	335	人口股	1125	旌德县湖月农业发展有限公司	2	233.458	2066	
99		三山村	旌德县四味农产品种植专业合作社	106.333	287	人口股	941					
100		大礼村	旌德县东荣农产品种植专业合作社	152.64	451	人口股	1440	旌德县兴礼农业发展有限公司	2	271.784	2564	
101		大礼村	旌德县宝兴农产品种植专业合作社	119.144	326	人口股	1124					
102		光荣村	旌德县荣辉光农产品种植专业合作社	124.485	196	人口股	645	旌德县荣光农业发展有限公司	2	272.323	1411	
103		光荣村	旌德县荣辉农产品种植专业合作社	147.838	234	人口股	766					
104	庙首镇	庙首社区	旌德县台洋均瓜果种植专业合作社	422.69	455	农龄股	27068	旌德县太丰农业发展有限公司	2	905.37	56577	
105		庙首社区	旌德县青龙苗木专业合作社	482.68	524	农龄股	29509					
106		里仁村	旌德县里五苗千白茶专业合作社	257.41	268	人口股	1029	旌德县里仁康诺农业发展有限公司	2	472.96	1886	
107		里仁村	旌德县新兴苗木专业合作社	215.55	208	农龄股	857					
108		新水村	旌德县新旺茶禽专业合作社	149.25	229	农龄股	12484	旌德县明月农业发展有限公司	2	298.62	25009	
109		新水村	旌德县新正养殖专业合作社	149.37	241	农龄股	12525					
110		东山村	旌德县白山苗木专业合作社	129.38	145	农龄股	9240	旌德县镇山农业发展有限公司	2	241.78	17198	
111		东山村	旌德县小庄家禽养殖专业合作社	111.4	126	农龄股	7958					
112		练山村	旌德县练山花井种植专业合作社	176.2	137	农龄股	8606	旌德县龙家生态农业发展有限公司	3	403.87	19726	
113		练山村	旌德县上军花井种植专业合作社	100.26	76	农龄股	4897					
114		练山村	旌德县古竹花井种植专业合作社	127.41	90	农龄股	6223					
115		祥云村	旌德县旌槐树下茶叶专业合作社	103.63	199	农龄股	11819	旌德县旌祥农业开发有限公司	3	300.98	34276	
116		祥云村	旌德县枸桃茶叶专业合作社	108.09	207	农龄股	12302					
117		祥云村	旌德县麻家茶叶专业合作社	89.26	180	农龄股	10155					

续表

序号	乡镇	村别	发起人名称	发起人注册资本	成员数	股份类型	发起人总股份	村集体资产管理公司名称	发起人股东数	公司注册资本	公司总股份	备注
118	孙村镇	新建	旌德县兴华农产品种植专业合作社	5.79	204	农龄股	12188	旌德县新建恒祺农业发展有限公司	2	10.02	21097	
119			旌德县新建安泽农产品种植专业合作社	4.23	142	农龄股	8909					
120		玉溪	旌德县一粒米水稻种植专业合作社	27.079	288	农龄股	15627	旌德县玉溪嘉禾农业发展有限公司	2	58.216	33615	
121			旌德县玉溪固兴农产品种植专业合作社	31.137	299	农龄股	17988					
122		孙村	旌德县孙村阳农产品种植专业合作社	2.668	222	农龄股	12952	旌德县瑞泰农业发展有限公司	2	4.995	24251	
123			旌德县农产品专业合作社	2.327	195	农龄股	11299					
124		玉屏	旌德县玉屏裕民农产品种植专业合作社	78.386	159	农龄股	9062	旌德县陶然生态农业发展有限公司	2	152.257	17602	
125			旌德县玉屏天成水产养殖专业合作社	73.871	169	农龄股	8540					
126		碧云	旌德县安民小黄牛养殖专业合作社	9.296	204	农龄股	10759	旌德县碧水云天农业发展有限公司	2	18.584	21509	
127			旌德县祥禾农产品种植专业合作社	9.288	193	农龄股	10750					
128		合庆	旌德县晓岭农产品种植专业合作社	4.559	169	农龄股	9659	旌德县合庆农业开发有限公司	3	18.86	39963	工商已登报变更中
129			旌德县水北农产品种植专业合作社	5.259	196	农龄股	11142					
130			旌德县富阳农产品种植专业合作社	9.044	328	农龄股	19162					
131	版书镇	隐龙	旌德县湖上水产养殖专业合作社	16.14183	162	农龄股	8164	旌德县隐龙农业发展有限公司	2	30	15173	
132			旌德县下村水稻种植专业合作社	13.85817	133	农龄股	7009					
133		龙川	旌德县大梁花卉种植专业合作社	19.3475	183	农龄股	10538	旌德县创新农业发展有限公司	2	40.3189	20260	
134			旌德县三都畜禽养殖专业合作社		174	农龄股	9722					
135		南关	旌德县下胡果园专业合作社	31.95521	459	农龄股	22751	旌德县南关农业发展有限公司	2	51.4	36595	
136			旌德县清潭苗木种植专业合作社	19.44479	266	农龄股	13844					
137		白沙	旌德县上坞茭禽养殖专业合作社	2.00839	241	农龄股	11253	旌德县一都农业发展有限公司	2	3.5	19961	
138			旌德县下坞水稻种植专业合作社	1.49161	187	农龄股	8408					
139		版书	旌德县联平槐木专业合作社	16.0331	588	农龄股	33445	旌德县联合农业发展有限公司	2	28	58408	
140			旌德县沙东蔬菜种植专业合作社	11.9669	456	农龄股	24963					
141		江坑	旌德县江坑小黄水稻种植专业合作社	48.78288	287	农龄股	14681	旌德县二都农业发展有限公司	2	84.59	25457	
142			旌德县清正苗木专业合作社	35.80712	216	农龄股	10776					

注：编制单位：旌德县农委。

第3节
→ 旌德股改的基本经验

探讨安徽省旌德县农村集体经济股改对于农民收入、农村公共基础设施等方面的影响，就需要深入具体的村庄实践中。通过剖析股改示范村三溪社区、路西村和非示范村合庆村、三峰村所实施的农村集体经济股份制改革影响，可以窥见旌德的股改路径与具体成效。由于股改于2016年才全面展开，尚未有任何农民在2016年底获得股金分红，因此暂通过问卷分析，评价现阶段股改所取得的成果。

为实现对旌德股改的示范村三溪社区、路西村和非示范村合庆村、三峰村这4个代表村的案例剖析，于2016年12月对4个村各发放50份村民随机股改调查问卷、5份村干部村集体问卷，并在每个村随机选取3个村民进行深度访谈。其中，股改问卷主要涉及：（1）受访者性别、年龄、学历、家庭收入、家庭状况；（2）当年的总收入（其中细分财产性收入、工资收入、经营性收入）以及相对前一年的变化幅度；（3）对于股改的认知和感受等。村干部村集体问卷主要涉及：（1）村庄各类统计数据，包括人口、股改数据；（2）股改前后村集体负债、现金、资产、资源的变化情况；（3）村干部对于股改的认知和感受等。

深度访谈则主要涉及：家庭情况、个人情况；对村中股改的看法与感受、股改前后的经济、家庭、生活变化；股改前后村里其他人的反应与变化；对于母公司和子公司运营的想法等。

一、三溪社区案例

三溪社区位于旌德县北部，坐落在美丽的徽水河畔，山清水秀，省道三仙线和国道205线穿社区而过，交通便利。三溪社区总面积8.7平方公里，是由三溪、姜元、南丰三个村合并而成的农村社区。三溪社区现有村民1302户，农业人口3191人，居民999人，60岁以上老龄人口563人，劳动力2237人（男：16～60岁；女：16～55岁，扣除在校学生），残疾人57人。其中，参与村集体经济股份制改革的有948户共3191人（即全民参与）。本村人均收入10000元，相对县平均水平，整村的经济条件属于中等水平。

1. 股改概括

作为旌德县股改的试点村之一，三溪社区的集体经济股份制改革工作很早就已展开。三溪社区于2015年3月试点，7月开始规范进行村集体经济股份制改革。通过清产核资，村集体净资产为624.6万元，进入母公司500万元；子公司净资产5.5万元。而这其中，本村经营性资产（房屋、建筑物等）有160万元，非经营性资产（文化、教育等公益事业）有74万元，资源性资产（集体耕地、林地）有237万元。建成农业合作社2家，成立企业1家。集体经济股份制改革的主要资产来源是集体土地、林地、水域等资源要素和闲置的房屋、设备等。资产由母公司进入子公司参与资产运营，子公司类型是家庭农场、光伏发电、保洁公司和优质水稻种植，每个子公司中集体经济占股30%~45%。

此外，还有30万元的农业发展财政资金整合到村集体和农户经济中，占全部财政涉农资金的比重为70%。村民如果要将个人资产投入子公司运营，可以通过资金入股。村民入股子公司运营后，将获得保底收益，并根据《公司法》按股分红。

本村农户的主要收入来源是年轻人外出务工，大多到上海、浙江承包出租车和开精品店。集体资产已经进行了土地确权，村民的股权量化方式是通过人口量股。股份制公司的成员界定是通过2016年7月在册的户籍，领导层由股民代表选举产生。

2. 问卷分析

北京大学贫困地区发展研究院调研组在三溪社区一共发放问卷30份，问卷有效回收率为100%。问卷调查表明，社区所有农业户都参与了村集体经济股份制改革。参与股份制改革的原因中，政府或村集体倡导的占17户，受亲朋所托和政府提倡者2户，家庭需要和政府集体倡导双重原因的有11户，这意味着所有参与股改的农户都有政府号召原因，1/3以上也有自己家庭发展的需要。

户主性别中男性26人，女性4人，男性占据压倒性优势。户主平均年龄47.5岁,其中,45周岁以下者10人,60岁及以上4人,45~60岁16人,呈现中年人较多的状态。但受教育程度也普遍偏低,其中,3人未受教育,小学/初中学历者21人,高中学历5人,大学/大专及以上学历者1人。受访户除1户为非农户口外,其余29人均为纯农户。平均每户3.9人,其中劳动力2.27人,务农人数2.16人,可见本村的农业生产相较路西村依旧活跃。2015年,家庭总收入每户平均3.7万元,其中最低的为55岁某独居男子,仅靠政府给予的0.6万元补贴,最高的为4口之家的7万元。

所有受访户中,有19户愿意投入更多的个人资产来换取更多集体股份,认为可以通过股金分红提高收入,这也意味着对本村股改的肯定。对于目前村集体股份制公司运营状况,22人感到良好,在此印证了本村村民对于股改工作的认可。而对于母公司运营良好的表现,除1人未表态、6人认为是其他外,其余23人均认为是道路、路灯等基础设施的改善,未对分红表现出在意。

在参与了村集体经济股份制改革后,1人认为自己收入跌了1%,7人未表态,7人感到变化不大,其余15人均认为收入有所提高,15人平均提高约6.53%。大家认为股改后收入增加的主要途径是可以提供更多就业机会,以及让村民从事农家乐(餐饮、住宿)经营。

对于参与集体经济股份制的程序,6人未表态,8人感到很容易,16人感到比较容易。所有人均赞成推行农村股份制改革。

3. 股改成果

通过股份合作制改革和一年的试点工作,三溪社区很快就壮大了集体经济,有利的资源、资产得到了充分利用,经过股份合作制改革后,社区集体经济2016年年收入可增加10万元以上。同时,为了保障公共支出,母公司充分发挥统筹作用,集体经济收益转交居委会后,按照偿还集体债务、美丽乡村管养维护、村干部绩效工资、基础设施建设、村民分红顺序支配,确保了公共支出,带动村民增收。

通过股份合作制改革和"三变"改革,三溪社区从源头上解决了村级集体经济收入少的客观需要,使社区集体经济得到发展;减轻了农民负担,使社区居民收入大大提高,提升了社区居民生活水平。

二、路西村案例

路西村位于旌德县西北部，距县城 20 公里，下辖 14 个村民组。路西村现有村民 463 户，农业人口 1568 人，60 岁以上老龄人口 392 人，劳动力 750 人（男：16～60 岁；女：16～55 岁，扣除在校学生），残疾人 95 人。其中，参与村集体经济股份制改革的有 463 户共 1568 人（即全民参与）。2016 年本村人均收入 9900 元，相对县平均水平，整村的经济条件属于中等水平。

1. 股改概括

2016 年以来，作为旌德县"三变"改革试点村的路西村围绕股份合作，经"自愿申报和调查摸底"相结合，全村共计清理出各类资产账面价值 32788079.36 元。以截至 2016 年 4 月 13 日是否为路西村集体户籍人员为标准作为界定依据，以农业人口界定方式，确定人口股，全村界定成员数为 463 户、1568 人，界定股份数 1568 股，可供折股量化的经营性资产、资源性资产共计 25740048.86 元，按人口股每人 1 股，每股折股量化资产 16415.81 元。公司为全村 463 户农民发放了股权证书，实现了"农民变股民"。

路西村依照《农民专业合作社法》，以村民组为单位，村民以量化到户的集体资产股权出资，分别成立了西河水稻专业合作社和南坦茶叶专业合作社，依照《公司法》，由两个合作社作为股东发起成立旌德县三桥农业发展有限公司，即村级母公司。全村建成农业合作社 5 家；成立企业 2 家；产业发展基金公司 1 家；入驻企业 1 家。集体经济股份制改革的主要资产来源是集体土地、林地、水域等资源要素和闲置的房屋、设备等。资产由母公司进入子公司参与资产运营，子公司类型是家庭农场、旅游（农家乐、民宿）和加工制造。村内还有小二型高山水库一座，总投资超亿元的旌缘灵芝休闲度假村项目、徽水苑农家乐项目均落户该村，是不少人参观"美丽新农村"的首选之地。

此外，还有 180 万元的农业发展财政资金整合到村集体和农户经济中。村民如果要将个人资产投入子公司运营，可以通过土地、固定资产和劳动力入股，目前最多的是土地。村民入股子公司运营后，将获得保底收益，土地入股保底400元，优等田分红150元，反租倒包每亩子公司分红50元。

2. 问卷分析

北京大学贫困地区发展研究院调研组在路西村一共发放问卷30份，问卷有效回收率为96.7%。问卷调查表明，村民100%参与了村集体经济股份制改革。参与股份制改革的原因中，家庭经营需要的仅2户，政府或村集体倡导的占21户，高达72.4%，受亲朋所托者1户，家庭需要和政府集体倡导双重原因的有5户。

户主性别中男性27人，女性2人，男性占据压倒性优势。户主平均年龄51.55岁，其中，年龄45周岁以下者11人，60岁及以上9人，45~60岁9人，呈现老中青均衡状态。但受教育程度却普遍偏低，其中，3人未受教育，小学/初中学历者17人，高中学历9人，无大学/大专及以上学历者。受访户100%均为纯农户，平均每户3.4人，其中，劳动力2.45人，务农人数0.9人。2015年，家庭总收入每户平均4.64万元，其中最低的为某70岁独居老人，仅0.5万元，最高的为4口之家的9万元。

值得注意的是，所有受访户中，没有人愿意投入更多的个人资产来换取更多的集体股份。对于目前村集体股份制公司运营状况，11人感到良好，18人感到一般，主要原因还在于未收到过分红。而对于母公司运营良好的表现，18人认为是有现金分红，占据62%，可见股金分红对于农民认可的重要性；7人认为是道路、路灯等基础设施的改善；4人认为是其他。

在参与了村集体经济股份制改革后，只有1人认为自己的收入跌了1%，6人感到变化不大，其余22人均认为收入有所提高，22人平均提高约4.66%。大家认为股改后收入增加的主要途径是可以从事农家乐（餐饮、住宿）经营。

对于参与集体经济股份制的程序，2人感到很容易，3人感到比较容易，23人感到一般，1人感到比较麻烦。除1人未表达意见外，其余28人均赞成推行农村股份制改革。

3. 股改成果

路西村的股改现已通过发包租赁、简单自营、投资入股3条途径实现了"集体经济、美丽乡村、全域旅游"一盘棋的经营。路西空中茶园每年给村委会带来3.2万元的直接经济效益，并成为路西景区一道靓丽的风景；由母公司三桥农业发展有限公司管理，并与市场经营能人穆曙明合作，共同出资成立子公司——旌德县曙明旅游发展有限公司，每年除单独支付村集体房屋租赁费以外，所获利润按保底收益加按股分红方式进行分配，每年村保底收入为30000元。此外，路西村还建立了股改激励机制，即村干部不得在母公司中领工资，但可以从母公司转交给村委会的公共支出中，领取最高2倍于基本报酬的绩效工资。

专栏链接 2-1 --

路西村"三变"改革试点工作案例

一、基本情况

路西村位于旌德县西北部，距县城20公里，下辖14个村民组，451户1582人，风景秀丽，旅游资源丰富，是全省13个"三变"改革试点村之一。

2008年，路西14个村民组、451户参与集体林权制度改革，核发林地使用权证667本，面积9972亩，发放集体山林股权证17本，涉及集体山林面积9972亩。

2014年10月开始农村土地承包经营权确权登记颁证工作，路西村14个村民组应确权449户，截至2017年3月，已确权449户，发放农村土地承包经营权证449本，确权面积2091.55亩。

二、股份合作制改革完成情况

2015年路西村被列为全县农村集体资产股份合作制改革试点村，2016年全县整县推进农村集体经济股份合作制改革，路西作为农村股份合作制改革的排头兵，起到了示范引领作用。截至2016年7月，路西村完成了清产核资、成员界定、股权设置和成立市场主体的工作任务。集体资产总额为2574万元，股东1568人，按人口股设置1568股，每股折价16418元。成立了两个专业合作社，并在此基础上发起成立了旌德县三桥农业发展有限公司。

三、"三变"改革情况

1. 盘活集体公共资源，实现资源变资产

一是以集体资源为注册资本，实现资产变资本。在清产核资的基础上，路西村将集体所有的林场、水库等资源经过评估后，通过先分后统（即先折股量化，再以股权出资），作为集体经济公司的注册资本，实现资源变资产。

二是规范发包程序，提高资源收益。空中茶园原是 20 世纪 60 年代末建的老茶园，交通不便，附属茶房年久失修，已经废弃。以前发包每年受益仅 3 万元。该村整合了扶持集体经济发展基金、茶叶产业项目资金，将茶房修葺一新，新建了 1 公里的沥青道路，老茶园焕发了勃勃生机。通过公开招标，茶园发包每年收益 10 万元，园中茶房租赁收益每年 3 万元。

三是创新委托运营，"变"出资源新效益。以空中茶园为核心，路西村将价值 512 万元的资产整体打包，用于旅游开发（如宋代修建的徽水河古河埂和古渡口、约万余平米的滨河公园等），创成了 3A 级景区，委托企业运营。除前述的 13 万元外，每年还有 10 万元保底收入及门票分成，实现了"看看也收钱"的新业态。

2. 用活上级项目资金，实现资金变股金

一是整合财政涉农项目资金。2016 年，路西村整合了 30 万元的县扶持集体经济发展基金和 181 万元的现代农业茶产业项目资金，量化为集体股金，用于景区基础设施建设。2017 年，路西村还谋划了精品民宿、农业科技观光园等项目，已经纳入县集体经济项目库，目前正在招商。拟将投入试点村的农村综改项目资金、县扶持集体经济发展基金量化为村集体股金后，投入这些项目中，实现按股分红。

二是财政投入的经营性资产量化。经过核算，2012 年以来，各级财政投入路西村用于美丽乡村建设、农田水利基础设施建设等项目资金累计 534 万元，集体资产确权到户和股份合作制改革后，这些项目资金投入形成的资产被纳入集体经济公司总资产并折股量化到村民，产生的效益成为村集体和所有村民的收入。

3. 激发村民内生动力，实现农民变股东

一是通过股改赋予农民各项权能。股改后，路西村清产核资结果为 2574 万元，界定了 1568 名成员，设置了 1568 股人口股，每股折价 1.64 万元，463 户农民全部领到了股权证，预计今年可以实现每股分红不少于 100 元。

二是发展土地股份合作。引导 219 户村民以农地经营权入股田园牧歌水稻种植合作社，每亩土地折合一股，共计 609 股，农户按照每股"保底分红 400 元 + 按股分红"方式分红。2016 年，每股除 400 元保底收益外，还实现了 150 元的分红。

三是带动民宿经济。路西村通过"公司 + 协会 + 农户"，带动村民发展 36 户农家乐、11 户农家客栈（70 个床位），以统一运营的方式增收致富。在 2016 年底，农家客栈总营业额达 50 余万元，纯利润 30 余万元，平均每户增收 2.7 万元。

经过试点改革，到 2016 年底，路西村农民人均可支配收入从 10226 元增加到 12476 元，增幅达 22%。其中财产性收入达 308 元，占比 2.47%，高于全省平均水平。

三、合庆村案例

合庆村隶属于安徽省旌德县孙村镇，由原水北、晓岭、富阳三个村合并而成。合庆村有村民 693 户，农业人口 2712 人，60 岁以上老龄人口 691 人，劳动力 1609 人（男：16 ~ 60 岁；女：16 ~ 55 岁，扣除在校学生），残疾人 17 人。其中，参与村集体经济股份制改革的有 693 户共 2712 人（即全民参与）。本村人均收入 9870 元，相对县平均水平，整村的经济条件属于经济欠发达地区。

1. 股改概括

合庆村于 2016 年 3 月进行村集体经济股份制改革。通过清产核资，村集体净资产为 488 万元，进入母公司 488 万元。其中，本村经营性资产（房屋、建筑物等）18 万元，非经营性资产（文化、教育等公益事业）170 万元，资源性资产（集体耕地、林地）300 万元。建成农业合作社 7 家，成立企业 1 家。集体经济股份制改革的主要资产来源是集体土地、林地、水域等资源要素和闲置的房屋、设备等。此外，还有 100 万元的扶贫财政资金整合到村集体经济中。村民如果要将个人资产投入子公司运营，可以通过劳动力入股。村民入股子公司运营后，将获得保底收益。

本村农户的主要收入来源是非农就业。集体资产已经进行了土地确权。村民的股权量化方式是通过劳动龄量股。股份制公司的成员界定是通过 2016 年 3 月在册的户籍,领导层由股民代表选举产生。

2. 问卷分析

北京大学贫困地区发展研究院调研组在合庆村一共发放 30 份问卷,问卷有效回收率为 96.7%。问卷调查表明,合庆村所有的农业户都参与了村集体经济股份制改革。参与股份制改革的原因中,政府或村集体倡导的占 24 户,受亲朋所托和政府提倡者 1 户,家庭需要和政府集体倡导双重原因的有 2 户,家庭需要和亲朋所托 1 户,三种原因都有的 1 户。

户主性别中,男性 28 人,女性 1 人,男性占据压倒性优势。户主平均年龄 54.3 岁,其中,45 周岁以下者 4 人,60 岁及以上 10 人,45~60 岁 15 人,呈现中老年人较多的状态。受教育程度也普遍偏低,除 1 人未受教育和 1 人高中学历外,其余 27 人均为小学/初中学历。受访户均为纯农户,平均每户 4.2 人,其中,劳动力 2.55 人,务农人数 1.48 人。2015 年,除 1 户未报收入外,其余 28 户家庭总收入每户平均 5.74 万元,其中最低的 1.7 万元,最高的 12 万元。

所有受访户中,有 3 户愿意投入更多的个人资产来换取更多集体股份,26 户则持否定和观望态度。对于目前村集体股份制公司的运营状况,除 1 人未表态外,2 人感到良好,26 人则感觉一般。而对于母公司运营良好的表现,13 人认为是获得现金分红,4 人认为是道路、路灯等基础设施的改善,12 人则认为是其他。

在参与了村集体经济股份制改革后,所有人都认为自己的收入没有太大变化。大家认为股改后收入增加的主要途径是可以提供更多就业机会,如引入的芦笋种植公司为村民创造了很多的就业机会。

对于参与集体经济股份制的程序,10 人感到很容易,5 人感到比较容易,14 人则感到一般。所有人均赞成推行农村股份制改革。

3. 股改成果

股份制改革不仅为村集体公司带来较大的经济效益,而且产生了较大的社会效益。以合庆村农业开发有限公司为例,有机芦笋基地的建设需要大量人员务工,极大地增加了基地周边农民收入。基地安排合庆村贫困人口 12 人到基地务工,大大提高了贫困户的收入,实现了精准扶贫和就业脱贫。截至 2016 年 8 月底，有机芦笋种植基地已用工 9200 余人次，发放务工工资 86.6 万元。

专栏链接 2-2

集体经济空白村——合庆村的蜕变

一、基本情况

合庆村隶属于旌德县孙村镇，由原水北、晓岭、富阳三个村合并而成，205 国道穿境而过，东至牛山脚，南至庙首镇，西至孙村村，北至新建村；全村现有 673 户，总人口 2754 人，现有耕地面积 3279 亩，山场面积 4064 亩，可养水面 242 亩。

2008 年，合庆村开展了集体林权制度改革并于当年完成全部林改工作。共完成林改 431 户，1085 宗地，7354.01 亩。

2014 年 10 月开展农村土地承包经营权确权登记颁证工作，由于工作得力、进展突出，2016 年 6 月全县农村土地承包经营权确权登记颁证首发仪式在该村举行，同时也成为全省土地确权颁证工作第二批试点县市中颁出的第一本证书。截至 2016 年底，全村 667 户均领到土地确权证书，确权地块 4851 块，面积 3583.85 亩。

二、农村集体资产确权到户和股份合作制改革情况

2016 年以来，合庆村积极开展了农村集体资产确权到户和股份合作制改革。截至 2016 年 8 月，合庆村在完成清产核资、成员界定、折股量化的基础上，通过成立 3 个专业合作社，共同发起成立了旌德县合庆农业开发有限公司。清产核资总额 454 万元，其中集体经济公司注册资本为 18 万元的经营性资产，共界定股东 2754 人，按劳龄股设置了 40272 股，每股折4.47 元。

三、"三变"改革情况

村集体经济组织成立后，以 205 国道旁的千亩良田为资源，同具有经济实力的外来种植大户吴贵明合作，成立了旌德县振兴蔬菜瓜果专业合作社，发展有机芦笋大棚种植基地，以此来发展壮大集体经济。

一是发展土地股份合作，实现"农民变股东"。富阳及水北片 169

户农民以 480 亩土地经营权入股振兴瓜果专业合作社，每亩 1 股，折价 2000 元，累计占股 8.16%，保底分红标准为 560 元/亩，然后根据企业经营情况进行分红，预计芦笋成熟期每亩总收益可达近千元，大幅提升农民财产性收入。

二是整合资金入股，实现"资金变股金"。母公司整合了县扶持集体经济基金和财政综改资金共 150 万元入股合作社，折成 750 股，占股 12.76%，吴贵明投资的固定资产按账面资产 930 万元折成 4650 股，占股 79.08%。村母公司不参与经营，不承担市场风险，每年按股参与分红，并约定村集体分红保底为 15 万元。

三是规范发包租赁，实现"资源变资产"。经董事会一致商定，通过公开竞标，将村属一间闲置库房修葺后，发包给振兴合作社，每年租金 1800 元。大力发展全域旅游，将盘古生态农业旅游开发基地、西瓜采摘园、芦笋采摘园委托给旌德县玉屏旅游开发有限公司经营，每年保底收益 2000 元，实现了"看看也给钱"。

此外，芦笋基地的建设和生产也增加了周边农民劳务收入，2016 年基地吸纳 112 人务工，其中贫困人口 12 人，累计发放工资 167.6 万元，带动了贫困户提高收入，为实现精准扶贫开辟了途径。

四、三峰村案例

兴隆镇三峰村毗邻黄山景区，因风景优美而获得市级美丽乡村示范点、安徽省森林村庄等称号，但同时青山绿水却并没有变成金山银山，这里曾是省级贫困村。三峰村有村民 773 户，农业人口 2656 人，60 岁以上老龄人口 736 人，劳动力 1473 人（男：16~60 岁；女：16~55 岁，扣除在校学生），残疾人 206 人。其中，参与村集体经济股份制改革的有 773 户、2656 人（即全民参与）。本村人均收入 10273 元。相对县平均水平，整村的经济条件属于欠发达地区。

1. 股改概括

三峰村于 2016 年 3 月 23 日进行村集体经济股份制改革。通过清产核资，村集体净资产为 1678.468 万元，进入母公司 273.568 万元；子公司净资产130万元。其中，本村经营性资产（房屋、建筑物等）202万元，非经营性资产（文化、教育等公益事业）1404.9万元，资源性资产（集体耕地、林地）71.568万元。村民代表组成村级资产清查小组，界定成员的方式为人口股（2016年3月23日为节点），在4月1日至30日期间进行了认真的摸查评估和人口摸底，全村享有股权的有773户共2656人。

全村共建成农业合作社7家，成立企业5家。集体经济股份制改革的主要资产来源是集体土地、林地、水域等资源要素和闲置的房屋、设备等。由母公司进入子公司参与资产运营，子公司类型是光伏发电和旅游（农家乐、民宿），其中注资30万元到旌德县桃花源生态农业发展有限公司，集体经济占股23%。

此外，还有90万元的扶贫财政资金整合到村集体经济中。村民如果要将个人资产投入子公司运营，可以通过资金、土地、固定资产入股。村民入股子公司运营后，将获得保底收益。

2. 问卷分析

北京大学贫困地区发展研究院调研组在三峰村一共发放问卷30份，其中，雷同问卷19份，有效问卷11份，问卷有效回收率为36.7%。问卷调查表明，该村所有的农业户都参与了村集体经济股份制改革。参与股份制改革的原因中，除了1户未表态外，政府或村集体倡导的占10户。

户主性别中，男性9人，女性2人，男性占据压倒性优势。户主平均年龄49.2岁，其中，45周岁以下者6人，60岁及以上2人，45~60岁3人。受教育程度普遍偏低，其中，1人未受教育，小学/初中学历者4人，高中学历4人，大学/大专及以上学历者2人。受访户均为纯农户，平均每户3.4人，其中，劳动力2.2人，务农人数1.2人。2015年，家庭总收入每户平均2.6万元，其中最低的为某60岁独居男子，仅靠政府给予的0.6万元补贴，最高的为3口之家的8万元。

所有受访户中，没有人愿意投入更多的个人资产来换取更多集体股份，他们认为股改处于起步阶段，前景尚不明确。对于目前村集体股份制公司运营状况，2人感到良好，9人感到一般。而对于母公司运营良好的表现，7人认为是获得股金分红，3人认为是道路、路灯等基础设施的改善，1人是其他。

在参与了村集体经济股份制改革后，所有人都感到变化不大。大家认为股改后收入增加的主要途径是从事农家乐（餐饮、住宿）经营。

对于参与集体经济股份制的程序，3人感到很容易，3人感到比较容易，5人感到一般。所有人均对是否赞成推行农村股份制改革未表态。

3. 股改成果

母公司旌德县玉银凤峰农业发展有限公司为了帮助大学生刘小俊创业，拿出村集体经济发展基金30万元入股旌德县桃花源生态农业发展有限公司，每年保底分红不低于3万元。母公司还整合省级扶贫资金90万元，出资成立了一家120千瓦的光伏发电子公司，在2016年7月底并网发电，项目建成后年收益可达13万元。此外，悠然谷项目落定在三峰村，并达成协议由旌德县玉银凤峰农业发展有限公司出资100万元，打造农家客栈主体，后续装修由悠然谷公司承担，农家客栈主体发包给悠然谷公司经营，每年租赁费12万元。

专栏链接 2 -3 --

省级贫困村三峰村通过"抓股改、促三变"实现华丽转身

一、基本情况

兴隆镇三峰村毗邻黄山区，风景优美，自然资源丰富，曾获得市级美丽乡村示范点、安徽省森林村庄等称号，但也是省级贫困村，现有人口2656人，其中贫困户50户、92人。

2008年，三峰村开展了集体林权制度改革并于当年完成全部林改工作。共完成林改677户，发放权证820本，面积18275.67亩。

2014年10月旌德县开展了农村土地确权到户工作，通过摸底调查，现场指界，签字公示、权证发放以及档案整理移交，全面完成了土地确权工作任务，全村共确权731户，确权面积5111.07亩。

二、农村集体资产确权到户和股份合作制改革方面

2016年以来，该村积极开展了农村集体资产确权到户和股份合作制改革工作。截至2016年7月，三峰村在完成清产核资、成员界定、折股量化的基础上，通过成立2个合作社，共同发起成立了玉银凤峰农业有限公司。清产核资总额1678.468万元，其中集体经济公司注册资本273.568万元，

共界定股东 2656 人，按人口股设置了 2656 股，每股 1030 元。

三、"三变"改革方面

1. "资源变资产"方面

首先，该村通过招商，引进了投资 1.8 亿元的悠然谷项目。项目建设区面积 501.98 亩，其中属集体所有的鲤塘水库，"三变"前发包给村民养鱼，每年收益仅 0.3 万元，通过公开招标，悠然谷公司以每年 4 万元的价格中标，打造水上游乐中心，实现了"资源变资产"。

更重要的是，对景区范围内承包权属于农民的 346.1 亩林地及旱地，悠然谷公司以每年 250 元的价格流转，林木经营权仍属于农民，唯一的条件是每年间伐面积不超过 8%，保持景区内自然景观，让农民真正在"资源变资产"中收益，为农民每年带来直接收益 8.65 万元，大幅提升了农民的财产性收入。

2. "资金变股金"方面

一是用活财政资金。三峰村整合了农村综合改革扶持资金 100 万元，在悠然谷核心景区建了 500 平方米的天籁民宿，和悠然谷公司签订合作协议，村集体负责基础建设，后续由公司按照规划设计装修，建成后由该公司运营，村集体每年固定收入 8 万元。

二是投资入股助力"双创"。村集体母公司将县财政扶持集体经济发展基金 30 万元，入股返乡创业大学生刘小俊创办的旌德县桃花源生态农业发展有限公司，公司的注册资本从原来的 100 万元增加到 130 万元，刘小俊占公司股份的 77% 并负责经营，按照"保底收益 + 按股分红"的方式，预计村集体 2017 年分红将达 5 万元以上。

三是发挥扶贫资金最大效益。母公司利用省级扶贫资金 90 万元，建成了一家 120 千瓦的光伏发电站，目前已经并网发电，2016 年收入 6 万元，预计 2017 年收入可达 13 万元以上。

3. "农民变股东"方面

一是通过股改，所有村民成为集体经济公司股东，根据分红指导意见，该村 2017 年将实现最少每人 60 元的分红。

二是该村是省级贫困村，所有 50 户贫困户在扶贫资金建设的光伏电站中均占有股份，2016 年实现每人分红 500 元。

五、案例总结

对于4个案例村的具体数据总结，如表2－2所示。

表2－2 　　　　　　　　　　旌德股改案例总结 　　　　　　　单位：%

		股改示范村		非示范村	
		三溪社区	路西村	三峰村	合庆村
村集体股份制母公司运营情况	良好	73.3	37.9	18.2	10.4
	一般	26.7	62.1	81.8	89.6
母公司运营良好的表现	现金分红	0	62	63.6	44.8
	公共设施改善及其他	100	38	36.4	55.2
股改后自己的收入	提高	50	75.9	0	0
	降低	3.3	3.4	0	0
	未变	46.7	20.7	100	100
是否愿意投入个人资产进入子公司运营	是	63.3	0	0	10.3
	否	36.7	100	100	89.7

资料来源：根据北京大学贫困地区发展研究院问卷调研资料整理。

村民对于村集体股份制母公司的运营状况，除三溪社区外，均认为表现一般，这可能是由于股改还只是初具规模，未见成效；而对于母公司运营良好的表现，除三溪社区外，其他村民均对现金分红有强烈偏好，可见村民非常在意股改带来的实际现金收入，也即直接的、显性的财产性收入，而对公共设施改善的认识尚需进一步加强；对于股改后的收入变化，4个村反馈的意见也有所差异，非示范村均认为没有变化，这可能与示范村所带来的心理作用有一定关系；而对于是否愿意投入个人资产进入子公司运营，依旧是除三溪社区外，其他村的村民均未表现出很大兴趣，这可能与各个村子公司运营的情况有关。

由于时间条件和样本资源所限，尚未对旌德县域内68个村进行全面调研和统计分析。而且旌德县的股改工作尚处于探索阶段，其成效和农民接受程度也与推行时间紧密相关。本次案例调查数据较好的支持了示范村的股改成效，非示范村的股改成效还待进一步观察与总结。

第 4 节

┌------→ 总结与启示

一、问题总结

1. 股份制改革动力有待进一步提高

调研数据显示，三溪社区有 1/3 以上的村民认为参与股份制改革是家庭发展的需要。三溪社区作为第一个股改试点单位，本身也有村集体自身发展的迫切性。三溪社区和路西村作为股改示范村，大部分村民均认为改革对其收入有所增益，这可能是因为政府给予示范村更大的预期和更多的资源，也可能是因为这些地方本身就存在强烈的发展需求。因此，股改可能会在示范村和有强烈发展需求的地方取得更明显的成效。然而对于广大的其他非示范村，如何进一步激发村干部和村民参加股改工作的积极性、主动性，增强其内在动力，提高村民对股改成效的认可度，是今后工作中有待加强的地方。

2. 增收途径需进一步拓宽

对于股改后的增收途径，问卷调查表明，除了合庆村外，都过度依赖全域旅游所带来的农家乐产业。因此，除三溪社区和路西村作为试点单位大幅通过旅游业提高村民收入外，其他村农民均未明显感受到股改所带来的经济利益。集体经济股改对农民的收入应当是有增无减的，但目前来看，股改对于农民收入的提升会受到农村当地特异性资源差异的较大限制。在特色资源欠缺的地方，股改对于农民增收的效果难以显著体现。因此，今后需进一步拓宽农民增收途径，以便广泛凸显股改效果。

3. 人力资本相对匮乏

如图 2-2 所示，整个旌德县人口构成为 18 岁以下占 13%，18~35 岁占 24%，35~60 岁占 44%，60 岁以上占 19%，而三溪社区、路西村、三峰村、合庆村 4 个样本村的老龄人口分别占到 17.6%、25%、27.7% 和 25.5%；而与此相对应的，除三溪社区外，其他 3 个村劳动力人口都明显不足（分别占到 47.8%、55.5%、59.3%）。在前往村中实地走访的过程中，调研组也发现，村中的青壮年非常稀少，基本都在外地务工，留守在村中的多是老年人、妇女和儿童。问卷调研结果同时反映出，样本村人口的受教育程度普遍较低，人力资本较为匮乏。在这样的情况下，如何向留守在村中的受教育水平较低的老年、妇女、儿童群体普及股改知识、宣传股改理念、推广股改经验，将面临比较大的困难。

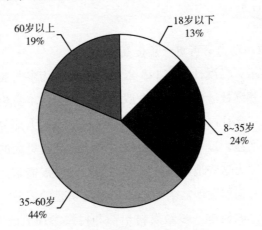

图 2－2　旌德县人口年龄结构

资料来源：根据旌德县总体规划基础资料（2015）整理。

二、经验启示

1. 夯实"三变"产权基础

旌德县委、县政府高度重视、统筹谋划，先后制定了《旌德县农村集体资产股份合作制改革整县推进实施方案》和《路西村结合农村集体资产股份合作制改革开展"三变"改革实施方案》，明确了实施阶段"清产核资、成员界定、设置股权、成立市场主体"的"四步走"战略，也为"三变"改革试点工作奠定了基础。

截至 2016 年底，全县 68 个村居已全部完成实施阶段各项任务，其中，68 个村居经营性资产和可供发包的资源性资产账面价值总计 1.9 亿元；7 个乡镇（旌阳镇、俞村镇、云乐乡、蔡家桥镇、三溪镇、兴隆镇、白地镇）、51 个村按人口股界定 96567 股，3 个乡镇（版书镇、庙首镇除里仁村、孙村镇）、17 个村按农龄股界定 486377 股；68 个村居均成立农村集体资产管理公司，实现了"资产确权到户和股份合作"。

2. 拓宽"三变"改革路径

一方面,"母公司 + 子公司"作用发挥明显。各村集体经济公司作为"母公司",按市场规则由民营主体控股成立"子公司",坚持"母公司管资产,子公司管经营;母公司管公平,子公司管效率",既是合法合规的模式创新,也是"三变"的生动体现,有效解决了经营人才不足、约束制度不配套、经营风险不可控等问题,体现了市场经济效率优势;通过母公司统筹,保障了村集体公共支出,体现了社会主义公平优势。

另一方面,监督体系不断完善。着力于健全对集体经济公司的监督管理,先后出台了《村级集体资产管理公司财务管理办法》和《旌德县发展村级集体经济监督管理办法》,村集体"四块牌子"关系被理顺,四个层次的监督确保了村集体和村干部在发展中把牢"底线"、不触"红线"。

3. 拓宽集体经济增收渠道

全县 68 家"母公司"全部成立,一批先行先试的村集体经济公司,注重激发改革内生动力,坚持政策上倾斜、资金上保障、举措上有力,重点下好"美丽乡村、集体经济、全域旅游"一盘棋,通过发包租赁、简单自营、投资参股、委托经营(全域旅游)四种方式,"三变"改革成果不断涌现。

4. 建立健全机制

(1)建立激励机制。村干部不得在母公司中领工资,但可以从母公司转交给村委会的公共支出中,领取最高 2 倍于基本报酬的绩效工资。此外,还鼓励村干部通过领办合作社、控股子公司等方式,既带动集体增收,也获取"上了台面能说清、放进口袋能安心"的合法收入,确保村干部把牢"底线"、不触"红线"。

(2)完善监督机制。《发展村级集体经济监督管理办法》已经出台,对集体资产发包租赁、母公司对外投资等风险关键点都明确了监督的内容,要通过多层次监督,严控廉政风险。做好内部监督,母公司的重大投资决策要经董事会决定,监事会既监督母公司和董事会,也在不干涉经营的前提下监督子公司。做好村级监督,母公司必须在村党组织领导下开展工作,接受村党组织领导,村务监督委员会既监督母公司财务,也监督村委会对收益的使用。做好乡镇监督,母公司账务由乡镇"三资"代理中心统一代理，发包租赁需报乡镇备案，简单自营和投资入股需乡镇批准后方可实施。做好县级监督，县农委、财政局对各村开展集体资产运营进行业务指导，县审计部门不定期对母公司和子公司账务进行审计监督。

（3）健全风险防控机制。市场经营，风险不可避免，为有效控制风险，必须采取有关举措。承担有限责任，母公司自身是有限责任公司，投资入股的对象必须是公司、合作社、企业制的家庭农场等承担有限责任的市场主体，不得入股个人独资企业、个体工商户等承担无限责任的市场主体，更不得为任何单位和个人提供任何形式的担保。固定资产不入股，原则上只发包或租赁。以增量为主，原则上不动存量，除上级项目资金外，县财政设立的1000万元村级集体经济发展基金，就是为集体经济项目提供的"源头活水"。

第3章

旌德全域旅游模式总结

第1节
旌德全域旅游工作背景

一、旌德全域旅游的重要意义

《国务院关于加快发展旅游业的意见》中将旅游业定义为
"战略性支柱产业"，旅游业的重要性被提升至前所未有的高度。
据相关数据显示，2016 年中国旅游产业对 GDP 的综合贡献达到
了11%，超过了教育、银行、汽车产业，领先宏观经济增速，全
年共有44.4 亿人次国内游和 1.33 亿人次国外游，我国旅游业进
入了飞速发展期。[①]

中国旅游业呈现出井喷式、排浪般发展态势，呈现出客源市
场的多元化、出游方式多样化和旅游体验个性化等特征。据国家统
计局统计，2011 ~ 2015 年四年间，国内旅游总花费增长了120%
（如图 3 - 1 所示），这对旅游业自身发展和 "旅游 +" 的融合创
新都提出了更高的要求。2010 年，大连市的旅游沿海经济圈产业
发展规划中首次提出 "全域旅游" 的发展理念，以促进大连全域

---

① 夏杰长、齐飞：《从需求视角看旅游业发展与改革》，载于《旅游导刊》2017 年第 2 期。

城市化的发展。① 2015 年 8 月，国家旅游局局长李金早在全国旅游工作研讨会上首次明确提出全面推动全域旅游发展的战略部署。② 2016 年 2 月 5 日，国家旅游局公布了国家全域旅游示范区创建单位名单，共 262 个市县成为首批国家全域旅游示范区创建单位。③

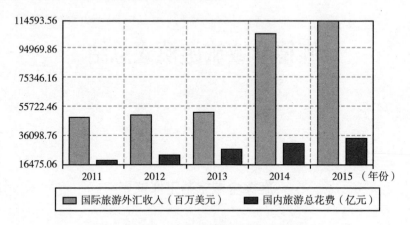

图 3-1　2011~2015 年我国旅游业增长情况

资料来源：国家统计局网站（http：//data.stats.gov.cn/）。

全域旅游是指在一定区域内，以旅游业为优势产业，通过对区域内经济社会资源（尤其是旅游资源）、相关产业、生态环境、公共服务、体制机制、政策法规、文明素质等进行全方位、系统化的优化提升，实现区域资源有机整合、产业融合发展、社会共建共享，以旅游业带动和促进经济社会协调发展的一种新的区域协调发展理念和模式。④

（1）发展全域旅游，助力旅游供给侧改革。《"十三五"旅游业发展规划》的指导思想中，明确要求加快推进旅游业供给侧结构性改革。供给侧改革是指从生产端着手，通过优化资源配置，提高劳动力、土地、资本的利用效率和创新能力，使得需求和供给相匹配，同时淘汰落后的生产企业或经营

---

①　胡晓苒：《城市旅游：全域城市化背景下的大连全域旅游（上）》，载于《中国旅游报》，2010 年 12 月 8 日（011）；胡晓苒：《城市旅游：全域城市化背景下的大连全域旅游（下）》，载于《中国旅游报》，2010 年 12 月 15 日（011）。

②　李金早：《在 2016 年全国旅游工作会议上的报告》，2016 年 1 月 29 日。

③　李金早：《全域旅游的价值和途径》，载于《人民日报》，2016 年 3 月 4 日（007）。

④　石培华：《如何认识与理解"全域旅游"》，载于《西部大开发》2016 年第 11 期。

方式，以促进经济发展，其核心是提高全要素生产率。① 旅游供给侧改革要求包含五个方面：一是旅游产品应推陈出新，迎合市场需求；二是旅游业与其他产业融合发展，相互促进，以更好推进城镇化、农业和工业的现代化，并促进现代服务业发展；② 三是各区域充分利用自然和人文资源，使旅游业发展各具特色，凸显比较优势；四是旅游供给侧改革应注重"补短板"，运用互联网、大数据等技术改善旅游基础设施水平和公共服务水平；五是多部门协调合作，共同深化旅游业结构性改革。旅游供给侧改革的五个方面与全域旅游的内容有所重合。以发展全域旅游为抓手，解决旅游产品需求结构失调的现状，提升我国旅游竞争力，最终完成旅游供给侧改革。③

（2）发展全域旅游，开展旅游扶贫。旅游扶贫是新时期扶贫开发的重点工作之一。2014 年 10 月的全国贫困村旅游扶贫试点工作座谈会上，国务院扶贫办和国家旅游局商定，2015 年将在全国选择 500 个左右的旅游扶贫试点。2015 年国家旅游局扶持 2000 个贫困村发展旅游业。2016 年 10 月 17 日是第三个"国家扶贫日"，国家旅游局等十二个部门联合制定下发了《乡村旅游扶贫工程行动方案》。2016 年 12 月 15 日，国家发改委和国家旅游局联合发布《关于实施旅游休闲重大工程的通知》，明确指出要积极引导社会资本参与旅游业发展，以迎合人民的消费升级和产业调整需求，推动中西部地区脱贫致富。贫困地区生态环境良好，具备发展全域旅游的先天优势。④ 通过发展全域旅游将"绿水青山"转化为"金山银山"。发展全域旅游，改善贫困地区基础设施落后的现状。随着交通网络通达性的提高，贫困地区的人流、物流、信息流、资金流的流动速度加快，激活贫困地区经济发展活力。旅游业属于第三产业，其前后向关联产业众多，许多相关产业的进入门槛低且就业方式灵活，有助于解决贫困地区的就业问题，提高贫困居民收入水平。

（3）发展全域旅游，推进旅游转型升级。旅游业转型升级的核心是合

---

① 安宇宏：《供给侧改革》，载于《宏观经济管理》2016 年第 1 期。

② 王会霞、海盐：《全域旅游助推"就地城镇化"》，载于《中国旅游报》，2014 年 1 月 29 日（020）。

③ 石培华：《如何推进"全域旅游"》，载于《西部大开发》2016 年第 11 期。

④ 陈文勇：《开发龙门山旅游资源　推动"全域成都"建设》，载于《成都日报》，2007 年 12 月 5 日（A01）。

理旅游产品结构，创新旅游产品。① 因地制宜开发旅游资源，注重生态环境保护，避免走先污染后治理的老路。通过集团化发展改变传统旅游业发展弱、小、散的现状，提升旅游竞争力，使旅游从粗放式发展向精细化转变。② 推动旅游产业与其他产业的融合，发展"旅游＋"纵向和横向延伸旅游产业链，丰富旅游产品。旅游业转型升级还应加强区域间合作，以点带线，以线带面，优化旅游业的空间布局。③

二、旌德全域旅游工作的探索

旌德县位于皖南山区，地处黄山北麓，东临苏浙沪，北枕皖江。旌德县生态环境优美，是国家级生态示范区建设试点县和省级生态县。旌德森林覆盖率高达 65.5%，拥有 970 种木本植物，400 多种草本植物，负氧离子含量高，是天然氧吧。2008 年旌德获得"中国灵芝之乡"称号。截至 2017 年，旌德县已经成功举办了五届灵芝文化旅游节和灵芝产品博览交易会。旌德文化底蕴丰厚，是徽文化的发祥地。旌德是"中国宣砚之乡"，文房四宝"砚"为首，宣砚集实用性、艺术性、观赏性、收藏性于一体，经济价值高。旌德江村历史文化保护区内，不仅保存中国三大源流宗谱之一的《江氏宗谱》，而且还有明清、民国时期的徽派建筑。此外，旌德县版书镇是木活字印刷术发源地。优美的生态环境和深厚的文化底蕴，使旌德成为修身养性的天堂。

根据 2014 年《国务院关于促进旅游业改革发展的若干意见》，2015 年旌德县委、县政府提出发展全域旅游的主导战略，积极推进景区建设和"创 A 行动"。为深化全域旅游改革并检验全域旅游实施效果，先后制定了《旌德县全域旅游发展指数调查办法》和《旌德县全域旅游收入统计办法》。创新考核统计办法，通过问诊 70 项指标（景点景区数量、旅客过夜

---

① 韩欢乐：《山东省旅游产业转型升级水平、影响因素与发展对策研究》，中国海洋大学，2015 年。

② 王琪延、王湛春：《中国城市旅游竞争力研究》，载于《统计研究》2012 年第 7 期。

③ 杜一力、余昌国、王成志：《西班牙旅游整体升级对中国的启示》，中国旅游网，2006 年 10 月 22 日。

人次、旅客满意度等）检验旅游发展程度。2016年2月正式启动全域旅游统计调查工作，测算2014～2016年的全域旅游发展指数（2014年为基础年，1000分）。数据表明，2015年旌德县全域旅游取得了显著成效。旌德县全域旅游发展指数显示，2016年全域旅游发展指数为6629分，较2015年增长了103%，2015年比2014年增加了2262分。

旌德积极贯彻落实党中央十八届三中全会的精神，通过"抓全域旅游、促三变"盘活农村集体资产，解决集体资产错配、资产流失等问题，以提高农民的可支配收入，改善农村基础设施。2016年制定《全域旅游脱贫行动工作方案》，通过"创A行动"，在全域旅游发展中坚持"创新、协调、绿色、开放、共享"五大发展理念。

全域旅游发展积极引导民间资本参与，鼓励农户和回乡农民从事旅游经营活动。为落实《关于进一步扩大开放、促进发展的若干规定（试行）》《关于进一步加快乡村旅游发展的实施意见》《旌德县农家客栈扶持政策》等文件精神，旌德大力鼓励乡村旅游公司、乡村旅游合作社（协会）的发展，鼓励景区、乡村旅游公司、农家乐经营户雇用贫困户带动更多贫困人口就业。

全域旅游发展与美丽乡村建设相结合，完善旅游基础设施建设。旌德不仅着力改善重点村道路、游步道、停车场、厕所、游客中心、供水供电、游客信息等服务设施，而且加强农村危房改造、农村环境综合整治、生态搬迁、特色景观旅游村镇和传统村落及民居保护等项目实施。

保障全域旅游发展，拓宽融资渠道。结合《关于加强融资担保机构建设服务小微企业和全域旅游发展的意见》及《关于促进经济平稳健康发展的若干意见》文件精神，旌德鼓励银行等金融机构加大对全域旅游扶贫项目的信贷投入，降低农家乐经营户融资成本。鼓励各类企业、社会团体和个体工商户，采取独资、合资、合作、承包、租赁、托管等方式，参与乡村旅游扶贫开发和项目区基础设施建设。引导民间资本以购买、租赁、承包、联营、股份合作等多种形式参与乡村旅游扶贫开发。鼓励农户和回乡创业农民工以房屋、宅基地、土地承包使用权、资金、技术等投入乡村旅游扶贫开发，同等条件下优先给予支持。

实施精准营销。利用互联网增强旌德旅游信息化水平，建立"旌德旅游"APP 平台，实现宾馆、农家客栈、农家乐、旅游商品企业等商业模块的市场化，实现"一部手机玩遍旌德"的目标。通过高铁精准营销，在高铁主要班次播放旌德县宣传广播，以及在高铁上投放"旌德旅游"APP 二维码，吸引更多的游客到旌德旅游。此外，还支持旅行社与乡村旅游示范村合作，达成长期的促销计划。

积极推进乡村旅游经营模式创新，鼓励"公司＋农户""公司＋协会""旅行社＋农户"等经营模式，提高乡村旅游扶贫的组织化程度，形成规模化、集约化经营。此外，通过"名师带徒"工程加强从业人员培训，并建立文化旅游人才信息库。

专栏链接 3－1---

旌德全域旅游地图

2016 年底，由旌德县创 A 办和文旅委共同设计制作的全域旅游地图正式出炉。全域旅游地图主要标识了全县 44 个景区，并纳入星级酒店、3A级以上餐饮点、2A级以上住宿点联系方式和高铁时刻表等重要版块，详细展示了旌德县旅游产业的各自亮点。此次的全域旅游地图信息全面、准确，制图美观、简洁。

同时，旌德县还通过"千名干部进万家"走访调研活动，向走访关系户发放全域旅游地图，宣传介绍旌德县自实施全域旅游战略以来取得的成果。全域旅游地图的出炉，是对旌德县全域旅游发展成果的一次集中梳理和总结，必将进一步促进旌德县旅游的全面、快速发展，使旌德县旅游产业的知名度和美誉度得到进一步提升。

第2节
旌德全域旅游成效评价

一、旅游规模日益扩大

1. 国内外游客及旅游总消费增长显著

旌德创 A 行动以来，各乡镇的旅游经济指标快速增长，旅游业规模效应显现。2014 年以来，全县 10 个乡镇的旅游总人数、旅游总消费逐渐增长。2016 年，全县第三产业增加值 14.9 亿元，增长 11.7%，较全县 GDP 增长高 4.4 个百分点。第三产业占 GDP 比重从 2015 年的 36.3% 提高到 2016 年的 41.6%，服务业占比上升 5.3 个百分点，全域旅游战略效果初现。

旌德县的旅游总收入和游客接待量在 2014～2016 年保持着增长态势，旅游业已经成为当地经济发展的支柱产业。国际旅游外汇收入和入境过夜游客人数也是逐年增加，表明创 A 行动初见成效。国外游客增多，旅游业的国际影响力和知名度也在不断增强。随着全域旅游的发展，住宿和餐饮业的规模逐渐扩张，2016 年全县住宿和餐饮业生产总值合计达到 5928 万元。与 2015 年相比，住宿和餐饮业生产总值增加了 7.1%。2016 年，全县营利性服务业生产总值达 2.4559 亿元，比 2015 年增加 18.9%；非营利性服务业生产总值达 4.2819 亿元，比 2015 年增加 12.8%。

2. 旅游业建设规模和水平不断提升

2015 年以来，旌德创成省级旅游强县，创成 3A 级景区 2 个、2A 级景区 11 个、A 级景区 27 个、景点 168 个（见图 3-2）。2016 年，旌德在此基础上启动朱旺景区创 4A，宣砚文化园、天鹅湖景区、旌德文庙创 3A，新增 A 级景区 10 个，创建省优秀旅游乡镇 3～4 个，省、市乡村旅游示范村 5 个以上。全县各乡镇充分利用丰富的旅游资源，积极提升景区建设水平，拥有的国家 A 级景区数量逐年增加，景区的软硬件服务水平明显提高。

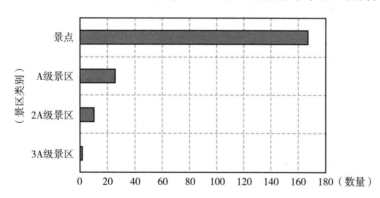

图 3-2　旌德县旅游景点数量（截至 2015 年底）
资料来源：根据旌德县文旅委有关资料整理。

2015 年旌德创成 A 级农家客栈 44 家，A 级农家乐 96 家，加上各新开张宾馆，床位数达 2144 张，同比增长近 270%。随着创 A 工作的开展，旅游星级饭店数量和质量也在不断提升，海螺、徽源 2 个国际酒店相继营业。星级饭店的建设增强了旌德的旅游吸引力，公共租车、共享单车等配套服务不断完善。

专栏链接 3-2 --

俞村镇全域旅游"创 A"成果

2016 年，俞村镇旅游发展主要是围绕打造"光影小镇"、合锦旅游休闲区创 A、仕川 2A 级景区建设这三条主线来开展工作。

1. 光影小镇建设

一是结合现有自然风景寻找镇域"十佳摄影点"，以宣传册、微信等形式进行推介，吸引摄影爱好者前来采风。二是高规格进行特色小镇规划设计，坚持规划引领，着手修建街道立面，整治老街、提升中街、完善新街，彰显"光影"特色，突出人文内涵特色和民俗手工艺（扎竹马、手工豆腐、打年糕等），以老、中、新三条街的不同风貌展现俞村镇的人文底蕴和发展脉络。三是整合各类项目资金 150 余万元建设美丽乡村，提升绿化、亮化，彰显徽派特色。四是通过招商选资形式，打造光影小镇人造景观。目前正与江苏红豆集团对接，对方拟投资 5000 万元在俞村凫阳打造 500~1000 亩的"四季花海"。

2. 合锦旅游休闲区创 A

为申报合锦旅游休闲区，俞村镇积极与县文旅委对接，收集合锦旅游休闲区的图片与资料。为了打造集休闲、养生为一体的生态旅游，俞村镇不仅通过建设农商网，挖掘合锦特色农产品，而且还不断完善基础设施建设，制作旅游导览图，印发宣传折页，加大宣传报道。

3. 仕川 2A 级景区建设

2015 年 12 月，仕川村被列入安徽省第二批传统村落名录，全国第四批传统村落名录中仕川村也榜上有名。以此为契机，仕川村采取农村集体土地入股和招商相结合的方式，积极筹建仕川有机菜篮子体验馆，打造一家富有浓郁人文气息、原生态的农家乐，大力创建仕川 3A 级景区。另外，该村积极推介独有的"龙潭""虎穴"天然溶洞，发展探险体验游。据悉，杨墅村的凫山殿遗址，原是旌德县历史上重要佛教、道教圣地，具有"先有凫山殿，后有旌德县"一说，县志中颇有记载。目前，恢复原殿宇工作正在有序推进。

专栏链接 3-3 ┈┈┈┈┈┈┈┈┈┈┈┈┈┈┈┈┈┈┈┈┈┈┈┈┈┈┈┈┈┈┈┈┈

共享单车项目落户旌德，助力全域旅游

人流量、消费力、对移动互联的接受程度，这些叠加成人们对共享单车的既定印象。那么，大城市以外的其他地方共享单车怎么用？怎么管？2017年6月27日，安徽旌德县城区一次性投放了800辆无桩共享单车，这或许可以给出启示。

旌德县人口15万人，地处皖南山区，缘何吸引共享单车入驻？招商的过程可谓坎坷，经历了几轮竞争性谈判，在得知旌德境内正在建设一条穿县而过的自行车"绿道"时，江苏一家知名单车公司动心了——共享单车不仅能满足老百姓短距离出行需求，还可以在城区慢骑欣赏风景，且各景区将来都要打造单车停靠点，这可能是一片全新的市场。

针对共享单车乱停靠、损毁严重等情况，旌德县开出了自己的药方。前期的25个自行车停靠点，尽量都选在离监控近的地方。单车公司在旌德设有服务点，同时公安、交通部门加大对单车的管理力度。县域共享单车项目可借鉴的先例很少，所以前期投入的车辆并不多，如果使用效果好，会继续加大投入。

旌德县的政务中心、滨河绿道、高铁广场等25个共享单车停放点正在陆续建设当中。根据东南西北四个方向进行布局，点与点之间最多不超过500米。接下来还将会根据大数据分析，考虑逐步投放单车到旌德县的江村、朱旺等景点，将景点串联起来，助力全域旅游。

二、旅游综合效益明显增强

1. 旅游经济效益日益显著

各乡镇旅游业对县域经济增长具有显著的促进作用，带动了一批基础

设施项目落地和固定资产投资。到 2016 年末，县城旌阳镇成为全省唯一、全国第六个"国际慢城"。朱旺景区通过 4A 级省级专家评审；旌歙古道 4A 级景区，文庙、宣砚文化园 3A 级景区创建积极推进。旌德海螺国际大酒店、徽源国际酒店投入运营，旅游综合接待能力和品位显著提升。全年固定资产投资完成 48.8 亿元，同比增长 11.6%。其中 5000 万元以上项目完成投资 16.3 亿元，占总投资 33.5%。从三次产业看，第三产业投资增长 66.5%。

2. 旅游社会效益日趋明显

旌德县积极进行特色旅游名县创建以来，在获得巨大经济效益的同时，也在精准扶贫、传统文化保护与传承、地方环境与社会治理、改善人们生活质量、提高国民素质等方面取得了显著的社会效益。

（1）旅游与精准扶贫相融合，助推脱贫致富。创 A 工作推动了贫困地区的脱贫。每年各乡镇均投入大量旅游扶贫资金，将当地旅游经济与扶贫开发相结合，通过旅游项目建设，发展生态农业，建设生态观光农业示范区，开发乡村旅游，增加就业岗位，扩展就业途径，改善了人民生活水平，充分体现了旅游发展的社会效益。贫困户利用自有房屋改造农家客栈；贫困户特色农产品种养殖销售；提供保洁员、服务员等就业岗位实现精准脱贫。2016 年，旌德农民人均纯收入增加 1632 元，实现旅游发展与脱贫攻坚的共赢。

（2）促进传统文化的保护与传承。通过建设民族文化产业、申报非物质文化遗产、建设非遗传承基地、建设重点文物保护工程，以及实施"旅游+文化"的旅游业发展模式，促进了旌德传统优秀文化的保护、传承与弘扬。2016 年末，全县有文化馆 1 个，公共图书馆 1 所。共有不可移动文物 315 处，其中，全国重点文物保护单位 2 处（15 处单体），省级文物保护单位 3 处（29 处单体），市级文物保护单位 6 处（7 处单体），县级文物保护单位 34 处。非物质文化遗产名录 158 项，其中，省级 4 项，市级 6 项，县级 148 项。

（3）生态效益日益凸显。旌德县牢固树立"绿水青山"就是"金山银山"的理念，确立"全域旅游+生态立县"的发展目标，以"保水、保土、保空气、增绿"为主题，出台了《关于全面推进生态立县全域旅游的意见》，开展"两山行动"。2016 年投入 1.05 亿元实施白沙水库水源地环境综合整治、矿山生态修复等 22 个项目。全面加强环境治理，开展扬尘、餐饮业等专项整治行动，完成城区 35 台高污染锅炉改造，对 32 家石材加工行业开展规范化整治；严格项目准入条件，杜绝新上破坏生态、污染环境的项目；强化重点企业环境监管，立案查处环境违法案件 6 起，依法关停不符合环保要求企业 1 家。创新环保举报办法，开设"绿色 110"，建立微信公众号，严厉打击环境违法行为，52 起污染投诉全部办结。坚持以点带面、三级联建，完成 6 个省级和 3 个县级美丽乡镇、10 个省级和 17 个市县级中心村建设，开展 54 个自然村环境整治。

专栏链接 3-4 -------

白地镇"创A"成果

全域旅游战略是旌德县"十三五"期间四大战略之一，也是唯一的产业发展战略。在这一战略指导下，白地镇逐步形成关于"全域旅游＋生态立县，精准扶贫，集体经济、美好乡村，大众创业、万众创新"的工作格局。

白地镇以发展宣砚小镇全域旅游，打造"游江村、走古道，赏宣砚、品白茶"的精品旅游路线为契机，进一步改善白地镇的旅游业发展环境，增强旅游服务功能，提升旅游服务水平。

白地镇根据区域特征，把江村景区、宣砚文化园、旌歙古道景区和白茶观光园串点成线，打造成完整的旅游线路。将开心农场生态观光园、香榧生态园、谭梓生故居穿插其中打造为旅游点。以旅客为核心，带动其他产业全面发展。以宣砚等旅游商品生产、雕刻工艺展示带动第二产业；以体验开心农场等观光农业及旅游商品原材料鹊岭白茶、野蕨菜供应带动第一产业。通过这些项目的实施和打造，不断提高白地的知名度和村民的综合素质，提高全镇接待能力和服务质量。截至 2016 年上半年，白地镇共有 A 级以上景区 7 家，其中江村景区为 4A 级景区，开心农场生态观光园、白茶观光园为 2A 级景区，谭梓生故居、宣砚文化园、香榧生态园为 1A 级景区。白地镇不断提升全域旅游的承载力，加快创 A 行动的实施，宣砚文化园景区的 3A 级旅游景区创建申报工作也在有条不紊的进行中，现已完成文化园内四栋主体建筑的建设，综合办公楼、职工宿舍及餐厅已投入使用，创砚坊和博物馆正在进行室内装修设计；白地镇为争创安徽省优秀旅游乡镇，不断完善创建基础设施建设，启动徽韵阁申报四星级农家乐工作，企业已办理各项证件；古道驿站进行省三星级农家乐申报工作，实现住宿点的"企业化、信息化、标准化"，负责人以在上海开设旅游公司为桥梁，把最终的旅游产品——宣砚小镇旅游线路，通过旅行社和住宿点传递给市场。2016 年，白地镇共建有 8 家农家乐、2 家农家客栈，共有床位148 张，同时解决了 27 人的就业问题，为农业增产、农民增收、农村稳定打下了坚实基础。

2016 年 5 月 15 日，白地镇继续与谭家桥镇政府联合举办了以"徒步旌歙古道、感受宣砚小镇"为主题的"第五届旌歙（箬岭）古道徒步邀请赛"，不仅有力推动了全民健身运动的蓬勃开展，也让更多的朋友走进旌德、了解旌德、关注旌德，体验宣砚小镇特有的生态、文化魅力。2016 年5 月12 日，以《全域旅游模式下的产业融合》为主题的第十二届中国（深圳）文博会重要主题活动——第六届全国生态旅游文化产业发展高峰论坛召开。论坛上发布了《最美古村落》公益榜单，旌德县白地镇江村成功入选，也是宣城市唯一一个入选的村落，安徽宣砚文化有限公司也带展品参加并备受瞩目。白地镇开通了"宣砚小镇"微信公众平台，方便更多的游客了解宣砚小镇，体验游江村、走古道、赏宣砚、品白茶的乐趣。

2016 年下半年白地镇继续加大旅游宣传促销力度，加大宣砚小镇微信公众平台、新闻媒体的宣传力度。加快建设旅游公共服务体系，对江村景区和旌歙古道景区进一步完善旅游信息、游客咨询服务中心、游客休息站等服务，提高标准化、人性化的服务水平，全面提升旅游企业、景区的服务接待能力。加强与兄弟乡镇之间的借鉴学习，以勇于开拓创新的精神，以完美的精神面貌，以高素质的文化品牌，让村级集体经济有持续稳定的收入来源。实现旅游富民、精准扶贫，让群众共享发展成果，为本镇乃至全县的全域旅游添砖加瓦。

三、旅游公共服务不断提升

旌德县在 2015 年新建、改建道路 144.5 公里，按照全域旅游规划布局，抓"三化"（黑化、绿化、亮化），抓循环（大环、小环、微环）。

首先，道路交通网络不断健全。公路方面，2016年，旌德拥有等级公路里程206.2公里；高速公路方面，205国道、217省道、323省道和三仙线等重要公路贯通全县，公路网的不断完善，为旅游业发展提供了便捷的交通保障。铁路方面，穿境而过的合福高铁于2015年7月通车，旌德县境内全长22公里，在县设旌德站，是距黄山风景区最近的站。

其次，旅游基础和公共服务设施建设不断完善。各乡镇每年均安排旅游发展专项资金用于景区建设、城市环境改善、游客服务中心、停车场、旅游厕所、道路标识牌等旅游基础设施和公共服务设施。2016年，全年完成客运周转量597.7万人次，其中公路客运周转量552.7万人次。年末全县民用汽车保有量1.5万辆，公共汽车营运车辆11辆，出租车79辆。

专栏链接 3 – 5 --

三溪镇全域旅游"创 A"成果

2016年三溪镇以争创省级优秀旅游乡镇为统揽，以美丽乡村、特色小镇建设和重点旅游项目建设为抓手，推动旅游业转型升级。

一是完成天鹅湖景区3A级旅游景区创建申报工作。已经完成80亩天鹅湖湖区建设，购置1000棵苗木，已完成景区道路硬化、绿化、亮化等基础设施提升工作，观赏采摘区基础设施建设提升、增设观赏游览项目，全面改造了餐饮、住宿。目前正在完善旅游接待大厅、景区标识标牌、公厕改造、导览系统、标识系统规划及建设。

二是争创安徽省优秀旅游乡镇。已完成旅游通道美化、旅游线路编排，设计了骑行小镇LOGO，基本完成电网改造以及邮政等基础服务设施，制作了骑行小镇微信公众号，正在进行镇区无线网全覆盖，高标准制作了路西村民宿网站，设计了3组骑行雕塑等景观小品，路西景区空中茶园沥青道路已基本完成浇筑，农家客栈、旅游标识已经完成。2016年先后举办了4月16日安徽自驾游旌德站启动仪式、5月3日全市全域旅游推进会现场会、5月8日首届骑行小镇骑游节摩托车越野赛、5月22日"健康安徽"2016年环江淮万人骑行大赛暨旌德县首届山地自行车赛。争创优秀旅游乡镇计划在 10 月完成创建工作，11 月、12 月迎接验收。

三是产业基地建设。康富源生物工程有限公司争创安徽省中医药健康旅游基地，11 月完成争创工作，12 月验收。黄精种植培育面积已达 270 亩。

第 3 节
⇢ 旌德全域旅游的基本经验

一、"旅游＋三变"发展模式——孙村镇玉屏风景区案例

在"两学一做"旗帜引领下，2016 年 11 月安徽旌德掀起"践行新发展理念，学习对接苏浙沪"热潮。在此热烈氛围下，孙村镇玉屏村在充分挖掘其自然资源优势的基础上，积极创新村级景区旅游运营模式，为玉屏村级集体经济提供稳定收入来源，为玉屏美丽乡村建设可持续发展奠定了坚实基础。

孙村镇坐落于旌德县西部，依山傍水，境内重峦叠嶂，植被丰茂，山与水完美组合，风光秀丽，尤以玉屏村景区最为典型。孙村镇除了拥有丰富的自然旅游资源外，还有一些弥足珍贵的古建筑，以及连当地老人都说不清年代的、高高矗立在山顶上的武昌塔。近几年孙村镇根据玉屏特色，坚持规划先行，先后编制完成玉屏村美丽乡村建设规划、玉屏村旅游总体规划。根据景区标准，在玉屏先后开展了改水、改厕、环境整治、"三化"（硬化、绿化、亮化）等工作。如今，玉屏村已经成为旌德县美丽乡村示范村之一，玉屏景区于 2015 年成功创成 2A 级景区，2016 年完成省级乡村旅游示范村申报工作。

但在将美丽乡村建设成果向运营管理转变的过程中，孙村镇玉屏村也面临着基础设施薄弱、资金投入不足和人才匮乏等问题。为打破现实困境，提升景区的专业化经营水平，加大可持续发展后劲，玉屏旅游公司积极践行新发展理念，借脑融智，前后经过数次与旌德县旅游公司接洽，理顺相关关系节点，将玉屏景区运营管理权限全盘交由县旅游公司，整体委托给旌德县旅游公司进行专业的市场化运营，创新了旌德村级景区管理运营模式，这种先进的市场化运管模式也为旌德首家。

为了将美丽乡村建设成果转化为全域旅游的发展基础，2015 年，旌德县旅游公司、孙村镇镇政府、玉屏村委会三方共同注资 300 万元成立了玉屏旅游发展有限公司。公司经过一年多的投入与运作，相继独立建成或合资建成梅园游步道、廊亭、徽派烧烤屋、水上木屋、农家客栈等旅游基础设施，乡村旅游基础设施逐步完善。但是由于缺乏专业队伍和有效的宣传，玉屏旅游公司自成立以来效益甚微。

为解决旅游人才匮乏、旅游专业化经营水平较低的难题，孙村镇与旌德县旅游公司多次接洽后，最终把玉屏景区全盘交由县旅游公司管理运营。在清理核查玉屏旅游公司资产的基础上，县旅游公司独资承包、自主经营，负责对景区进行宣传和推介、对景区进行整体打造提升，每年支付玉屏旅游公司基础运营资金 1 万元，另根据年运营情况（如接待人数超过一定规模）按比例适当增加运营资金；同时县旅游公司对景区员工进行业务指导和专业培训，协助景区逐步建立一支本土旅游人才队伍。

根据征求意见的汇总情况，经过分析，旌德县旅游公司首先选定玉屏村为试点村，进一步开拓玉屏景区乡村旅游市场。首选玉屏村委托运营基于以下三个方面考虑：一是玉屏村旅游资源丰富，自然风光好，人文底蕴深厚；二是玉屏村美丽乡村建设先后为省、市、县试点村，公共基础设施较为完善；三是玉屏村委会在 2015 年与旌德县旅游公司、孙村生态发展公司三方作为合股方共同出资 300 万元注册成立了旌德县玉屏旅游发展有限公司，旅游配套设施较为齐全。因此玉屏村有条件通过景区市场化运营，在不改变产权主体的情况下，做到景区"看看也收钱"，同时为村级集体经济提供持续稳定的收入来源。

在孙村镇人民政府的见证下，旌德县旅游公司于 2016 年 11 月 30 日与玉屏旅游发展有限公司共同签订了《玉屏景区旅游经营权承包合同》。核心内容突出三个方面：一是保底承包费，县旅游公司支付玉屏景区 1 万元/年，保底人次为 1000 人次/年，年接待人数达 1000 人以上按 3 元/人进行额外资金补助。二是旌德县旅游公司配备一名专业的讲解员，玉屏村配备一名符合条件的当地村民担任讲解员，由旌德县旅游公司市场部定期对其进行业务指导和专业培训，协助玉屏景区逐步建立一支本土旅游人才队伍。三是承包经营期限暂定为三年，在经营期内双方都有责任和义务积极对外宣传推介玉屏景区，通过招商引资等多种形式争取社会资本的介入。一旦有社会资本意向投资玉屏景区，旌德县旅游公司会及时退出经营，协助将玉屏景区推向市场化运营。

2016年12月31日，玉屏景区委托运营启动仪式隆重举行，旌德县和孙村镇等相关单位领导参加了启动仪式，玉屏景区正式迈入市场化运营快车道。孙村镇玉屏村围绕"生态宜居村庄美、兴业富民生活美、文明和谐乡风美"的美丽乡村建设目标，深入贯彻全域旅游战略，以发展壮大村级集体经济为核心，科学规划，抢抓机遇，美丽乡村建设成果初现。

截至北京大学贫困地区发展研究院实地调研时，旌德县旅游公司已分别与朱旺村、路西村、玉屏村、三山村以入股的形式成立了村级旅游发展公司，下一步将继续对隐龙村、版书村、三峰村、仕川村等一批拥有丰富旅游资源、公共基础设施和旅游配套设施较为完善的村进行充分的实地考察，进一步加强与各村集体经济公司的深度紧密联系，抓紧与一批条件成熟的村落对接，由景区通过托管运营实现集体经济持续稳定的收入。同时旌德县旅游公司在兜底运营期间，积极为各景区做好宣传推介工作，主要以打造品牌和集聚人气为目的，通过引导加强各景区之间的旅游合作，进一步开拓新的旅游市场，扩大合作范围，做深旅游产品，为以后社会资本的进入打下坚实基础。

玉屏景区的运营，借助县旅游公司资源优势，盘活了玉屏旅游公司的集体资产。不仅提升玉屏景区旅游竞争力，而且为村级集体经济带来持续稳定的收入。依托集体经济发展壮大美丽乡村建设，探索出一条可持续发展的道路，有效解决了美丽乡村建设、管养、运转经费等问题。改制后的玉屏景区，逐步形成集观光旅游、休闲度假、避暑娱乐于一体的旅游佳地，其旅游基础设施建设和旅游品牌效应都日益完善。

二、"旅游＋文化"发展模式——蔡家桥镇案例

近日，坐落于安徽省旌德县蔡家桥镇，紧临国家 3A 级旅游景区朱旺景区的东坡文化园举行了盛大的开幕仪式，游客络绎不绝。东坡文化园紧抓全域旅游发展机遇，重视文化领域发展契机，投资3000多万元将原先废

弃的小三线工厂进行重新设计、规划、翻新、重建，打造成为以"三苏文化"、上海小三线文化为核心的集休闲、养老、保健、旅游接待、苏氏名人书画佳作展览于一身的文化产业园。

该镇的国家3A级景区——朱旺景区依托建于隋唐时期、距今已有1300多年历史的中国传统古村落朱旺村。朱旺村是南宋理学大师朱熹后裔居住地，至今朱氏族人仍传承着朱子家训并沿用十六字辈分排行：永守家则，德懋元良，学于先正，文祉其光。朱旺有着"小桥、流水、人家"的美誉，具有深厚的文化底蕴、悠久的人文历史和独特的建筑景观，至今保存完好的明清徽派古建筑47幢。2012年朱旺村古建筑群被列为安徽省省级文物保护单位。近年来，朱旺景区不断提档升级，深挖白墙黛瓦的徽派文化和朱子文化，积极争创国家4A级旅游景区。

> **专栏链接3-6** --

朱旺景区提档升级　争创4A级景区

为进一步整合旅游资源，强化旅游精品意识，打好全域旅游"组合拳"，朱旺景区多措并举，不断提档升级，争创国家4A级景区。

一是强化组织管理，召开任务部署会。会议分析当前工作的重点和难点，严格对照4A级景区评分标准，结合朱旺景区实际情况，制定了《朱旺景区创4A任务分解表》，就民居改建、朱旺小学维修、凫山书院的修复、古民居维护、景区工作人员服务培训、资料展示台的配备等任务分配进行量化、细化，明确整改内容、责任单位、责任人和完成时间，做到精确补短板、责任到个人。

二是不断学习交流，提升旅游发展意识。热情接待了淳安县石林镇考察团，并就景区开发、古民居维护、游客满意度的提升、旅游市场的挖掘、旅游产业链的打造等方面进行了深入的学习和交流，做到内化于心、外化于行，做好、做大景区。

三是紧系村民心愿，构建和谐景区。景区坚持开发与保护并重，紧系村民心愿，不越生态红线。积极与村民沟通，支持农家乐、农家客栈、旅游商品的开发，打造旅游产业链，提高旅游效益，维护村民利益，处理好村民与景区、村民与游客之间的关系，提升游客满意度，构建和谐景区。

朱旺景区创 A 升级是打造"十里三村"、开发皖南川藏线、推进全域旅游的重要环节，也是打响"旌德牌"的重要名片。

蔡家桥镇自古以来就是交通要地，也是通往黄山的必经之地，现今205 国道、蔡云线、217 省道三条交通要道穿境而过，带来的是该镇发达的餐饮行业和丰富的美食文化资源。近年来，该镇深挖美食文化，打造以五星级农家乐登云谷度假村、四星级农家乐杏花村酒店、酒香酒店和主厨有30 多年从业经验的饱过岗饭店为龙头的特色餐饮业，主打美食文化名镇，并预计 2017 年 10 月举办第一届美食文化节，进一步推介该镇美食文化。

蔡家桥镇以列入皖南国际文化旅游示范区核心区为契机，以朱子文化、徽派文化、"三苏"文化、美食文化为着力点，为打造一流的旅游目的地和优秀传统文化传承创新区而奋斗。

第 4 节

总结与启示

一、总结

1. 进一步完善旅游基础设施

旌德推进景区"最后一公里"通达工程，贯通了朱旺、路西、旌歙古道"最后一公里"；新建、改建旅游交通标识牌 109 块，基本实现旅游交通标识系统全覆盖；建设旌德县高铁旅游集散中心项目，在高铁站内设置了旅游咨询平台；响应国家旅游局"旅游厕所"号召，按照标准在旅游景区、旅游集聚区、交通沿线等建设了一批旅游公厕；在旅游镇村和景区建设了一批旅游停车场。

2. 进一步加大政策扶持力度

旌德实行旅游创建奖补政策，对于上一年度评定的 AAA 以上景区、优秀旅游乡镇、三星级以上农家乐、乡村旅游示范村、验收合格的停车场、旅游厕所、通过评审的乡村旅游规划等进行奖补，2015 年度奖补资金

168.32414 万元已经落实到位；制定农家客栈扶持政策，对于按照"三化"标准建设验收合格的农家客栈，给予每间客房 5000 元的一次性补助；落实 A 级餐饮点、住宿点担保扶持政策，按照评定的等级协同担保公司给予相应额度的免抵押贷款，为乡村旅游发展壮大提供资金扶持。

3. 进一步拓宽旅游融资渠道

旌德县有关单位积极落实《关于加强融资担保机构建设中小微企业和全域旅游发展的意见》及《关于促进经济平稳健康发展的若干意见》文件精神，设立 6000 万元全域旅游资金担保池，按 1∶5 比例放大至 3 亿元，助推大众创业、小微企业壮大、传统产业改造升级。

4. 进一步加强从业人员培训

加强旅游人才队伍建设，用优惠政策引进高学历专业人才。加强旅游行业从业人员培训，定期开展旅游从业人员技能培训，提高全县旅游服务质量和水平。2017 年已经组织全县旅游从业人员集中开展了两次服务技能培训。

5. 进一步加快体制机制改革

积极探索、创新旅游管理体制。完成旅游局和文广新局机构编制改革，组建文化旅游发展委员会。进一步强化文旅委的统筹协调和管理职能，发挥旅游主管部门的宣传、营销、监管等职能。完成了县旅游发展公司市场化改革，充分发挥县旅游发展公司职能，高标准打造一支具备承办会展、论坛、地接能力的队伍，负责对外宣传、推介营销、接待等工作，用市场的手做市场的事。积极推动江村旅游公司改革，提高企业市场化程度。根据国家和省市旅游局要求，结合县旅游扶贫工作实际，拍摄旅游扶贫宣传片，推荐蔡家桥镇旅游扶贫景区带村示范项目、庙首镇旅游扶贫"能人带户"示范项目、三溪镇路西村旅游扶贫"合作社＋农户"示范项目上报国家旅游局，庙首镇天山竹韵集团总经理赵福入选"全国'能人带户'旅游扶贫示范项目"。

6. 进一步实施精准营销

创新拓展旅游营销。策划举办了一批贯穿全年的常态化旅游节庆活动，如旌歙古道徒步邀请赛、兴隆春梅会、铜陵万人游朱旺、徽游铁骑十三周年年会、全省自驾游旌德站等特色主题活动。借助灵芝文化旅游节、摄影赛事等炒热全年旅游市场。积极开展高铁旅游营销活动，赴福建、山东等地开展旅游推介活动，加强同沿线旅游城市的合作交流。

7. 探索全域旅游新型发展道路

"全域旅游＋三变"，以三变为基础，通过委托运营集体旅游资源，实现"集体经济、美丽乡村、全域旅游"一盘棋。把美丽乡村建设成果转化为集体经济的收入来源，反哺美丽乡村建设。

"全域旅游＋精准扶贫"体现了共享发展的理念，鼓励和支持贫困户利用自有的资源开展农家乐、农家客栈等经营活动；引导贫困户开展特色农产品种养殖；优先推荐聘用具有劳动能力的贫困人口，让贫困人口共享全域旅游发展成果。

二、启 示

全域旅游的发展需要政府、企业、研究机构等行为主体的共同努力。在充分尊重市场规律的前提下，积极发挥政府的引导作用。一个区域的旅游质量，不单单取决于旅行社、酒店、景区的服务质量，而是由整个区域的综合环境决定的。这就要求从全域整体优化旅游环境、优化旅游全过程，配套旅游基础设施、公共服务体系和旅游服务要素。

1. 构建标准化管理体系

针对全域旅游的发展工作，需要统一的管理机构、统一的管理内容、统一的考核标准、统一的工作流程等，实现管理规范化，提高管理效率。加快推进全域旅游发展，实现与国际接轨的标准化管理体系亟需解决三个问题，即谁来管、管什么和怎么管。

（1）标准化的组织网络。全域旅游发展需要以各乡镇的党委或政府为首，成立全域旅游发展领导小组办公室，实现管理体制规范化。领导办公室的职能是产业促进、资源统筹、地区营销、服务监管，以及建立旅游形象推广工作机制、资源的旅游共享机制、旅游安全的联合监管和应急管理机制。领导办公室通过定期召开会议，及时结合国家相关旅游发展重点部署工作，加强对旅游业重大项目、发展规划等工作的指导、协调和监督力度。

（2）标准化的全域旅游发展标准。统一全域旅游发展标准。即遵循系统性、开放性、协调性和专业性的标准构建"全域旅游发展实施细则"，细则应涵盖"吃、住、行、游、购、娱、商、养、学、闲、情、奇"十二个旅游要素。由于各乡镇的旅游资源禀赋差异，制定细则时不仅要注重共性，而且应兼顾个性。因此，全域旅游发展的各职能部门可补充制定符合该区域全域旅游实施细则。通过自上而下和自下而上的管理实践，不断完善细则内容，确定全域旅游的工作内容和框架，提升旅游竞争力。

专栏链接 3 –7 ---

依法治旅游

因为各乡镇旅游资源禀赋存在差异，所以制定"全域旅游发展实施细则"时，应兼顾公平和效率。例如，可适当提高改革创新力度与实施效果的分值，尤其是旅游综合执法的改革创新。以组建一批素质高、形象好、精通旅游知识和外语水平较高的旅游警察队伍为例。传统的旅游业是景点旅游模式，旅游的管理主要依靠治安队伍看家护院，而全域旅游是将一个区域整体作为功能完整的旅游目的地，必须通过依法治旅游。根据国内外发展经验，旅游警察对维护景区内外的治安稳定发挥着重要的作用。

（3）标准化的管理方式。运用信息系统建设，建立旅游产业大数据平台，全面推进信息化管理。加快有线通讯、无线通信、3S 平台（GIS、GPS、RS）等设施的建设，科学管理人、财、物，实现旅游工作人员的工作分配、旅游基础设施维护、游客流量监控以及安全预警等信息管理全覆盖。

一是通过信息化精准调度工作人员，科学核算职工的工作量，依法落实劳动法，并完善工作人员的奖惩制度；二是通过信息化加强全域旅游的基础设施（路灯、配电箱、座椅、垃圾桶）、园林植物、公共厕所、电瓶车、景区大巴等物资的管理和维护；三是通过信息化检测游客流量和游客密度，接待与区域环境承载力相匹配的游客数量，当游客数量过载时自动报警，以及时有效疏导分流游客；四是通过信息化构建安全预警平台，平台不仅发布与旅游安全相关的知识和警示，提高游客的旅游安全意识，而且应及时发布卫生、消防、地震等预警信息，提高突发事件的救援成功率，切实保障游客安全；五是通过信息化实现数据共享，旅游的信息数据还应与公安、交通等部门实时对接，实现数据共享，为智慧旅游和智慧城市建设奠定基础。

2. 构建标准化服务体系

针对全域旅游发展，构建标准化服务体系，可以解决市场信息不对称，规范旅游相关行业各主体的行为，对提升乡镇旅游业发展提供技术支撑。从标准化的服务对象分析主要是当地居民和外来游客，优质的服务对旅游竞争力提升有重要的促进作用。[①]

（1）标准化的服务通用体系。旅游服务通用体系主要包括标准化导则、术语标准、符号与标志标准、数值与数据标准、测量标准六个子体系。通过政府主导牵头，积极邀请旅游机构、旅游服务对象等主体参与，构建完善的旅游服务通用体系。通过深入调研，尤其要在参考旅游标准化成果突出的法国、德国、西班牙等国成功经验的基础上，制订草案，以实现国际接轨。同时兼顾国内的适用性和可操作应，确保标准宣传落实到位，并开展学习通用服务体系培训。

（2）标准化的服务标准。以提升旅游服务质量为目标，重点研究制定具有地方特色的服务标准。明确餐饮、住宿、商贸、物流等行业的服务标准，并将其列入"全域旅游发展实施细则"中。要求旅行社、宾馆酒店、景区景点、旅游车（船）等单位严格实施旅游服务标准，规范服务行为，为游客提供优质服务，提升旅游吸引力。

建立旅游信息服务系统，传统的广播、信息发布 LED 大屏与现代的微博、微信、APP 等自媒体共同作用为游客提供多样化的信息服务。此外，还可建立智能化导游系统，不仅为游客提供实时的景点导游，而且可根据游客需求规划旅游线路。

（3）标准化的服务监督。全域旅游发展领导小组牵头组建旅游服务质量监督队，通过明察暗访深入群众进行调查，及时发现问题并纠正错误，净化旅游环境，保护游客权益。因为监督内容涵盖旅游、工商、交通、食

---

① 黎志锋：《区域旅游服务标准体系的构建与评估》，华南理工大学，2012 年。

品药品、卫生、质监、安监等内容，所以在查办时应多头审查，联合处理，提高行政工作效率。在此过程中，需充分发挥旅游产业大数据平台作用，既要通过线上问卷调查了解坊间旅游服务发展现状，又要通过及时的信息披露，使各级行业组织间更好的协调工作，以规范市场秩序。

3. 完善旅游公共服务体系

旅游基础设施与旅游六要素"吃、住、行、游、购、娱"密切相关，因此发展全域旅游必须加大旅游软硬件设施建设的投入，其中第三卫生间建设、物流通道建设、旅游大数据平台建设和投融资平台建设是工作重点。[①]

（1）第三卫生间建设。为贯彻落实《关于加快推进第三卫生间（家庭卫生间）建设的通知》，全面启动第三卫生间建设，2017 年底 5A 级旅游景区必须具备第三卫生间。建成功能集成化、布局人性化、设备智能化、建设标准化、氛围情感化的第三卫生间，应通过统一规划设计、统一研发制造、统一物流安装。这不仅能提高第三卫生间建设的速度，而且能保证建设品质。此外，还应全面探索推广"以商建厕、以商养厕"模式。

（2）加强交通通道建设。交通的发达程度制约了旅游业的发展水平，大力发展海、陆、空三大交通通道，建成"外通内联、通村畅乡、客车到村、安全便捷"的交通运输网络，提升乡镇的旅游竞争力。缩小区域交通发展差距，优化高速公路布局，加强对乡镇节点的连通，建设"多中心、网络化"的高速路网。同时，进一步完善民航机场体系。

（3）建设旅游大数据平台。鼓励区域内的居民、游客和企业共同参与旅游大数据服务平台建设。加快 4G 网络、宽带网络等重大信息化项目建设，并鼓励景区提供免费 Wi－Fi，保障大数据平台更好地为各旅游主体服务。依托大数据平台采集的数据，有选择的通过传统媒体和新媒体公开数据，满足社会大众对旅游信息的需求；依托大数据，整合大中小企业的旅游资源，提高资源利用率；大数据平台还能应用于政府的管理，提高管理效率，提高风险控制能力。

---

① 左文君、明庆忠、李圆圆：《全域旅游特征、发展动力和实现路径研究》，载于《乐山师范学院学报》2016 年第 11 期。

（4）构建区域性投融资服务平台。根据中小旅游企业发展需要，积极搭建区域性投融资服务平台，努力为全域旅游发展提供长期稳定高效的资金支持。[①] 发挥政府、市场和金融机构的系统合力，以基础设施建设为重点，加强民宿经济发展支持力度。为企业和当地居民免费提供融资培训、项目路演、项目对接、融资洽谈等服务。通过政府、市场和金融机构三者优势互补，建立完善而强健的市场信用体系，提高抗冲击的韧性和强度，更好地为旅游业发展服务。

4. 强化规划引领

以旅游业为引导，将国民经济和社会发展规划、城乡规划、土地利用规划、生态环境保护规划等多个规划融合到一个区域内，通过"多规合一"，科学引导旌德全域旅游发展。[②] 乡镇编制规划过程中应重点解决区域范围内旅游项目同质化的问题，引导错位发展，避免同质竞争。

规划应重点解决可持续发展问题。根据国家层面的主体功能区划分，对适宜进行旅游开发的国土空间进行评价，划定国家主体功能区框架下的旅游功能区，以旅游开发为核心，围绕旅游业合理配置资源要素。在保护旅游资源的基础上，促进区域可持续发展。

通过规划引领形成科学的产业配套体系、完善的产业空间布局、合理的产业发展结构。推进旅游与文化、体育、农业、工业、林业、商业、海洋、水利、地质、环保、气象等相关产业和行业的融合发展。支持有条件的地方发展生态旅游、乡村旅游、商务旅游、体育旅游、演艺旅游、休闲农业、工业旅游和康体旅游等。充分发挥文化在旅游业全面发展中的引领和支撑作用，大力发展文化产业和文化事业。

5. 建设旅游创新体系

（1）创新旅游产品。创新旅游产品应从供给侧入手，通过延长纵向和横向产业链创新产品供给。以山水文化、历史文化、工业文化等为基础，创新旅游产品。重点发展休闲养生产业。依托度假小镇、休闲度假民俗村

---

① 何建民：《我国旅游产业融合发展的形式、动因、路径、障碍及机制》，载于《旅游学刊》2011 年第 4 期。

② 吕俊芳：《城乡统筹视阈下中国全域旅游发展范式研究》，载于《河南科学》2014 年第 1 期。

等养生村镇与度假综合体、度假庄园，发展休闲型养生健康产业。整合养老、长寿、医疗、保健等资源，积极开发多层次、多样化的老年人休闲养生度假产品，带动长寿型健康产业发展。

加快教育旅游业发展。依托红色旅游资源，建设教育基地，加强下一代对社会主义核心价值观的理解和认识，推进爱国主义和革命传统教育。依托农业资源，建设社会实践基地，在实践中带领生活在"建筑森林"的孩子，学习农耕文化，体验农耕种植。

（2）构建跨区域旅游产业链。推进旌德县内全域旅游发展协调组织，促进跨区域旅游产业链的合作，明确乡镇工作的重点和目标。通过横向拓宽产业链，发挥乡镇的比较优势，提高旅游产品和服务的专业化水平，使旅游产品和服务满足不同年龄段的需求，实现"游不出旌德"的发展目标。①

（3）大力推进智慧旅游。实施"互联网+旅游"行动，旅游与公安、交通、统计等部门通过数据共享，检测旅游产业运行情况，建立旅游产业大数据平台，为智慧城市、智慧乡村发展奠定基础。建立智慧旅游平台，整合旅游、文化、宣传等资源，提高产业融合度。通过为游客提供旅游信息、规划旅游线路，充分发挥旅行社、酒店、景区和铁路、公路、民航、水运等行业在旅游中的作用。

6. 健全政策体系

全域旅游发展需要财政政策、金融政策、旅游扶贫政策、生态环境保护政策、人才培养引进政策等政策的支持。②

（1）财政政策。统筹运用多种财税政策工具，包括财政补贴、税收优惠、政府采购、以奖代补、政策性金融等，短期内打造公平的市场竞争环境。一方面，通过财税政策解决市场失灵，提高资源配置效率。另一方面，政策干预不越位，全域旅游发展逐渐成熟后，政府应及时退出。③

以引导和支持旌德发展全域旅游作为目标，对创建"国家全域旅游示

① 吉根宝、乔晓静：《基于旅游体验视角的旅游产业链分析》，载于《中国商论》2010年第23期。
② 魏小安：《促进全域旅游发展》，载于《中国旅游报》，2015年12月7日（C02）。
③ 张丽萍：《全域旅游发展中政府主导作用解析》，载于《现代商贸工业》2016年第32期。

范区"的乡镇给予资金支持。争取各级政府每年安排财政专项资金支持创建工作，主要用于相关规划编制、旅游交通基础设施、旅游公共服务设施和重点旅游项目建设等，对其中的优质项目还可适当增加资金支持力度。

（2）增强金融扶持力度。建立投融资平台，降低民间资本加入门槛，县所在的市要积极对接银企，鼓励支持金融机构增加对全域旅游项目的授信额度，放宽享受优惠政策的条件，对有资源优势和市场潜力的特色旅游名县发展全域旅游给予信贷支持，加大融资性担保机构的担保力度。

鼓励引导保险资金、风险投资基金、私募股权基金等社会资本通过PPP参与旌德全域旅游发展，开发旅游资源、兴建旅游项目、参股旅游企业，推进投资主体多元化。[1] 鼓励社会各方采取项目特许权、运营权、旅游景区门票质押担保和收费权融资等方式，参与旅游项目开发。

建立健全融资担保体系，鼓励各类社会机构以多种形式参与产业融合的融资担保，打造多主体产业融合担保体系。通过并购或参股等方式购买国外文化创意旅游品牌、技术和市场渠道，提高产业融合的国际化水平。

（3）制定旅游扶贫政策。旅游与扶贫相结合，实现旅游减贫，进一步提高各乡镇的居民收入水平，是促进贫困人口脱贫的一条有效途径。[2] 依托重大旅游项目，建链、延链、补链、强链，提高旅游业发展水平，转移剩余劳动力，提高当地居民就业率。扶持乡村旅游发展，引导当地群众参与景区景点以及乡村旅游的建设和运营。工商、税务、卫生、环保、消防、公安等职能部门按照下限收取乡村旅游区和农家乐经营户的有关证照费用。金融部门根据居民的信用等级，为发展农家旅馆、特色餐饮等行业的居民提供小额贷款，通过利率优惠，调动居民生产积极性。对旅游特色名县建设项目执行优惠水价和电价，提高旅游扶贫项目的政策支持和政策倾斜力度。

（4）完善生态环境保护政策。以旅游业为主导产业，推动生态文明建设。实施严格的水环境监管和水资源管理制度，建立水功能区达标评价和考核体系。建立水资源保护和谁污染、谁防治合作机制，开展大气污染区

---

[1] 厉新建、张凌云、崔莉：《全域旅游：建设世界一流旅游目的地的理念创新——以北京为例》，载于《人文地理》2013年第3期。

[2] 刘向明、杨智敏：《对我国旅游扶贫的几点思考》，载于《经济地理》2002年第2期。

域联防联控，推进实施大气污染防治行动计划，完善区域空气质量评价体系。建立健全流域重金属污染监控和防治机制，以及土壤污染防治。

（5）健全人才培养引进政策。加强人才队伍建设，需依靠内部培养和外部引进，打造旌德旅游人才小高地。鼓励办学基础好的县建设旅游培训基地，大力发展职业教育，实现旅游人才总量增加。重点培养旅游管理人才，推进旅游人才结构优化。依托从业人员的资格考试和认证工作，提高旅游技术技能人才和从业人员专业化水平。鼓励引进国内外的高端旅游管理人才、策划人才等，提高专业智库水平。通过待遇留人、事业留人，同时给予相应的住房、工资、子女入学等方面的优惠。

第 *4* 章

旌德产业扶贫模式总结

第 1 节
╌╌╌╌╌▶ 旌德产业扶贫工作背景

一、产业扶贫的重要意义

自党的十八大召开以来，我们党和国家就一直将精准扶贫、精准脱贫作为扶贫工作的核心指导思想。并且在这两类思想的背景条件下，产业扶贫的各项目标也发生了变化。[①] 在新的目标指引下，我国各地区都在产业扶贫的实践模式中进行了多种探索。如果能够透彻了解并且深入总结此类实践模式，并进一步探寻其中的经验和规律，对于我国扶贫攻坚工作中推动产业扶贫发展具有深刻意义。

在中共中央、国务院印发的关于《中国农村扶贫开发纲要(2011—2020 年)》（以下简称《纲要》）的通知中，产业扶贫被列为一项农村专项扶贫措施，具有重要的战略意义和发展前景，受到党中央和国务院的高度重视。《纲要》指出："充分发挥贫困地区生态环境和自然资源优势，推广先进实用技术，培植壮大特

---

① 全承相、贺丽君、全永海：《产业扶贫精准化政策论析》，载于《湖南财政经济学院学报》2015 年第 1 期。

色支柱产业，大力推进旅游扶贫。促进产业结构调整，通过扶贫龙头企业、农民专业合作社和互助资金组织，带动和帮助贫困农户发展生产。引导和支持企业到贫困地区投资兴业，带动贫困农户增收。"实现贫困县的稳定脱贫和可持续发展离不开产业扶贫。① 进一步完善农村产业发展方式，因地制宜，培育特色优势产业、兼顾经济效益和生态环境的产业支撑体系，是打好新一轮扶贫开发攻坚战的重要保证，是深入贯彻落实五大发展理念的必然要求，是进一步深化改革、保障和改善民生的重大举措，是加快贫困群众脱贫致富、贫困地区全面建成小康社会步伐、构建社会主义和谐社会的迫切需要。

我国在农村地区的扶贫工作取得了显著成就，仅在 2012 年，扶贫对象就减少了 2339 万人，贫困人口总规模就下降到 9899 万人，占农村户籍人口的比例下降到 10.2%。② 多年来，我国政府在扶贫工作中已经形成了完善的政策体系。一方面解决了最低的扶贫需求，另一方面实现了脱贫致富。21 世纪的扶贫工作主要以开发扶贫为主，以发展贫困地区特色产业为手段进行开发。③

产业是一切发展的基础，扶贫工作要以此为主要支持。自 20 世纪 80 年代我国大规模进行扶贫开发工作以来，通过产业发展带动贫困地区脱贫致富就成为主要的工作手段。"产业化扶贫"这一概念于 2001 年正式提出，21 世纪以来，产业扶贫成为开发式扶贫中不可替代的内容，在推进扶贫工作发展的过程中取得了不可磨灭的成就。产业扶贫是以贫困地区当地的特色产业发展为手段，以帮扶贫困地区人民为目标，让贫困户脱贫摘帽，让贫困群众稳定的扶贫方式。④ 产业扶贫旨在建立贫困地区人民稳健、可持续增收的机制，帮助贫困地区人民致富奔康。⑤ 产业化扶贫是一种

---

① 黄承伟、覃志敏：《统筹城乡发展：农业产业扶贫机制创新的契机——基于重庆市涪陵区产业扶贫实践分析》，载于《农村经济》2013 年第 2 期。
② 国务院扶贫工作小组：中国到底有多少贫困人口（http：// www. cpad. gov. cn/publicfiles/business/htmlfiles/FPB/xsyj/201103/138158. html，2015 年 7 月 15 日）。
③ 梁晨：《产业扶贫项目的运作机制与地方政府的角色》，载于《北京工业大学学报》（社会科学版）2015 年第 5 期。
④ 杨杰文、陈美君：《关于贫困地区产业扶贫的思考》，载于《当代农村财经》2013 年第 12 期。
⑤ 胡振光、向德平：《参与式治理视角下产业扶贫的发展"瓶颈"及完善路径》，载于《学习与实践》2014 年第 4 期。

"造血式扶贫"，是近几年全国贫困地区正在积极实践的一种与时俱进的新型扶贫方式。它是指以市场为导向，以经济效益为中心，依托区域的优势产业资源，大力发展以农业、工业或旅游业为基础的支柱性产业，从而推动区域经济整体发展的扶贫开发过程，是促进贫困地区发展、增加贫困农户收入的有效途径，是扶贫开发的战略重点和主要任务。从经济学的角度来看，一个地区产品的质量和竞争力不仅取决于该地区自身的资源禀赋，还取决于与该产品相关的生产要素的组织程度。① 生产要素的组织水平越高，产品开发程度越深，产品越多，产业链越完善，产品的市场竞争力和盈利能力就越强。从这个层面来看，产业决定产品，产业的发展水平与质量决定一个地区的竞争力水平，决定一个地区的富裕程度。

产业扶贫是我国加快社会主义新农村建设，改善农村生产水平和生活环境，缩小城乡差距，构建城乡一体化发展新格局的战略选择与核心任务。② 这是因为，一方面，加快产业发展，特别是农业产业现代化，是解放农村生产力和实现农村"生活富裕"的关键路径和有效载体。③ 目前，我国贫困县大部分的劳动力都从事农业生产，农民收入来源单一，增收渠道窄，抵抗市场风险和自然风险的能力弱，一旦出现市场波动或自然灾害，极易返贫。④ 因此，必须建立起有可持续竞争力的产业支撑体系，大力发展富民产业，才能使农民增收致富有保障，建立起真正意义上的新农村。另一方面，加快贫困县产业发展有利于充分调动农民的生产自主性和积极性，增强新农村建设的自我投入和自我发展能力，建立起新农村的"造血"机制，而非消极地等待政府加大投入力度。⑤

"脱贫致富，关键靠产业带动"已逐渐成为贫困地区的共识，但是由于我国贫困县大多处于生态环境脆弱地带，产业发展与生态保护、资源利用之间的矛盾日益尖锐，一些贫困县在扶贫开发的过程中陷入了"产业竞

① 薛维松：《组织农村生产要素合理流动》，载于《决策探索》1995 年第 11 期。
② 朱善利：《论中国城乡一体化的逻辑》，载于《中国市场》2013 年第 7 期。
③ 程志强：《农地流转形成和农业产业化垂直协调的契约安排研究》，载于《中国市场》2012 年第 46 期。
④ 胡联、王艳、汪三贵等：《精准扶贫的成效分析——基于安徽省 12 县（区）调研数据的分析》，载于《中国延安干部学院学报》2017 年第 1 期。
⑤ 徐翔、刘尔思：《产业扶贫融资模式创新研究》，载于《经济纵横》2011 年第 7 期。

争力不足—生活水平低下—生态环境破坏—产业进一步发展受限"的恶性
循环。① 因此，产业发展要走绿色化、精准化道路，即通过建立可持续的
产业发展体系，把产业发展、经济建设与生态建设结合起来，积极开发地
区特色优势产业资源，创新产业发展模式与利益联动机制，实现区域经济
的全面繁荣与可持续发展。

产业扶贫多以项目制的方式进行运作，而项目制作为连接中央与地方
政府的制度，通过将各项农村类社会基础工程建设以专项划拨的方式向下
分配和转移，使得中央与地方之间形成了较为复杂的责任利益联动关系。②
在产业扶贫的过程中，地方政府起着重要的作用。在责任分工角度，中央
政府主要承担投入资金和项目的责任，但对于落实分配资金项目，将资源
实际配置到基层是地方政府的责任。而且在产业扶贫的过程中，实际执行
中各个福利的主体角色是互相影响的，尤其是政府与市场之间的关系也并
不是一成不变的。市场与政府行为之间的关系如何更顺畅地调节和消解，
也是产业扶贫需要解决的问题。地方政府行使行政手段，对公共资源进行
合理配置以及进行制度安排，其目的是发展产业，进而解决本地区贫困人
口的生存发展问题。产业扶贫是我国加快社会主义新农村建设，改善农村
生产水平和生活环境，缩小城乡差距，构建城乡一体化发展新格局的战略
选择与核心任务。③

二、旌德产业扶贫的探索

旌德县位于皖南山区、黄山北麓，全县 9 镇 1 乡，61 个村、7 个社区，
总面积 904.8 平方公里，总人口 15 万人。旌德现有 8 个贫困村、贫困户
1355 户、贫困人口 3104 人，其中因病致贫的贫困户占 42%，因残致贫的
占 23%，缺劳动力致贫的占 14%，其他原因的占 21%（见图 4 - 1）。近年

---

① 刘北桦、詹玲：《农业产业扶贫应解决好的几个问题》，载于《中国农业资源与区划》
2016 年第 3 期。

② 全承相、贺丽君、全永海：《产业扶贫精准化政策论析》，载于《湖南财政经济学院学
报》2015 年第 1 期。

③ 朱善利：《改变城乡二元体制，实现城乡一体化发展》，载于《经济科学》2013 年
第 6 期。

来，旌德县深入贯彻落实中央、省市关于脱贫攻坚的决策部署，大力实施脱贫攻坚八个专项行动，确保如期完成整体脱贫目标。

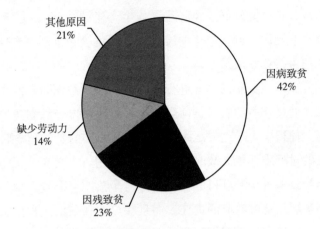

图 4 – 1　旌德县贫困人口致贫原因分布
资料来源：根据旌德县扶贫办资料整理。

习近平总书记强调，消除贫困、改善民生、实现共同富裕，是社会主义的本质要求，是我们党的重要使命。[1] 新中国成立以来，为加快脱贫步伐，政府采取了一系列贫困治理措施，取得了举世瞩目的伟大成就。现阶段，中央仍将扶贫工作作为重中之重。[2] 党中央在"十三五"规划中，强调要发展特色产业，加强农、林、牧、渔产业指导，发展各类专业合作组织，完善农村社会化服务体系。旌德县根据中央要求，结合当地实际，高举中国特色社会主义伟大旗帜，以邓小平理论、"三个代表"重要思想、科学发展观为指导，紧紧抓住"创建全国扶贫开发攻坚示范区"的历史机遇，围绕"两加一推"主基调和"工业强省、城镇化带动"主战略，以产业发展为重点，坚持开放式扶贫方针，强化园区示范、龙头带动、基地辐射，大力推动全县产业化扶贫加快转型升级、提质增效，更好更快发展。

经过北京大学贫困地区发展研究院的实地调研，发现在产业扶贫方面，旌德县做了如下工作：该县共有 8 个贫困村，通过开展集体资产确权到户和股份合作制改革，为实现"三变"打下坚实的产权基础，发展壮大

---

①　汪三贵、郭子豪：《论中国的精准扶贫》，载于《贵州社会科学》2015 年第 5 期。
②　雷明：《扶贫战略新定位与扶贫重点》，载于《改革》2016 年第 8 期。

了村级集体经济，培植了一批符合资源禀赋、具有比较优势的特色产业，以此带动经济发展、农户增收，实现了较好的产业扶贫效果。

其中，兴隆镇三峰村以村集体经济发展基金30万元入股桃花源公司，每年保底分红3万元；建设120千瓦光伏电站，每年稳定收益13万元；建设农家客栈并同水库发包给悠然谷公司经营，每年租赁费12万元。村集体经济年收入实现从0到28万元的飞跃。孙村镇碧云村发展特色养殖产业，打造"碧云黄牛"一村一品专业村，养殖黄山小黄牛150头，年集体经济增收10万元以上；白地镇江村发展特色旅游产业，正在建设60张床位的青年旅舍，每年可分红10万元以上；三溪镇双河村等5个村发展新能源发电产业，建设共计580千瓦的光伏电站，村集体年均增收10万元以上；蔡家桥镇凡村通过集体资产股份合作制改革，成立集体资产经营管理有限公司，利用扶贫资金、集体山场使用权等同社会资本共同成立子公司从事经营，集体经济组织实现"保底收益＋按股分红"，组织贫困户以山场入股成立合作社种植香榧，按照"公司＋合作社"模式实现贫困人口拥有持续稳定收入。

同时，旌德县牢固树立精准意识，坚持做到对扶贫对象实行精准化识别，对扶贫资源实行精准化配置，对扶贫措施实行精准化安排。2014年，旌德县以"两不愁、三保障"为标准，通过农户申请、民主评议、公示公告和逐级审核的方式，精准识别建档立卡贫困户2525户、5500人。为每户贫困户建立了帮扶手册和档案台账，实行"一户一档"。全县共有9个县直单位定点帮扶8个贫困村，市、县、乡、村1854名干部结对帮扶1355户贫困户，每个贫困户都有县（市）、乡、村三名帮扶责任人，实行包保"三重覆盖"。包村帮村单位共提供帮扶资金56万元用于帮扶贫困户发展生产，联系51家企业与贫困村开展村企共建。同时该县聚焦精准、靶向治疗，将精准扶贫各项政策措施做成菜单，由贫困户本人"点菜"。2016年以来，各级帮扶责任人共走访贫困户7500余人次，根据贫困户需求，制定了帮扶措施3154条，做到"一人一策"。2014年该县精准脱贫贫困户486户、900人，2015年精准脱贫684户、11496人，每个贫困户至少做到"四有"：有一个扶贫手册、有一个帮扶联系人、有一套帮扶措施、脱贫之后再发一本脱贫光荣证。对已脱贫的贫困户，在一定时间内继续进行帮扶，防止重新返贫。

专栏链接 4 –1

省级示范合作社格瑞蔬菜专业合作社大溪分社发展案例

一、合作社简介

旌德县格瑞蔬菜专业合作社是省级示范合作社，利用集体经济入股的30 万元基金，开展菊花农残控制技术创新，生产的皇菊在同行业率先通过欧盟 SU352/355 标准检测，售价从 100 元/斤提高到 15 元/朵（3700 元/斤），带动集体每年增收 5 万元以上。

格瑞大溪分社位于蔡家桥镇乔亭村大溪自然村，大溪自然村四周丘陵环绕，水田、旱地、山林地面积超千亩。2013 年底，格瑞蔬菜合作社从村民手中流转土地自己经营。合作社根据大溪的土壤和环境，从最初的蔬菜种植逐渐发展成以菊花、特种蔬菜、中药材等为主的种植加工兼顾的高附加值农业产业。

随着合作社的发展壮大，现有流转机制已经不能发挥当地村民的积极性、创新性，个别好逸恶劳的人也给格瑞的发展带来负面作用。出现了流转土地被收回，甚至堵路阻挠生产等负面情况。合作社迫切希望把希望提高收入、勤劳肯干的村民通过新机制团结起来，共同发展。但是怎样提高社员的积极性，减少发展中遇到的阻力，实现社员共同富裕，合作社一直在摸索。2016 年 4 月，格瑞蔬菜专业合作社大溪分社成立，合作社大胆实行股份制，凡是能够在经营中使用到的农民资产都可以入股。

股份制开启了格瑞发展的新篇章，村民变成了格瑞合作社的股民，村民的资金和闲置的资产变成了投资的资本，村民自己也成了格瑞合作社的股民，成了推动合作社发展的股东。

二、合作社发展的前期筹备

一个农业企业要想健康发展，从筹备的时候就要公平、公正，阳光经营，要让社员放心。

2015 年底，筹备组邀请大溪村骨干村民叶嘉祥、贺晓杏和队长吴启红座谈，介绍格瑞的经营现状和发展规划及建立股份制的设想，请他们出谋划策。经过商议，大家一直认为：希望新的机构能够提高社员收入、能够提高生产效率、能够扩大生产规模、能够发掘大溪村的农业优势，股份制合作社成为大家一致同意实施的新经营主体。

经过半年时间的磨合，2016 年 4 月 19 日，旌德县格瑞蔬菜专业合作社大溪分社正式成立。合作社确定以正常的耕田为参照标准，每亩为 1 股，每股价值 1000 元，每年保底分红 200 元。贺良武等 26 名社员成为首批股东，入股土地 61 亩。到目前，新入股土地超过 100 亩。

三、合作社发展的经营管理模式

社员准入：社员预先填写申请表，说明希望入股的资产，理事会成员实地察看，经理事会合议折算成股份，同社员签订入股合同，并颁发股权证书和建立收益台账。对不符合入社要求，或不能签订入股合同的情况，不同意入社。

财务管理：清查盘底，建立流水账、应收账、应付账、物品使用台账、物品库存清单等账目明细。收入支出均有票据，物品使用均责任到人。

发展规划：理事会决策发展方向，理事会和监事会成员每年不少于两次外出学习考察，负责人每年不少于一次业务学习。

收入分配：每年净利润的 20% 用于公积金和公益金，一方面储备资金扩大生产规模、改善环境、防范风险；另一方面投资地方基础设施维护、扶老助弱。余下按股份分红。

四、合作社发展的经营效益

一是建立了稳步发展的经营思路。过去简单的合作社模式土地流转合同仅签三年，没有一个长期的经营思路。用人不敢充分信任、基地建设不敢着眼长期。实行土地股份后，土地长期入股，合作社在道路、土壤育肥、废弃物处理、基地美化、生物防控等多方面可以放心投入，产出效益也明显提高。

二是提高了合作社的发展视野。村民变成了股东，最大的变化是来提意见的人变多了，既有出主意的也有提出批评的，出发点都是好的。理事会有了更多收集信息的渠道，经营决策更加契合合作社的客观情况。

三是实现了和村集体经济的互利共赢。2016 年格瑞大溪分社入股的社员得到了每亩 80 元的额外分红。以股东夏新玉为例，其持有 4.7 股，实得保底加分红收益 1316 元。钱虽不多，但合作社的发展有目共睹。合作社的股份合作得到了乔亭村村委会的赞同。2017年，乔亭村文峰农业发展有限公司和格瑞蔬菜专业合作社合资成立大溪生态农业发展有限公司，建立了农产品深加工厂房，合作方式为：格瑞以现有实体、销售渠道、生产技术、专利技术以及流动资金入股，共计70万元（其中流动资金20万元）；文峰农业发展有限公司30万元现金入股，占公司股份的30%。采取保底分红模式分红，每年保底4万元，为合作社的发展提升一个大台阶。

四是奠定了稳定的销售渠道。合作社有了稳定的土地、稳定的社员和稳定的收益，有了稳定的群众基础，也为格瑞大溪分社引来了更多的合作伙伴。过去，格瑞业务接触都是规模较小的收购商，无法实现长期的规模化发展。实行土地股份后，稳定的合作社得到客商的认可。目前合作社在菊花茶、特种果蔬、中药材、农产品加工、休闲农业等方面都制定了操作性较强的规模化发展规划。

第2节
旌德产业扶贫工作成效

在"十二五"期间，旌德县贯彻落实"十二五"规划的整体布局，在结合县情的基础上，积极拓展扶贫工作思路，创新扶贫工作模式，丰富扶贫工作项目，灵活运用扶贫工作载体，在产业扶贫的资源整合、方式创新、资金保障等方面做出了许多有益的探索。

一、农业产业化扶贫带动多措并举

农业是贫困县的基础产业，产值比重和就业比重都高于全国平均水平。因此大力推进农业产业化，探索贫困农户参与产业化过程的有效方式，对于农村实现脱贫致富具有极其重要的意义。[①] 一直以来，旌德县政府各部门都积极通过推动农业产业化来提高其现代化水平，增强产业竞争

---

① 程志强：《农地流转形式和农业产业化垂直协调的契约安排研究》，载于《中国市场》2012年第46期。

力。同时，旌德县以农业产业化带动群众就业、基础设施建设、资金精准投向、农产品电子商务，形成了多措并举、多元扶贫的工作局面，取得了显著的扶贫成绩。近年来，旌德县围绕扶贫工作目标，采用多样化的产业扶贫手段，取得了以下工作成效。

（1）实施农业产业化扶贫，制定到户产业扶贫项目清单和补助标准，发放补贴资金72万元，117名农技人员对口帮扶292名贫困劳动者，帮扶贫困户养殖禽畜26600余只（头）、经济作物270余亩。

（2）实施就业扶贫，帮扶351名贫困劳动力到省内外转移就业，安排就近就业310人（公益性岗位安置33人），县财政拨付68万元通过政府购买服务的形式聘请192名贫困人口从事治安巡防员、卫生监督员，就业技能培训25人，帮扶自主创业9人。

（3）实施基础设施扶贫，2016年内完成贫困村较大自然村道路硬化21.3公里，建设农村安全饮水巩固提升工程8处，解决82名贫困人口安全饮水问题，实施贫困户危房改造147户。

（4）实施金融扶贫，设立政府风险金50万元，通过1∶10的金融杠杆撬动500万元金融资金，为发展生产的贫困户提供免抵押、免担保、政府全额贴息等5万元以下、两年以内的扶贫小额信贷。

（5）实施教育扶贫，对建档立卡贫困生230人建立档案，已发放教育助学金28.88万元，"雨露计划"资助就读中高职的贫困学生36人。

（6）实施政府兜底扶贫，对无劳动能力、无资源、无稳定收入来源的"三无"贫困人口1637人实施政府兜底脱贫，其中新增保障对象94人，提档371人。低保标准从2015年的210元/月提高到260元/月，散居"五保"标准从2015年的203元/月提高到345元/月，全面实现农村最低生活保障标准和扶贫标准"两线合一"。

（7）实施健康扶贫工程，出台贫困人口综合医保实施方案，构建"两降四提"的保障体系，切实减轻因病致贫贫困户的治疗负担。对因病致贫和因病返贫的贫困人口共计1822人进行全面调查摸底，完成数据采集和系统录入。大病救助340人次，发放救助资金27.09万元。资助3104名贫困对象参加2017年新农合保险，资助参合资金每人150元，共46.56万元。

（8）实施电商扶贫，依托91农购平台建设农村电商扶贫点，帮扶贫困户在网上销售农特产品，解决贫困户销售渠道不畅、价格偏低的难题。

专栏链接 4 - 2

91 农购助力旌德县域农村电商

安徽同乐兄弟电子商务有限公司位于旌德县城东路凤凰国际 1 号 107，成立于 2014 年 12 月 12 日，注册资本 500 万元，是一家打造工业品下乡、农产品进城、旅游电商化三位一体的互动发展模式的电子商务公司，自建平台 91 农购商城已投入运营。至 2016 年底，已在全县各乡镇基本完成布局，建成 58 家村级服务站，其中 22 个大学生村官主要服务站点。

旌德县首个县域农村电子商务平台 91 农购网上商城于 2015 年 12 月 25 日线上线下同步上线，全县 58 个村级服务站也同步上线。91 农购网上商城电商平台是在旌德县电子商务城乡通启动后，特别是旌德县委县政府鼓励有志青年创业创新后，在安徽商报多易善社区云店县级运营中心的基础上，由安徽同乐兄弟电子商务有限公司根据旌德县域特点开发和倾情打造建立的县域电商平台。包含农产品进城、工业品下乡、农资下乡、网上农技 110、全域旅游、休闲农业及线下分期分批建设的乡镇村 O2O 体验生活超市等项目内容。

该平台运营方式不同于其他电商平台。第一，该平台以县域为范围，先把旌德县域内的城乡通对接好，让城里的工业消费品通过这个平台顺利下乡，让乡下的农产品顺利在城里销售，实现上通下达。然后在稳步发展的前提下，实现与其他大型网络平台的对接。第二，平台专设优选农产品板块，精心挑选全县农业龙头企业、合作社、家庭农场及种植大户生产的优质农产品上线销售，让更多的人可以买到放心、安全的农产品。目前该平台已与全县数十家生产单位达成了战略合作协议，根据季节陆续为广大消费者提供放心安全农产品。第三，平台还建立了网上农技 110 专家技术团队，聘请旌德县农委粮油、园艺、蔬菜、土肥、植保、畜牧、水产、农机等方面的 24 位中高级以上职称的专业技术人员担任网上农技服务专家，及时为广大农民解答农业生产经营中遇到的各类技术难题。

为方便城乡居民网上购物，该平台还建立了全峰快递公司，旌德县城区内实行免费配送，其他乡镇陆续开通，让留守在乡村的老人小孩足不出户就可以买到各类日用品、农产品等，被旌德县人民称作家门口的"天猫超市"。

二、产业扶贫融资担保工作

特色产业的发展离不开资金的支持，尤其是对于贫困农户而言，由于其经济基础薄弱，难以获得足够的产业启动资金，更加需要有效的产业资金扶持。为实施产业扶贫，进一步加大农村金融扶持力度，创新农村扶贫有效载体，提高低收入农户"造血式"增收能力，《旌德县扶贫小额信贷工作实施方案》做出相关规定，县担保公司与县财政局、扶贫办、合作银行四方拟定合作协议，制定扶贫贴息贷款担保业务细则如下。

（1）扶贫贷款担保对象：为本县域内的有发展意愿、有发展潜质、有资金需求、有还款来源，已经通过旌德县扶贫办建档立卡，从事农业生产经营的城乡贫困居民。

（2）扶贫担保贷款用途：贷款主要用于贫困户发展特色种养业、农产品加工、休闲农业、光伏发电、乡村旅游等生产经营项目，或贫困户带资入股参与农业产业化龙头企业、农民合作社、家庭农场、专业大户等新型农业经营主体经营，不得用于子女上学、看病、还债等非生产性支出和赌博、放高利贷等违法活动。

（3）扶贫贷款担保额度：单户上限为5万元，扶贫贷款单笔款期限1年。贷款期满后，如借款人申请展期，应积极与贷款银行及担保公司对接，办理展期手续。

（4）收益和风险管理：扶贫贷款担保费年化率0.5%，贷款如期归还将启用担保费退还机制。扶贫贷款担保业务纳入银政担合作机制，一旦出现无法按期还本付息的，贷款风险补偿纳入银政担"4321"风险分担体系，业务流程按担保公司规定办理。

在旌德县委、县政府的正确领导和县担保办的指导下，旌德县兴业融资担保有限公司坚持以"扶小微、低费率、广覆盖、可持续、保安全"为目标，以"建章立制讲规范、扶持发展讲实效、风险防控讲红线、履职尽责讲规矩"为要求，以规范业务流程、加强风险防控为重心，牢牢把握担保服务实体经济发展的根本方向，各项工作有序推进，担保业务稳步发展。旌德县兴业融资担保有限公司2016年度工作开展情况总结如下。

1. 担保业务发生情况

（1）担保业绩。至2016年底，公司在保户数201户，在保资金达58603万元，与2015年同期相比增幅83%。支持全域旅游项目104个，担保余额达到27478万元，创A项目43个，担保余额4435万元。"银政担"业务在保户数191户，在保余额53359万元，占总在保余额的91%，为"银政担"年度目标任务1.6亿元的333%（其中"税融通"在保户数19户，在保余额4694万元，为"税融通"年度目标任务0.3亿元的156%）。银政担、税融通业务成绩在宣城市名列前茅，全面完成了宣城市政府下达给旌德县的目标任务。同时公司在2015年度全省政策性融资担保绩效评价中为优秀等级。

（2）减负情况。为切实减轻企业负担，降低企业融资成本，公司相继出台《关于切实减轻企业负担、降低融资成本若干实施办法》《关于印发过桥续贷资金管理办法》，实际为企业减负512万元（其中为拆借款减负445万元、担保贷款减负67万元），有效化解了企业续贷困难，减轻了企业负担。

（3）业务受理情况。自公司建立业务评审制度以来，公司严格按照评审制度和业务流程办理各项业务。截至2016年底，业务受理201户，共计58603万元。

（4）代偿情况。截至2016年底，公司依法诉讼代偿业务11户，已生效判决9户，待判决2户，涉及信用保证人29人，所涉金额1500万元，公司支付法院诉讼费用20余万元。同时，公司风控部对潜在风险客户进行全面清理排查，采取与企业、银行对接，帮助企业催收货款等方式，成功化解风险资金达千万元。

（5）资本金情况。至2016年底，公司注册资本总金额16474万元。宣城市中小企业融资担保有限公司注资1600万元，资金已经到位，但尚未注册（因安徽泰科铁塔有限公司原因，省担保集团未将资金从共管账户划入公司账户），同时县财政局注资174万元（含134万元专项扶持资金、

40 万元县级配套资金），注资完成后，公司注册资本金达到 18248 万元。

（6）合作银行担保情况。在与农商行、徽商行、工行、农行合作的基础上，公司积极与中国银行、建设银行、邮储银行加强联系，目前已与中国银行、建设银行、邮储银行签订合作协议。

（7）准备金提取情况。截至 2016 年 10 月底，公司按照保费收入 50% 提取的未到期责任准备金 265 万元。

2. 担保工作开展情况

（1）加强制度建设，规范担保行为。根据国务院、省政府办公厅关于促进融资担保行业加快发展的相关文件精神，旌德县政府专门出台了《关于加强融资担保机构建设服务小微企业和全域旅游发展的意见》（以下简称《意见》），《意见》从"加强融资担保机构建设""服务小微企业和全域旅游发展"两大方面提出 16 条有操作性的具体意见，其中对资本金的增加、风险补偿金的设立以及企业过桥资金平台的搭建等方面都提出具体要求，进一步明确了国有担保公司的政策性导向。为规范担保项目评审程序，县政府专门出台《担保项目评审委员会评审规则（试行）》，设立"三级评审制度"，并组建了与之相对应的评委会，对所有担保项目的评审条件、评审程序及审批权限均做了明确要求。根据担保金额进行分级。对于上报评审会的担保项目，评审委员对初评意见进行表态发言并进行表决，主任委员或执行委员综合与会多数人的意见后提由总结性评审意见，担保公司依据评审意见对担保项目的受理进行推进和终结。

为推进"诚信旌德"建设，规范公司经营行为，维护借贷双方合法权益，公司特印发《旌德县兴业融资担保有限公司诚信体系建设管理办法》，同时为推动道德弘扬、诚信培育，礼遇帮扶各级道德模范和好人，扩大道德信贷社会效应，营造"诚信担保"金融氛围，公司根据《安徽省道德信贷试点工作实施方案》，并与县文明办联合印发《旌德县"道德模范、各级好人"专项信用担保实施细则（试行）》。为加强代偿损失管理，规范公司代偿损失核销行为，切实提高资产质量，有效防范经营风险，促进公司稳健经营和持续发展，公司印发了《担保代偿损失核销管理实施办法（试行）》。同时为进一步规范公司经营管理，建立有效的激励、约束机制，促进公司稳步、健康、持续发展，公司出台了《绩效考核细则（试行）》。公司根据各部门岗位特点，分别制定了业务部、风控部、财务部及办公室管理制度，编印成册，对业务受理、尽职调查、保后管理、风险防控、财务管理及公车管理等一系列公司日常管理均作出具体翔实的要求，以制度管人，坚持做到有章可循、按章办事。为加快担保诚信体系建设，公司坚持建章立制、开拓创新，建立担保诚信体系建设管理办法，并已与融资担保管理系统软件开发公司对接，量身定制了一款管理系统。诚信管理制度的建立与软件的启用，为营造诚实守信、公平公正的担保环境打下坚实基础。

（2）创新工作思路，助推企业发展。为主动适应经济发展新常态，公司严格按照县担保办的要求，在银政担合作框架下，规范实施"全域旅游""税融通""银保担""精准扶贫"等特色业务，相继印发了一系列可操作、有针对性的实施办法，进一步规范了扶持企业政策，提升健康服务品牌，全力服务"大众创业、万众创新"。设立了6000万元全域旅游信用担保资金，支持全域旅游等健康产业发展，目前涉及全域旅游的担保贷款达到27478万元。

为切实减轻企业负担，降低企业融资成本，根据省市县相关文件精神，公司专门印发了《关于切实减轻企业负担，降低融资成本的若干实施办法》（以下简称《办法》）。《办法》规定，对符合县域经济健康制造、全域旅游、传统产业转型升级要求的小微企业（不含个体工商户和自然人）贷款担保，担保费率按照1.2%执行。开发区"双创"企业（具体企业名单由开发区提供）融资担保，担保费率按照1.2%执行，担保主体解保后，实际担保费率按照0.75%执行（解保次日一次性返还担保费率的0.45%）。对"税融通""银保担""全域旅游""担保＋保险"等业务，担保费率按1%标准执行。对扶持"精准扶贫""村级集体经济组织发展"担保业务，担保费率按照0.5%执行。担保主体解保后，一次性全额返还担保费。对信誉良好、经营正常的健康企业，因资金周转困难自身无法完成转贷的，公司给予企业解决续贷过桥、资金掉头等融资问题，对短期拆借业务相关费用执行减半征收等优惠政策；对县域实体企业短期资金困难所需的拆借资金采取更低的费率，切实帮助企业渡过资金困难。但若企业恶意占用公司资本金，公司将按照原相关规定执行。

为积极推动健康产业发展，公司不断创新担保模式，助推全域旅游建设，通过与合作银行精诚合作，以商标等知识产权为抵押，为安徽黄山云乐灵芝有限公司担保授信 1600 万元，这也是旌德县首例以企业的知识产权作为抵押条件的担保业务。公司在为企业解决融资问题的同时，更加注重以县委、县政府健康产业发展思路为主导。为规范抵、质押资产评估行为，维护抵（质）押人、抵（质）押权人的合法权益，公司加强与信誉好、资质强的评估机构的合作，成功与安徽东南资产评估事务所有限公司、芜湖华瑞房地产土地资产评估过程咨询有限公司旌德分公司及安徽中信房地产土地资产价格评估有限公司黄山分公司建立合作关系，进一步规范业务办理，为全面了解企业资产完整性和办理资产抵押业务提供了决策依据。

为促进公司规范化运作，公司在 2016 年前 3 季度召集召开两次股东大会，在深层次地分析担保工作中存在的问题的同时，通过各股东表决及时解决历史遗留及工作中遇到的一些问题，进一步助推旌德县实体企业发展。同时，进一步明确了下半年的工作目标，并提出一系列具体工作要求。为拓展业务发展，完成年底业务指标，公司领导层提出"保存量、促增量"的工作方案。以此为导向，公司各部门积极应对，各项工作井然有序开展，目前公司对所有续担项目已完成业务评审工作，为全年工作安排打下基础。为积极响应县委、县政府"践行新发展理念、学习对接苏浙沪"观念更新学习讨论活动的号召，公司特此组织召开学习《关于践行新发展理念、学习对接苏浙沪的实施意见》讨论会，并结合担保工作分析在经济下行的环境中，如何解决企业融资难问题。同时，提出学习对接苏浙沪地区先进经验，组织部分员工去淳安县实地学习，拟定下一步工作方案，为更好地开展担保工作奠定基础。为加快推进省直保联保工作，积极融入担保体系建设，主动与省担保集团、市中小企业担保公司联系，担保工作在纵深发展上有了突破，与省担保集团达成了合作意向，签订直保联保协议，为下一步县域经济发展所需融资担保打好基础。

（3）加强风险防控，化解担保风险。加强、充实了风控部工作人员，积极落实风险防控制度，充分发挥风险控制部的核心枢纽作用，加强短期拆借及保后跟踪管理，定期调查企业经营状况、核查财务报表、核对相关票据，了解企业销售货款回笼情况，分析企业短期还款能力；检查抵押的机械设备使用情况及设备的维护情况，确保抵押物的完整性；了解关联企业的资产负债情况，力求做到保后管理的科学性、严谨性、真实性，从多方面进行风险的把控，努力减少代偿现象发生。

（4）强化内部管理，集聚担保文化。公司经过锤炼，提出以"铺天盖地扶小微、蹄疾步稳助发展"为服务宗旨，打造"诚信、担当、服务、创新"的企业文化，坚持"扶小微、低费率、广覆盖、可持续、保安全"的总体目标。建立了周一例会学习制度，定期组织业务学习，开展业务培训；同时建立周五工作总结例会制度，加强员工的沟通和部门间的协调；申请开通了公司微信公众号，定期发布担保信息；每月下旬通过协同办公系统发布"担保动态"；批量加工了一批印有宣传公司业务流程、评审制度等内容的盒抽免费赠送全县行政事业单位，向社会多角度、多层面的宣传、介绍，企业文化初步显现。

第 3 节
┈┈┈➤ 旌德产业扶贫的基本经验

一、产业扶贫工作经验

1. "新能源示范村"双河村的光伏致富之路

贫困山村双河村是旌德县发展特色产业、走出致富新路的典型案例。在旌德县整县推进股改事业的大潮中，双河村果断抓住契机、自觉融入潮流、积极推进工作，利用盘活的村级集体资产，成立了村级集体企业母公司、子公司。双河村充分利用本地资源禀赋，因地制宜的发展分布式光伏发电产业，以产业投资带动村集体经济发展，开展简单自营壮大经营性收入，走出了一条脱贫致富的新能源产业之路。

（1）基本情况。双河村位于旌德县三溪镇西南部，距离县城 27 公里，是一个典型的山区贫困村。村内无村办企业，一直依托民生工程项目建设村级公益事业，依靠房屋及少量水田出租和财政转移支付维持村级运转。

（2）股份合作制改革完成情况。股份合作制改革开展以来，双河村成立 2 个专业合作社,并在此基础上发起成立了旌德县麟溪农业发展有限公司。公司资产总额 309.15 万元,其中固定资产 138.49 万元,可供发包的资源性资产 60 万元。公司股东 1704 人,按农业人口设置农业人口股 1704 股,每股折 1814 元。同时为发展村级集体经济,成立了子公司旌德县双河绿色农业发展有限公司,进行产业投资。

(3)发展光伏发电产业,开展简单自营,增加集体收入。双河村利用扶持项目资金,新建一座 220 千瓦的分布式光伏地面电站。该项目由子公司旌德县双河绿色农业发展有限公司进行建设及建成后的维护管理。项目总投资 190 万元,可持续使用 25 年,经营费用只是每年清洗几次光伏板,成本很低。项目投产后,预计每年可增加集体经营性收入 20 万元。

目前,双河村已被旌德县农委授予"旌德县新能源示范村"荣誉称号。双河村计划在全村继续推广光伏发电产业,引导农户尤其是贫困农户走光伏脱贫、光伏致富的道路,争取到 2018 年,全村个人建设发电总量达到 100 千瓦以上,把双河村打造成为名副其实的绿色能源示范村。

2. 练山村以招商引资项目增加村民劳务收入

(1)基本情况。练山村位于旌德县庙首镇东南面,距县城 26 公里,面积 4.6 平方公里,下辖 10 个村民组,301 户,村民 1395 人,现有耕地 2180 亩,山场 2256.8 亩,可养水面 60 亩。

练山村于 2008 年开展集体林权制度改革,当年完成全部林改任务,共完成林改 194 户,641 宗地,1891.18 亩。

2014 年 10 月开始开展农村土地承包经营权确权登记颁证工作,截至 2016 年底,全村 301 户均领到土地承包经营权证,确权地块 2347 块、确权面积 2217.1 亩。

(2)农村集体资产股份合作制改革情况。2016 年,练山村根据旌德县委县政府统一部署,开展了农村集体资产确权到户和股份合作制改革,完成了清产核资、成员界定、股权设置并按"股份 + 合作"的模式,发起成立了练山村集体经济公司——旌德县龙家生态农业发展有限公司。

(3)招商引资,以项目促增收。股改后,练山村集体资产产权明晰,充分利用交通地理优势和丰富的自然资源,加大招商引资力度,大力发展全域旅游,带动村集体经济发展,农民增收。

第一，四季花海项目。一是将村组道路、桥梁等价值116万元美丽乡村建设成果量化为集体经济公司资产，委托旌德县四季花海旅游开发有限公司运营，用于旅游开发，打造3A级景区，每年保底收入2.1万元。二是将申请到的县扶持集体经济发展基金30万元量化为集体股金，入股旌德县四季花海旅游开发有限公司，占股3%，年保底收益3万元。目前正在开发石人山、千年银杏树等旅游景点资源，开发后继续委托旌德县四季花海旅游开发有限公司运营，预计2017年该项目可增加村集体收益6.1万元。

第二，酷鸟树屋及软籽石榴农业观光园项目。2017年申请到省扶持集体经济发展专项资金120万元，其中50万元资金加上原练山村小学校舍、附属房屋及其周边林地等资产、资源使用权估价50万元，与广东信游电子商务有限公司共同开发建设酷鸟树屋项目，母公司占股20%，保底年收益不低于8万元。剩余70万元资金入股宣城御道文化旅游有限公司，共同开发软籽石榴农业观光园项目，占股14%，保底年收益不低于7万元。

第三，古竹里民宿项目。练山村利用村集体回购农户废弃的宅基地及其以上房屋入股，与旌德县旅游发展有限公司共同打造古竹里民宿项目，总投入100万元，村级母公司占股10%，收益按股份比例分红。目前该项目已开始试营业，预计2017年收益1.5万元以上。

"三变"改革工作推进以来，练山村各个项目的实施为周边农户带来了极高的劳务收入，2016年仅四季花海旅游开发项目就给农户带来64万元劳务收入，随着软籽石榴农业观光园、酷鸟树屋等项目的实施，预计2017年劳务收入可达160余万元，集体经济收入可达22.6万元。

二、产业扶贫工作建议

通过对旌德县产业扶贫开发模式的总结，得出了以下一些建议。

1. 以"产业化扶贫"推动农业现代化

鼓励企业从事农业产业化经营，发挥龙头企业带动作用，充分发挥现代农业园区示范带动作用，探索企业与贫困农户建立利益联结机制，延长农业产业链、扩展农业功能，促进贫困农户稳步增收。① 大力扶持农产品加工企业，推进发展农产品加工、储藏、保险、分级、包装、运销等，推动农产品加工业转型升级。着重抓好规模种养殖农产品的精深加工，培育一批省级农产品加工试点示范企业。深入推进科技特派员农村科技创业行动，加快现代农业科技在贫困地区的推广应用。

坚持区域农业特色化、差异化发展理念，加快构建以重点生态功能区为核心、以基本农田和耕地林地为基础、以农旅结合绿色生态立体农业为支撑、以主要生态农产品产业带和特色优势绿色农产品生产基地为重要组成部分的"一轴两区"农业发展格局。走资源节约、绿色生态的现代农业发展道路，围绕产出高效、产品安全、资源节约、环境友好的现代农业发展理念，坚持以市场为导向，以山地特色高效农业为重点，大力推动特色产业规模化、标准化、专业化、集约化发展，加快转变农业发展方式，开辟农业结构调整新途径，拓宽农民增收致富新渠道，努力实现农业强、百姓富、生态美。

因地制宜发展乡村旅游和休闲农业，以城市郊区、农业园区、旅游景区及交通干道沿线为重点，建设一批具有民族特色的旅游村寨，发展休闲观光体验农业。通过完善订单协作、推广股份合作、推动产销联动等模式，使新型农业经营主体之间与普通农户之间形成风险共担、互惠共赢的利益共同体。

2. 坚持走新型工业化道路

大力实施新型绿色工业化发展战略，坚持新兴产业增量扩张与传统产业存量提升"两手并举"，推进工业化与信息化"两化融合"，强化产业链、创新链、资本链"三链耦合"，以绿色化、信息化、服务化推动产业转型升级，大力发展新兴产业，巩固提升传统产业，发展壮大优势产业，推动工业发展转型升级，逐步形成富有地方特色的产业体系。

立足资源优势和产业基础，积极推进农特产品加工、新型绿色建材加工、特色轻工产业、旅游产品加工、新兴产业等特色产业发展，积极推进

---

① 朱善利：《产业选择与农民利益：宁夏固原扶贫与可持续发展研究》，经济科学出版社2010年版，第264～270页。

特色产业升级改造，拉伸产业链条，推动形成集群发展新格局，促进特色产业由规模扩张向质量提升转变。

3. 精准选择扶贫产业，提高扶贫资金使用效率

产业扶贫的资金供给决定了产业的开发方式以及产业结构的调整，同时产业扶贫的规模和效益，也决定了产业扶贫与新型工业化建设的成败。[①]因此，有效的扶贫资金供给和融资模式，对扶贫地区的快速发展具有重要意义。产业扶贫资金来自各级财政部门、银行信贷、资本市场等，不同来源资金的扶贫效率和使用成本都不同。扶贫资金的使用合理性、投入产出效用的均衡性等都与扶贫地区的发展高度相关。政府在此期间应该构建良好的经济环境，积极引导涉农企业正确把握融资能力，克服融资误区，帮助企业选择更好的融资渠道和方式，同时帮助企业掌握控制处理融资风险的技术手段，探索产业扶贫最为有效的路径。

政府在实行产业扶贫的进程中，可以选择建立有效的利益联结机制，使得扶贫结果更加精准。此类做法的主要表现为当地龙头企业、农村合作社等主体收益较大，并且发展迅速。但是真正需要扶贫的个体或贫困户在产业开发过程中并没有得到能力的提升，使得脱贫致富的效果无法达到。如此看来，产业扶贫更要做到产业精准，贫困农户需要将普惠政策和特惠政策相结合，形成差异化政策，同时政府应该鼓励创新的方式使扶贫经济组织与贫困农户建立紧密的利益联结机制，形成利益共同体，实现利益共享机制。扶贫资金是产业扶贫的基础和支撑，当前工作中，扶贫资金来源大致可以分为三个方面：一是各地数量不同的扶贫专项资金；二是贫困户自筹获得的资金；三是贫困户利用土地或林地承包经营权等做抵押取得的银行贷款。[②]但是总体来看，这些资金数量不多，尤其是后两类资金，使得有限资金和产业发展的巨大需求之间产生了矛盾。综上可以看出，产业扶贫实践的工作需要探索一条新的路径，要尽可能地发挥政府财政专用资金的作用，并进一步引进共同参与产业扶贫发展的社会资金。之前贵州毕节地区在使用扶贫资金方面就进行了制度创新，采用了先建后补等多种方

---

① 高明：《产业扶贫资金如何精准到户——基于一个贫困村的扶贫实践观察》，载于《团结》2016年第4期。

② 冯宇坤：《创新扶贫资金使用机制的思考》，载于《中国财政》2017年第2期。

式进行投入，不仅引入了更多的社会资金，而且提高了社会资金的使用效率和效益。

4. 积极使用财税金融政策，有针对性地促进产业扶贫发展

对于我国的扶贫工作来说，资本性的投入保障直接影响到扶贫工作的开展效果，我们需要最大限度地分散生产扶贫资金，再集中到以产业化为经营主体、为基本的集约化扶贫机制上来。各级政府要实时监督项目资金的走向，保证资金到户，使得资金直接作用于扶贫对象，并使得资金能够积极扶持优势农产品项目，确保资金发挥最大效益。此外，政府要积极引导各企业、社会组织等以投资、捐赠等方式参与扶贫开发，政府可以依法减免此类企业的税收作为奖励政策，完善扶贫贷款政策等。

政府为了更有效地利用资金，可以将资金分配与各项工作考核、资金使用绩效相结合。在适当调整扶贫开发资金投入结构的基础上，适当增加对扶贫工作效果较为显著的企业的奖励，防止企业对政府财政资源的过度依赖，另其将注意力和重心放在自身发展上。为了更加合理地利用政府资金，有关部门应当着重思考如何完善金融服务机制，积极推动当地金融产品和服务方式，不断加强信用体系的建设和完善，构建一个有效的产业扶贫渠道以及充分发挥政策性导向作用。政府需要充分利用财政扶贫资金的杠杆进行招商引资，通过贷款等形式对新办产业化扶贫企业不征收任何费用，并帮助企业协调解决关于土地、人力等各项问题。同时，政府应该积极引导和鼓励商业性金融机构创新各项金融类产品和服务来支持产业扶贫的发展，针对不同贫困地区的发展情况以及不同需求，引导商业性金融服务。而且政府需要加大企业与金融之间的交流与合作，适当发挥地方中小型金融机构的主要作用，适当简化各类银行业务程序，降低放贷担保的条件，延长贷款期限，提高信用额度等。

政府还要加强对产业扶贫项目的系统风险防范意识。需要鼓励民营企业、个体商户之间互相依法担保的关系，而且要逐步建立起相应具有地方特点的融资担保体系，为中小企业以及农产品的加工企业创造相对宽松的融资环境，建立健全融资制度。完善合作经营风险分担机制，通过补贴保费的方式向农户购买相应的保险，并且通过建立风险补偿基金来应对突发性状况，逐步将产业扶贫项目纳入商业保险体系，从而达到加强产业扶贫工程系统风险防范的目的，为产业扶贫的发展提供稳定、相对安全的财政环境。

5. 发展壮大乡村旅游及配套服务产业

加强旅游基础设施建设，着力开发特色旅游资源，大力扶持贫困地区发展红色旅游、民族风情旅游和生态休闲旅游业，开发具有民族文化特色的旅游产品，着力打造一批精品旅游线路，不断拓展贫困地区农民增收领域。

加快推进现代服务业发展，全面提升传统服务业，重点发展生产服务业，大力培育新兴服务业，实现生产服务业集聚化、消费服务业规模化、公共服务业均等化，促进全县经济增长方式转变，优化产业结构，不断增强经济综合竞争力。

6. 因地制宜，大力发展区域特色优势产业

不同地区在地理环境、生态资源条件、基础产业等方面都有很大差异，这要求政府在进行扶贫工作的产业规划中不能搞"一刀切"，而是应该因地制宜。[①] 要头脑清楚，眼光明确，对自身具备的条件有深刻认识。无论是产业的趋同抑或产业的脱嵌都是产业选择的偏差，在扶贫攻坚的实践工作中会遇到很多问题。如山东省德州市曾经根据当地各县市区的综合实力和产业特点，将全市各地区划分为东、南、西、中四个扶贫片区，有目的性地选择发展光伏产业，以及药材种植、水产养殖、乡村旅游等扶贫产业。

培育特色优势产业，打造产业核心竞争力。贫困县的资源有限，必须优先发展具有比较优势和相对竞争优势的产业，依托资源和要素禀赋的差异，实现不同产业和产品优化布局，促进资源的综合开发和有效利用，增强竞争优势。

指导连片特困地区编制县级特色产业发展规划。加强规划项目进村到户机制建设，切实提高贫困户的参与度、受益度。积极培育贫困地区农民合作组织，提高贫困户在产业发展中的组织程度。鼓励企业从事农业产业

---

① 雷明：《路径选择——脱贫的关键 贵州省毕节地区可持续发展与可持续减贫调研报告》，载于《科学决策》2006年第7期。

化经营，发挥龙头企业带动作用，探索企业与贫困农户建立利益联结机制，促进贫困农户稳步增收。深入推进科技特派员农村科技创业行动，加快现代农业科技在贫困地区的推广应用，力争每个有条件的贫困农户掌握1~2项实用技术，至少参与1项养殖、种植、林下经济、花卉苗木培育、沙产业、设施农业等增收项目，并初步构建特色支柱产业体系。

7. 培育新型主体

近年来，贫困地区农业产业化水平一直在上升，但新型主体的培养仍然有很多不足的地方，使得特色产业带动农民脱贫增收的能力较弱。从扶贫资源的走向来看，由于精准到户到人的要求，很多地区直接将资源分解到各个贫困户，将扶贫资金平分给各贫困人民。这些做法忽略了农户间的合作机制，贫困户大多自我经营能力差，但产业发展需要规模以及集群效应，所以此类方式大多以失败告终。而从地方招商引资来看，很多贫困地区地方政府为发展县域经济急于推进产业化，过度强调龙头企业，忽略了农民合作社的培育。

新型经营主体是带动贫困户增加就业脱贫致富的主要力量，要最大化地发挥新型经营主体的带动作用，要加快培育壮大贫困地区种养大户、农民合作社以及龙头企业等，加大力度引导新型经营主体与贫困户建立稳定的带动关系，提高产业增值能力和吸纳贫困劳动力就业能力。新型经营主体要发挥带头作用，遵循市场规律，而且能不断壮大企业规模。同时，对于返乡创业者，要鼓励他们带头脱贫致富。积极引导鼓励返乡农民工、大学生等人员带领贫困人群通过开发农村特色产业资源，发展特色农业。[①]

8. 建立健全工贸园区，培育中小企业集群

通过推动关联企业和机构的空间集聚，加快产业集群的形成和演进，获得规模经济和范围经济，从而增强产业竞争力优势，促进可持续发展的能力和素质。工贸园区通过将一群独立自主但相互之间又有着特定关系的小企业聚集在一起，通过专业化分工和协作，利用集群中企业间存在的竞争与互补关系，形成一种互动行动关联。因此，它具有的群体竞争优势和

---

① 何志毅、赵向阳、闫智宏：《"但求遍野花齐放，不信青山不聚财"——贫困地区创业新范式》，载于《北大商业评论》2015年第10期。

集聚规模效应是其他产业空间组织难以相比的。

9. 构建区域创新体系，提高产业创新能力

大力推进产业的技术创新和制度创新，构建区域创新体系。加强顶层设计，建立有效地产业创新机制，通过有意识地引导和政策扶植，激发农民的创新意识和创新积极性，全面提升贫困县产业的技术创新能力。同时，以产业园区和产业集群为平台，培育龙头企业，发挥其带头创新示范作用，提高其他企业与龙头企业的技术合作和信息交流，从而提高产业的整体技术水平。

10. 实现产业扶贫到户

产业扶贫到户看似是一则很简单的事，但其实是一项系统繁杂的工程。如何解决产业扶贫到户的难题，是当前产业扶贫面临的巨大问题，一定要明确多个方法并施的思想，不仅要学会加强顶层设计，也要学会鼓励积极探索。具体做法可以分为以下五个方面。

（1）加强产业扶贫到户举措的顶层设计。产业扶贫到户是产业扶贫举措的艰巨任务，是实现扶贫攻坚的重要目标，是实现脱贫致富奔小康的基本载体。想要做到扎实推进产业扶贫进程，顶层设计是否合理，领导力量是否到位就显得非常重要。而对于产业扶贫到户，顶层设计最重要的就是要建立起相应的考核制度，针对当前扶贫攻坚管理体制"县抓落实"的要求，应该把此类工作纳入对县乡党委、政府"一把手"政绩考核的重要内容，从而制定出具体考核办法。当前各地区的考核体系都过于繁杂，应该加以改革。真正的考核标准需要做到能够监督产业扶贫是否真的做到精准入户，至于考核的内容、程序、主体以及结果应用等都应进一步明晰化。

（2）提升村屯基础工程质量。当前很多行政村的道路建设档次仍然较低，管理维护也不到位，而且通过率不高，建设低等级的道路，应全面启动村级道路等级化建设工程，从而实现道路全部"硬化"。除了极少数生活环境恶劣需要异地搬迁外，所有的农村道路都要实现路面硬化。借鉴以往经验，对村级公路的修建情况进行全面排查，根据全面覆盖的要求，统一规划、筹措经费、施工标准等。与此同时，基础设施建设部门要认真调查研究，制定实施农村道路的维护与管理办法，将合格的农村道路管理纳入正常管理范畴，提高基础设施管护水平。

（3）加强落实"一屯一企"产业扶贫到户工程。截至目前，各级扶贫开发部门扶持的龙头企业大力推动了各贫困地区的产业发展，但这其中也存在很多突出的问题，比如贫困村的覆盖仍然不完全，企业与贫困人口的利益联结机制不完善，有损贫困人口的利益，以及项目对贫困对象的覆盖不全面。对于这些突出的问题，有关部门急需对现有的模式进行改良。首先，要进行充分的实地调研，了解具体情况，搞好地级产业的规划发展。各地区要积极组织力量帮助贫困地区进行全面的调查研究，并制定合理的产业规划，而且所制定的项目规划一定要通过多方论证以确保项目的可行性。同时要借助媒体宣传资源，对外宣传产业发展规划，使得企业和社会资本能够入驻贫困地区，为产业开发奠定基础。其次，建立贫困地区产业帮扶政策，各地区要积极引进大中型企业，明确其扶贫济困的社会责任，除了出资帮助贫困地区完善基础设施、支持发展社会事业，还要全面开展产业帮扶。最后，政府要对企业帮扶贫困户发展产业实行优惠政策，对于在扶贫项目上表现积极的企业，在各级税务、工商部门的管理权限范围内，对此类企业进行各类税费减免等有优惠政策。

（4）积极发挥贫困地区人口的主体性作用。贫困人口主体作用的发挥对衡量扶贫机制与治理结构完善与否具有重要的标志作用。在扶贫工作中，不能简单地将贫困人口当作被救济的对象，而要将它们作为扶贫工作的主体，充分发挥他们的主体性作用。至于产业扶贫方面，可以根据实际情况成立专业合作社。而且政府要将产业扶贫到户工作纳入对口帮扶单位的业绩考核机制，同时政府干部也应将工作重点放在对农户产业发展的信息支持等，为农户提供强有力的人才智力和精神动力支持。

（5）开展贫困对象产业技能培训。政府应该在农业和扶贫产业项目紧密结合的基础上，为贫困地区的贫困户进行产业技能培训，确保在产业扶贫入户的过程中，扶贫对象即产业扶贫主体具有良好的人文素质基础，使产业扶贫的进展更具效率，效果更加显著。具体措施包括，教育部门落实农村义务教育基础设施建设，制订新型贫困户培训制度与培训计划，充分利用当地的教育资源，让农民接受再教育。对于教育的内容可以认真筛选，主要向职业技能以及产业素质方面倾斜，从而提高产业扶贫对象的自我发展能力。此外，在扶贫产业化项目中，需要加强对参与贫困户实施产业化管理，有效提高贫困户的产业化意识，消除小农意识，加速当地产业化扶贫建设进程。

三、产业扶贫融资担保工作问题及意见

同时，旌德县在当前的产业扶贫融资担保工作中还存在一些问题，总结如下。

（1）代偿处置消化压力巨大。目前担保公司已发生累计代偿 2163 万元，但代偿追偿及法律诉讼程序执行过程艰难，抵（质）押资产处置收益效果不明显，资本金的放大倍数效应功能受阻。

（2）部门之间协作机制尚未形成。城市建设等重大建设项目中因流动资金周转、支付农民工工资而申请担保贷款的业务，在工程款审核拨付环节，公司与相关职能部门缺乏有效的联动机制，无力控制资金流向及还款来源。

（3）抵押资产处置方法单一。企业发生代偿后，公司在处置抵押资产要求其他部门共同协调解决时，困难重重，无抓手，仅仅依靠法律诉讼程序来解决，但诉讼程序复杂，时间长，阻力大，费用高，维权困难，收效甚微。

（4）应收账款迁高。资本金挤占严重，公司运作困难，担保效应难以发挥。

（5）新增担保业务中个体（含个体工商户）客户所占比例过高。在税务部门组织的专项核查审计中，要求此类客户所占担保贷款比例不得超过30%，公司很难权衡利弊，造成该类性质担保困难。

（6）担保属性难以得到支撑。政策性融资担保公司属于准公共成品，不以营利为目的。但公司目前尚未建立代偿损失核销办法，没有相应的扣税项目，准备金的提取受到税法因素的影响，公司呈现盈利状态，变成县利税大户，不利于担保公司长远发展。

（7）担保队伍建设有待加强。公司法人治理改革虽已顺利完成，但内部管理机制尚未完全成熟，绩效奖惩制度有待完善，且从业人员学识、经验参差不齐，专业能力及水平急需加强，讲规矩、守红线的廉洁自律意识

还需进一步提高。

针对上述问题，有如下建议。

（1）进一步防范业务风险。根据"保存量、促增量"工作方案，下一步对目前在保客户进行"回头看"，了解企业整体资产和负债情况，收集所有在保客户的年底财务报表，要求企业出审计报告，通过查看报表数据合理分析 2016 年的生产经营情况。及时掌握企业的经营问题，有效地防范风险。

（2）进一步加强制度建设。规范操作行为，落实相关规章制度、内控管理和风险控制等工作，努力规避风险，确保担保业务健康合规运营。

（3）进一步做稳担保业务。全力推进"4321"的担保模式，加强与银行合作，努力拓展新业务，关注合作机遇，积极对接开展业务，对存量客户加大走访，核算总资产，风险可控的前提下打包授信。

（4）进一步做好资金回收。加强短期拆借业务管理，建立长效可运营的资本金管理机制，加快应收账款回收，从严控制拆借业务，做实做强担保主业。

（5）进一步夯实担保基础。完善担保公司法人治理体系建设，建立代偿损失核销和风险补偿相统一的管理办法，疏通担保公司与各部门的协作机制，畅通担保公司内部各环节运营模式，建立过桥资金和资产管理相配套的运行方式。

（6）进一步提升服务水平。创新学习方式，通过开展职业道德和专业素养等全方面培训，不断提高员工业务能力，提升服务水平，丰富企业文化，树立良好的公司形象。

第4节
总结与启示

一、总结

旌德县在探索产业扶贫路径的过程中，或多或少还面临一些困难，例如，资产转化率不高，体量较小的集体资产缺少"三变"承接主体，集体经济公司在招商方面存在短板，大部分涉农资金使用范围严格限制在具体项目中，资金整合难度较大等问题。但是，只要充分发扬抓问题、促创新的思路，保持政治定力和工作热情，这些困难在下一步改革中都能够加以解决。总结而言，旌德县在确保改革成效、探索产业扶贫方面的经验做法有如下四点。

（1）抓好试点村"三变"工作，发挥示范引领效应。旌德县通过加强对路西村等试点村工作的跟踪调度，严格按照省委批准的实施方案推进，抓住关键时间节点，及时解决试点工作中出现的问题，对试点过程中好的做法及时总结经验，并在全县大力推广。

（2）发挥县担保公司的作用，合理运用金融杠杆，实现花小钱办大事。设立政府风险资金50万元，通过1∶10的金融杠杆，撬动500万元金融资金，为发展生产的贫困户提供免抵押、免担保、政府全额贴息等5万元以下、两年以内的扶贫小额信贷，帮助贫困农户获取创业启动资金，实现了"造血式"扶贫。

（3）发挥县旅游公司的作用，引导更多市场主体承接"三变"。针对诸多产权归属村集体的景区景点，在没有合适的市场主体运营前，由县旅游公司兜底运营，实现公司有自营景点、景点有主体运营、集体有稳定收入、农民有增收渠道，真正在贯彻全域旅游战略中发展集体经济，在壮大集体经济过程中带动脱贫致富，把"绿水青山"变成"金山银山"。

（4）坚持三点原则、把住三个关口，确保"三变"取得实效。坚持符合中央和上级精神、符合经济发展规律、符合旌德实际的三点原则，做到改革创新中"不越位、不抢跑"，真正解放提高农村生产力。把住主体关、经营关、监督关，做到依法合规经营、符合市场规律、控制廉政风险，确保落实好"三变"改革各项任务，让"三变"改革成为完善农村经营体系新亮点、农民增收新渠道。

二、启 示

同旌德县一样，其他地区在进行扶贫开发时，也应当积极运用产业化扶贫的方式，发挥区域自身优势，整合有效资源，发展富民产业，使农民增收有保障，提升贫困县产业的可持续竞争力，从而在根本上摆脱贫困，缩小城乡差距，建立起区域的可持续性和协调性发展，最终实现共同富裕目标。通过对旌德县在产业扶贫上所取得成就以及未来扶贫工作总体目标的研究，对全国同类地区在今后的扶贫产业工作中有如下建议和启示。

（1）注重扶贫工作的总体规划，将产业扶贫与生态保护、文化旅游、健康养生结合起来，走农业现代化、新型工业化道路，大力发展旅游产业与现代服务业，从而构建起全面深入、区域协调发展的扶贫战略体系。

（2）因地制宜，积极开发有特色的产业资源并培育有特色的龙头企业，发挥产业集群效应和龙头企业先进示范作用，形成"人无我有，人有我优"的差异化竞争优势。

不同的地区致贫原因不相同，有的是因为生态脆弱，有的是资源匮乏，应该依据当地实际情况，具体问题具体分析，从而找到相对应的扶贫发展之路，实现区域经济全面繁荣与可持续发展。

第**5**章

旌德资源扶贫模式总结

第1节
旌德资源扶贫工作背景

　　中国的扶贫攻坚计划实施已久，扶贫工作也取得了巨大的成果，是最早实现联合国扶贫目标的国家。到目前为止，贫困人口边缘化仍然是扶贫工作中相当严重的问题，返贫问题与"顽固扶贫"现象越来越严重，而且在集"老少边穷山"于一体的民族贫困地区更为突出。① 政府在扶贫工作中投入多、力度大，但是在扶贫政策上却缺乏针对性。针对各地区不同的贫困根源，我们的政策创新性太少，政府供给盲目，使得许多扶贫资金漏出；而且当前政府的扶贫工作对贫困人口的政策调查太少，使得政策的实施效果不佳，大量的贫困人口被遗漏。因为各地区的贫困源头呈现出很强的地域性，政策的制定上却采用统一的模式，使得在政策实施上，不同地区无法进行有效地区分。对于我国大部分贫困地区来说，自身都具有非常丰富的生态资源，它们有别于西北环境贫困型地区，这些地区的扶贫工作可以依赖本地丰富的生态资源并结合自身产业扶贫政策解决贫困问题，实现地区脱贫致富的

---

　　① 邹波、刘学敏、王沁：《关注绿色贫困：贫困问题研究新视角》，载于《中国发展》2012年第4期。

目标，如果能够将资源扶贫作为主要基调，结合产业扶贫等其他形式，一定能取得理想的扶贫效果。①

在所有资源中，自然环境资源一直是未被充分挖掘的财富；在所有产业中，旅游业的开放性程度最高。② 旅游业的发展会产生强大的人流、物流、信息流和资金流，当地居民受这些因素的综合影响，其开放意识无论是主动地接受或是被动地接受，都会有很大程度的增强。旅游可以扩大对外开放，人的流动、信息的流动、知识的流动将带来资金的流动，资金流动中的增值效应将刺激商品经济的活跃，把商品经济的后方地区变为前沿，从而带动贫困地区外向型经济的发展，可见旅游资源对于地区脱离贫困有着重要的指导意义。

2012 年 12 月 29 日，习近平总书记在河北省阜平县考察扶贫开发工作时发表讲话："推进扶贫开发、推动经济社会发展要做到宜农则农、宜林则林、宜牧则牧、宜开发生态旅游则搞生态旅游，真正把自身比较优势发挥好。"③ 这段话一针见血地表达了贫困地区扶贫工作要扬长避短发挥自身优势的重要性。

中国作为世界上人口最多的国家，贫困问题始终是我们无法逃避的一个问题，旅游业是当今的朝阳产业，在消除贫困方面同其他产业相比具有明显的优势。旅游业兴起于"二战"后，历史不到百年，至今已成为最具发展潜力的产业，对国民经济的贡献甚至超过了汽车、钢铁、石油等行业。当今经济飞速发展，国内居民人均收入节节攀升，消费水平持续提高，旅游尤其是乡村旅游成为城镇居民消费的新热点。旅游业有着巨大的市场需求，贫困地区完全可以利用自身旅游资源优势在这一巨大市场中分得一杯羹，使旅游业形成区域支柱产业，实现该地居民和地方财政双脱贫、双致富。

旅游扶贫在中国具有较高的战略可行性，早在 2000 年，国家旅游局

---

① 佟玉权、龙花楼：《脆弱生态环境耦合下的贫困地区可持续发展研究》，载于《中国人口·资源与环境》2003 年第 2 期。

② 龙江智、段浩然：《旅游扶贫的优势、困境和策略》，载于《大连民族大学学报》2016 年第 4 期。

③ 习近平：《在河北省阜平县考察扶贫开发工作时的讲话》（2012 年 12 月 29 日、30 日）；《做焦裕禄式的县委书记》中央文献出版社 2015 年版，第 17 页。

就试办了全国第一个旅游扶贫试验区——六盘山旅游扶贫试验区。我国旅游扶贫更是取得了很大的进展，也提出了"旅游精准扶贫"的理念，使旅游扶贫的发展成果极大程度上惠及贫困地区人口。中国国家旅游局副局长孙钢在"2001年暨第一届博鳌亚洲旅游论坛"上发表演讲时曾说到，作为世界上后起的旅游目的地，中国通过发展旅游业而脱贫致富的人口已达600万人。① 可见，旅游业对于地区脱离贫困有着重要的指导意义。

旅游扶贫是党中央、国务院确定的新时期扶贫开发十项重点工作之一。2014年10月全国扶贫日活动期间，国务院扶贫办和国家旅游局商定，共同开展贫困村旅游扶贫试点工作，2015年将在全国选择500个左右建档立卡贫困村，开展旅游扶贫试点。乡村旅游有优结构、促增收、扩消费、增就业、可持续、综合效益好等诸多优点，拥有巨大的市场空间和强大的发展潜力。乡村旅游资源大多分布在民族地区、革命老区和贫困地区。实施乡村旅游扶贫，实现乡村旅游开发与扶贫开发有机结合、联动推进，有利于民族地区、革命老区、生态资源好的贫困地区依托旅游资源，通过开发式扶贫满足旅游者的休闲观光愿望与消费度假需求，实现贫困地区农民创收，提高乡村人口素质，有利于中国贫困地区推进扶贫开发和创新扶贫机制；是对贫困地区乡村环境保护与生态建设有利的重要措施，促进人与人、人与自然和谐相处，推进社会主义新农村建设和乡村生态文明建设；是传承与弘扬红色文化、历史文化、民族民间文化的必由之路，有效增强贫困地区群众的民族自信和志气，是推进旌德县文化大发展、大繁荣的有利抓手，有利于提高贫困农民广泛参与的积极性；大力开发各县份优良乡村旅游资源是推动旅游发展方式转变、建设旅游强县的重要途径。乡村旅游扶贫倍增计划，把乡村旅游扶贫当作贫困地区富民、益民、惠民的重要民生工程，使项目区农民收入增幅显著高于全县农民收入平均增幅，达成倍增目标。对于拓宽扶贫开发领域，调整农业农村经济结构，深入实行脱贫攻坚工程，形成分工合理、种类齐全、功能配套、特色鲜明、可持续发展的乡村旅游产品体系，推动旅游业及相关产业更好更快发展，对2020年

---

① 肖晓：《论西部地区旅游扶贫》，载于《软科学》2004年第6期。

与全国同步建成全面小康社会具有十分重要的意义。各级各部门要抓牢全国居民消费转型升级的机遇，提高知识水平，创新开发思路，切实促进乡村旅游扶贫倍增计划，取得成果。

　　旅游业还能够吸纳大量劳动力，在提高贫困地区的贫困人口就业率上有着重大作用。首先，旅游业属于劳动密集型产业，能够创造更多的就业岗位。国家旅游局对不同县市进行抽样调查，发现在旅游产业中农村劳动力所占比例为62.6%，旅游业新增就业人数中，农村劳动力占近70%。其次，旅游业的很多岗位，就业门槛相对较低，可以解决一些受教育程度不高的贫困人口（尤其是妇女）的就业问题。其次，据国家统计局提供的数据（如图5-1所示），2001~2015年我国居民旅游消费价格指数呈波浪上升趋势，这为旅游产业的发展提供了广阔而良好的市场前景。

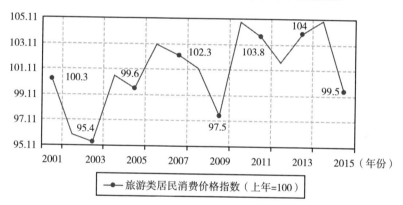

图5-1　我国居民旅游消费价格指数变动（2001~2015年）
资料来源：国家统计局网站（http://data.stats.gov.cn/）。

　　根据国家旅游局旅游人力资源处统计，旅游业主要行业从业人员学历构成中，高中以下人员所占比例分别为：星级宾馆80%，景区77.6%，旅游车船公司87.8%，旅行社37.2%。所转移的农村剩余劳动力，其中有60%以上是妇女。这在很大程度上解决了农村妇女难以离家打工和不能从农业转移出来的矛盾，并有效提高了农村妇女的经济地位和文化素质。

　　2013年9月7日，习近平总书记在哈萨克斯坦纳扎尔巴耶夫大学发表演讲并回答学生们提出的问题，在谈到环境保护问题时他指出："我们既要绿水青山，也要金山银山。宁要绿水青山，不要金山银山，而且绿水青山就是金山银山。"① 这段回答生动形象地表达了我们党和政府大力推进生态文明建设的鲜明态度和坚定决心，表达了我党和各族人民要按照尊重自然、顺应自然、保护自然的理念，立足我国社会主义初级阶段的基本国情和新的阶段性特征，以建设美丽中国为目标，以正确处理人与自然关系为核心，以解决生态环境领域突出问题为导向，保障国家生态安全，改善环境质量，提高资源利用效率，推动形成人与自然和谐发展的现代化建设新格局。贯彻节约资源和保护环境的基本国策，把生态文明建设融入经济建设、政治建设、文化建设、社会建设各方面和全过程，建设美丽中国，努力走向社会主义生态文明新时代。

在当今社会，生态文明建设不仅是大势所趋，更是地区经济健康平稳持续发展的必经之路。有人认为，对于贫困地区来说，想要发展经济就一定要走发达地区"先污染后治理"的老路，这样一来，就一定会牺牲生态环境以谋求经济的快速增长，待经济发展到一定程度后再进行环境改善与生态重建。这是一种错误的观点，通过牺牲生态环境来达到发展经济目的的说法都是错误的，是不符合时代发展要求的，更是违背自然规律的发展方式，一意孤行的后果就是无法挽回的惨痛代价。在我国，生态环境脆弱地区和贫困地区在地理分布上存在着程度相对较强的耦合性，大多数贫困地区不仅经济发展水平落后，而且生态环境脆弱，容易被破坏。② 这样一来，大多贫困地区常常要面对"发展经济还是保护生态"的巨大难题，所以想要解决贫困地区所面临的困难，并且能够利用自身生态优势加速地区经济发展，推进脱贫减贫工作的进程，就要将生态文明建设与反贫困凝练为生态保护发展与脱贫，那么生态文明的建设与反贫困的结合则可以归纳为生态保护发展与脱贫的统一。③

所以，充分利用旌德天然优势，打造具有旌德特色的旅游产业，有效利用当地生态旅游资源大力发展第三产业，实现资源脱贫，是践行可持续发展脱贫攻坚的重要举措。

---

① 《习近平：实施脱贫"五个一批"工程》，中国网（china.com.cn），2015 年 11 月。
② 王振颐：《生态资源富足区生态扶贫与农业产业化扶贫耦合研究》，载于《西北农林科技大学学报》（社会科学版）2012 年第 6 期。
③ 雷明：《路径选择 脱贫的关键》，载于《决策科学》2006 年第 7 期。

第 2 节

╴╴╴╴╴╶➤ 旌德资源扶贫工作成效

　　旌德结合多种资源产业，利用多种途径实现脱贫。

　　实施农业产业化脱贫，制定到户产业扶贫项目清单和补助标准，发放补贴资金 72 万元，117 名农技人员对口帮扶 292 名贫困劳动者，帮扶贫困户养殖禽畜 26600 余只（头）、经济作物 270 余亩。

　　实施就业脱贫，帮扶 351 名贫困人口到县内外转移就业，安排就近就业 310 人（公益性岗位安置 33 人），县财政拨付 68 万元通过政府购买服务的形式聘请 192 名贫困人口从事治安巡防员、卫生监督员，就业技能培训 25 人，帮扶自主创业 9 人。

　　实施教育脱贫，为建档立卡的 230 名贫困生建立档案，发放教育助学金 28.88 万元，"雨露计划"资助就读中高职的贫困学生 36 人。

　　实施政府兜底脱贫，对 1637 名无劳动能力、无资源、无稳定收入来源的"三无"贫困人口实施政府兜底脱贫，其中新增保障对象 94 人，提档 371 人。低保标准从 2016 年的 210 元/月提高到 260 元/月，散居"五保"标准从 2016 年的 203 元/月提高到 345 元/月，全面实现农村最低生活保障标准和扶贫标准"两线合一"。

　　实施健康脱贫工程，出台贫困人口综合医保实施方案，构建"两降四提＝起底"的保障体系，切实减轻因病致贫贫困户的治疗负担。对 1822 名因病致贫和因病返贫的贫困人口进行了全面调查摸底，完成了数据采集和系统录入。大病救助 340 人次，发放救助资金 27.09 万元。资助 3104 名贫困对象参加 2017 年新农合保险，资助参合资金每人 150 元，共 46.56 万元。

　　实施基础设施脱贫，年内完成贫困村较大自然村道路硬化 21.3 公里，建设农村安全饮水巩固提升工程 8 处，解决 82 名贫困人口安全饮水问题，实施贫困户危房改造 147 户。

　　开展金融扶贫，设立政府风险金 50 万元，通过 1∶10 的金融杠杆撬动 500 万元金融资金，为发展生产的贫困户提供免抵押、免担保，政府全额贴息等 5 万元以下、两年以内的扶贫小额信贷。

开展电商扶贫，依托 91 农购平台建设农村电商扶贫点帮扶贫困户在网上销售农特产品，解决贫困户销售渠道不畅、价格偏低的难题。

专栏链接 5-1 ---

91 农购七大板块助力旌德县域农村电商

旌德县首家农村电商平台——91 农购县域农村电商平台已正式上线，该平台由安徽同乐兄弟电子商务有限公司打造，包括农产品进城、工业品下乡、农资下乡、网上农技 110、全域旅游、休闲农业及线下分期建设的乡镇村 O2O 体验生活超市等板块。

（1）农产品进城：精心挑选全县农产品龙头企业、专业合作社、家庭农场、种养殖大户及普通老百姓所生产的优质农产品，进行加工包装上线销售，通过与大平台的合作与对接，让县域的优质农产品销往全国各地。

（2）工业品下乡：精选质优价廉的日用品，通过 91 农购电商平台实现线上购物，满 91 元城区免费配送，其他乡镇陆续开通，让留守在乡村的老人小孩足不出户就可以买到日用品。

（3）农资下乡：精选优质、高产的良种、化肥、农药等，通过平台线上销售，物流快递配送至全县的田间地头，让农村百姓足不出户就可以买到放心农资。

（4）网上农技 110：平台在县委县政府、县农委等部门的大力支持下，与县农委农技 110 合作，让农技 110 专家"触网"，实施网上实时问诊。

（5）全域旅游：发展全域旅游，打造国际慢城。平台上线的全域旅游模板更全面、更快速地将县域优秀景点、宾馆住宿、餐饮消费等信息向全国人民展现，消费者可以直接在平台购买景区门票、订购宾馆酒店、咨询旅游线路等。

（6）休闲农业：利用县域农业景观资源和农业生产条件，发展观光、休闲、旅游。平台与其他涉农涉旅企业深度开发农业资源潜力，大力发展众筹认筹模式，调整农业结构，改善农业环境，增加农民收入。在综合性的休闲农业区，游客不仅可观光、采果、体验农作、了解农民生活、享受乡土情趣，而且可住宿、度假、游乐。

（7）线下O2O体验生活超市：线下体验超市购物可享受支付宝、微信扫码、微信支付等诸多快捷支付方式；打破了传统现金购买的支付方式，为消费者提供方便。线下超市更具有与线上平台同步、同时、同价更新的时效性，大大改善了以往因物资短缺而带来的困扰。

在旅游扶贫产业发展过程中，旌德县依据自身特有资源的实际情况，合理规划。为深入贯彻落实全县农村集体资产确权到户和股份合作制改革暨"三变"工作会议精神，旌德县旅游公司立即到玉屏村、龙川村等一批美丽乡村开展实地考察，就如何将美丽乡村建设成果转换成旅游产品、全域旅游助推村级集体经济发展与相关镇、村主要负责人和群众进行了广泛征求意见，目的是通过县旅游公司运营美丽乡村旅游产品这种形式，积极探索通过景区市场化运营来带动集体增收、农民致富。

第3节
┈┈┈┈▶ 旌德资源扶贫工作的经验建议

一、路西村盘活闲散资源带动村民增收

路西村是省委农村工作领导小组批准的全省13个"三变"改革试点村之一，自2016年6月试点成立以来，路西村开展了一系列工作，抓股改、促"三变"、夯实产权基础，有效盘活了村集体的闲散资源，发展了村级集体经济，带动了村民增收致富。在一年多的试点工作中，路西村实现资源变效益、农民变老板的主要做法如下。

1. 向资源要效益，实现资源变资产

一是摸清家底，分别设计运营计划。在清产核资时，路西村将集体资产按照经营性资产、资源性资产、可供发包的资源性资产和公益性资产四个类别分门别类地进行了清理登记，对其中经营性资产和可供发包的资源性资产分别制订了不同的营运计划。

二是发包租赁，获得稳定收益。路西村对村集体拥有的近千亩茶园，

通过公开发包，由泾县佘长友承包经营，年承包费 3.1 万元。此外，路西村还将集体拥有的"古风微韵廊桥"对外发包，预计每年将增加经营性收入 2 万元。

三是委托经营，发展全域旅游。路西村通过下好"集体经济、美丽乡村、全域旅游"一盘棋，把美丽乡村建设成果、良好的自然生态环境变成旅游景点，为集体经济提供持续稳定的收入来源，反哺美丽乡村建设，实现可持续发展。2015 年创成了 3A 级景区后，路西村将徽水河古河埂、滨河公园、文化活动广场等价值 312.5 万元的资产进行打包，委托南京康富源公司进行经营，发展乡村旅游，每年增加集体经营性收入 10 万元，真正把"绿水青山"变成了"金山银山"。

2. 向改革要回报，实现资金变股金

一是将财政投入纳入集体经济公司总资产。经过核算，2012 年以来各级财政投入路西村用于美丽乡村建设、农田水利基础设施建设等项目资金累计达 534 万元。集体资产确权到户和股份合作制改革后，这些项目资金投入形成的资产被纳入集体经济公司总资产中，明确为公司股本。

二是将县级扶持基金投资入股子公司。2016 年 8 月，路西村"空中茶园餐厅项目"顺利通过评审，申请到县扶持村级集体经济发展项目基金 30 万元，投资到本地致富能人穆曙明控股运营的子公司，每年实现保底收入 3 万元。

三是做好新增项目的衔接。2015 年，路西村争取到"2015 年度现代农业生产发展茶产业项目"资金 190 万元用于茶园基础设施建设。在推进"三变"改革试点中，项目完成全部投资后形成的固定资产作为村集体经济公司的新增资产，不仅扩大了母公司资本，也完善了空中茶园景区的基础设施，助推了全域旅游发展。

3. 向政策要红利，实现农民变股民

一是改革后，所有农民均成为集体经济公司股东。在集体资产确权到户和股份合作制改革完成后，全村 463 户农民均成为路西村三桥农业发展有限公司股东，拿到了股权证，实现了农民向股东的转变。

二是开展了农民土地入股，增加了群众财产性收入。开展了农民以土地入股明辉水稻种植专业合作社经营模式。截至 2016 年底，明辉水稻种植专业合作社已在本村蒋家、陈家两个村民组发展农民 261 户、水田 609 亩入股经营，入股经营的群众按每亩作为一股，享受 400 元的保底收益和正常年份不低于 150 元/亩的经营收益。

三是激发村民内生动力，变农民为老板。路西村通过"公司＋协会/合作社＋农户"，带动村民发展 36 户农家乐、11 户农家客栈（70 个床位），以加盟经营的方式增收致富，县财政对达到改造标准的"农家乐""民宿客栈"予以奖补。这些民宿和农家乐均由康富源公司统一管理、统一派单，增加了路西村群众的经营性收入和财产性收入。这些群众通过改革成为股民，又通过勤劳创业成为"老板"。

4. 向试点要经验，变"盆景"为"风景"

路西村只是一个缩影，旌德县将"三变"改革作为发展壮大集体经济、增加农民财产性收入、促进农户脱贫致富的重要举措。在整县推进集体资产确权到户和股份合作制改革过程中，还涌现出一批村（居）通过"发包租赁、简单自营、投资参股、委托经营（全域旅游）"四条路径，在改革中实现"三变"，在"三变"中深化改革。

一是资源变资产方面。大力发展委托运营（全域旅游），除路西村外，旌德县通过实施"创 A 行动"，全县景区景点总数达到 210 处，其中大多数产权主体是村集体，如玉屏的美丽乡村、高甲的香榧生态园、庙首的老街、乔亭的堃湖等，都在努力通过市场化运营实现"三变"，为集体经济带来稳定收入。盘活资源，通过发包租赁获得收益，如白地镇高甲村将 400 亩集体林场发包给客商种植香榧，为集体经济带来持续收入；版书镇江坑村将废弃的老村部、大会堂等维修后对外租赁，每年实现集体经济收入 3 万元。

二是资金变股金方面。县财政设立了 1000 万元村级集体经济发展基金，为符合条件的集体经济项目提供"源头活水"，目前已经累计投放 360 万元（基金申请流程如图 5－2 所示）。通过鼓励母公司以扶持基金和上级投入的财政资金等用于简单自营或投资参股，实现"资金变股金"。如兴隆镇三峰村申报了 30 万元扶持基金，入股返乡创业大学生刘小俊的油桃园，由刘小俊负责经营；三溪镇三溪社区，以上级财政扶持购买的垃圾桶等环卫设施折价入股当地能人控股经营的物业公司；三溪镇双河村等 6 个贫困村，利用扶贫专项资金，建设光伏电站，开展简单自营，年均收入 10

万元以上。

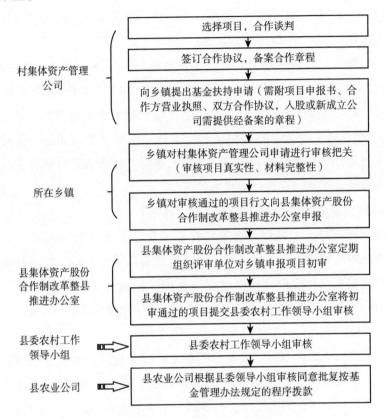

图 5 – 2　旌德县扶持村级集体经济发展基金申请流程

资料来源：根据《旌德县农村集体资产确权到户和股份合作制改革工作手册》整理。

三是农民变股民方面。全县 68 个村（居）已经全部完成清产核资、成员界定、折股量化并注册成立了集体经济公司，为 35502 户农民发放了股权证，实现了"农民变股民"。与此同时，积极引导农民以承包地、自留山经营权入股企业。如蔡家桥镇凡村，将 110 余亩集体山场发包给合作社种植香榧，当地 5 户贫困户以自有的 20 余亩林权入股，使自己成为村集体母公司和合作社的双重股民。

二、资源扶贫工作建议

通过对旌德县资源扶贫开发模式的总结，得出以下一些经验建议。

1. 加强旅游服务设施建设，完善交通基础设施建设

乡村旅游对建设社会主义新农村，维护社会稳定意义重大。[①] 加强完善交通网络与基础设施方面的投资建设，为特色乡村点的发展创造条件，包括景区导览图、标示图形符号、旅游咨询服务中心等公共设施，游步道、安全防护等基础设施，以及吃、住、购、娱等旅游设施。编织山地旅游全域交通网，致力于高速公路等快速路网建设，整合资金，实施"水泥路硬化惠民"工程，进一步优化山地旅游环境。加强大中型干线机场建设和改造，新建一批对改善边远地区交通条件、促进旅游等资源开发以及应急保障具有重要作用的支线机场。增加航空网络密度，促进支线航空发展，开辟一批国内国际航线。鼓励发展通用航空。加强空管和安全设施建设。

2. 因地制宜，开拓乡村旅游扶贫市场

通过乡村旅游农旅产业项目，切实把资源优势转变为产业优势和发展优势，致力打造优美环境，发动农民群众做好房前屋后的绿化、美化，建设生态良好、有乡土气息的旅游新村，增强对外界的吸引力。开拓乡村旅游扶贫市场。充分发挥政府职能部门在乡村旅游宣传促销中的主导作用和旅游企业特别是旅行社的促销主体作用，支持旅行社的长期促销计划。项目带动，坚持以旅游项目建设为载体，按照"大旅游、大市场、大发展"的总体要求，加快旅游扶贫项目落地建设。坚持以城镇化带动，实施县城民族文化传承的"穿衣戴帽"外观改造提升工程。

3. 加强乡村旅游扶贫资源保护和环境建设

加强对乡村自然生态和人文环境的保护，古村寨民居要有选择地保留、有重点地保护、有计划地修缮。重点文物古迹等应维持原貌，坚决制止破坏历史风貌的拆建。激发居民对本民族文化的认同感和自豪感，形成民族传统文化保护的内在动力和长效机制。乡村旅游扶贫开发必须以不破坏环境、不浪费资源、不搞低水平重复建设为前提，严格执行环境影响评价制度，明确各项环境保护措施，把旅游活动控制在资源环境的承载能力范围内。加强对乡村旅游项目区农民建房的引导和管理，公路沿线、旅游村寨民居要体现当地特色，结合农村沼气、改水、改灶、改厕、人畜饮

---

① 雷明：《加强贫困地区和谐新农村建设之我见》，载于《今日中国论坛》2007 年第 6 期。

水、农村危房改造、村庄整治等支农工程，推进旅游节能节水减排工作，进一步改善旅游扶贫村寨的环境。开展乡村旅游扶贫村寨等级评定工作。

4. 与时俱进，利用新科技，发展新模式

充分利用"互联网＋"，实施"智慧旅游"计划，确保无线网络全覆盖；大力发展农村电子商务，积极探索"大数据＋现代山地特色高效农业＋文化旅游业"融合发展的农村电子商务发展路子，通过电商把传统村落、旅游景点、农特产品、旅游商品在线上宣传销售出去，为山地乡村旅游扶贫插上腾飞的翅膀。一方面，鼓励和支持实施"公司＋农户""公司＋协会"等模式，整合分散乡村旅游点，提高乡村旅游组织化程度，形成规模化、集约化经营。另一方面，引导县内外各类企业、社会团体和个体工商户，采取多种方式，参与乡村旅游开发和基础设施建设，促进了农民旅游协会等乡村旅游中介组织的建立和发展。

5. 加强文化旅游的创新和推进

加快推进民族民间工艺品产业化和品牌化发展，加大地理标志品牌培育力度，积极发展民族民间工艺品，打造一批旅游工艺品生产基地和旅游商品市场，积极推进旅游工艺品专业村镇建设。农旅一体、城景一体、文旅一体、产旅一体的融合式发展路子有力推动脱贫攻坚。文化旅游扶贫保护当地自然和文化遗产，在此基础上发展旅游，增加当地民众收入，脱离贫困，同时推动包括少数民族的社区可持续发展。

6. 拓宽乡村旅游扶贫开发融资渠道

鼓励县内外各类企业、社会团体和个体工商户，采取独资、合资、合作、承包、租赁、托管等方式，参与乡村旅游扶贫开发和项目区基础设施建设。拓展与对口帮扶城市的产业对接范围，积极引导对口帮扶资金发展乡村旅游。鼓励国家开发银行、农业银行、农业发展银行、农村信用联社等金融机构加大对乡村旅游扶贫项目的信贷投入。引导民间资本以购买、租赁、承包、联营、股份合作等多种形式参与乡村旅游扶贫开发。鼓励农户和回乡创业农民工以房屋、宅基地、土地承包使用权、资金、技术等投入乡村旅游扶贫开发，同等条件下优先给予支持。

7. 大力调整优化生态农业产业结构，加快转变生态农业发展方式

坚持区域生态农业特色化、差异化的发展理念，加快构建以重点生态功能区为核心、以基本农田和耕地林地为基础、以农旅结合绿色生态立体农业为支撑、以主要生态农产品产业带和特色优势绿色农产品生产基地为重要组成部分的生态农业发展格局。围绕产出高效、产品安全、资源节约、环境友好的现代农业发展理念，坚持以市场为导向，以山地特色高效农业为重点，大力推动特色产业规模化、标准化、专业化、集约化发展，加快转变农业发展方式，开辟农业结构调整新途径，拓宽农民增收致富新渠道，努力实现农业强、百姓富、生态美。

要严格执行耕地保护制度，深入实施高标准农田建设规划，改造中低产田，提高粮食产能。加快农业结构调整，大力发展现代高效农业示范园区和特色种植、养殖基地建设，提升农产品附加值，加强农产品标准化、信息化和科技服务体系及重大支撑性平台建设，支持龙头企业等新型农业经营主体创建，打造一批区域名优特农产品品牌，加快建立高产、优质、生态、安全的现代山地特色高效农业产业体系。

充分发挥现代农业园区示范带动作用，大力推进农业"接二连三"融合发展，推动农业发展从数量增长为主转向数量、质量、效益并重，走资源节约、绿色生态的现代农业发展道路；延长农业产业链、扩展农业功能，加强利益联结机制，大力扶持农产品加工企业，推进发展农产品加工、贮藏、保险、分级、包装、运销等，推动农产品加工业转型升级；着重抓好规模种养殖农产品的精深加工，培育一批县级农产品加工试点示范企业；因地制宜发展乡村旅游和休闲农业，以城市郊区、农业园区、旅游景区及交通干道沿线为重点，建设一批具有民族特色的旅游村寨，发展休闲观光体验农业。通过完善订单协作、推广股份合作，推动产销联动等模式，使新型农业经营主体之间与普通农户之间形成风险共担、互惠共赢的利益共同体。

专栏链接 5-2

深山里的财富——旌德县黄山云乐灵芝、鹊岭白茶成为知名产品

1. 中国灵芝之乡的深山有机灵芝

黄山云乐灵芝有限公司始创于1988年，位于中国灵芝之乡——安徽省

旌德县，是高新技术企业。20 多年来公司一直专注灵芝产业，在菌种复壮、有机培植、有机加工等技术领域居于行业领先水平，拥有灵芝中药产品配方、灵芝培植、灵芝加工等 6 项国家发明专利，持续通过 ISO9001 国际质量管理体系认证、有机认证，是《灵芝孢子粉采收及加工技术规范》国家标准的制定参与单位，主持制定 2 项安徽省地方标准《灵芝栽培技术规程》和《灵芝子实体及灵芝孢子粉采收加工技术规范》，参与国家科技部重大项目"沪农一号"灵芝菌种的全国推广，生产的"野生灵芝破壁孢子粉""高纯净破壁孢子粉""富硒灵芝孢子纯粉片""灵芝孢子油"等先后获得"安徽省高新技术产品"认定，荣获中国食品安全年会"食品安全示范单位"，被授予"农业/林业产业化省级龙头企业"，黄山云乐牌先后获得安徽名牌、安徽省著名商标。

今天的黄山云乐，通过 20 多年的专业积累，建立了标准化的灵芝菌种厂、实验示范基地、有机培植基地、有机加工生产线，从源头到成品，始终坚持产业链有机灵芝的发展之路，已先后与中科院南京土壤所、中科院微生物所、上海农科院、香港生物科技研究院等国内顶尖权威科研院所以及同仁堂、胡庆余堂、童涵春、雷允上、许氏洋参、欧莱雅等中华老字号、国内外知名品牌对接合作。

黄山云乐灵芝的发展历程受到央视媒体的密切关注。2011 年 CCTV－7《每日农经》栏目、2013 年 CCTV－4《走遍中国》栏目均赴黄山云乐公司拍摄专题片。

2. 白茶产业基地带动茶叶种植户

安徽省旌德县白地白茶有限公司成立于 2011 年 3 月 23 日，地处旌德县白地镇汪村村，205 国道旁，交通便捷，环境优美，属旌德县招商引资企业。在旌德政府和有关部门的指导和帮助下，在公司所有员工的通力合作下，目前，已建成占地 1500 平方米、固定资产 400 万元、总资产达 500万元的农业产业化龙头企业，拥有国内较为先进的年产 60 吨白茶精加工生产流水线一条。公司现有员工 9 人，技术人员 3 人，季节性工人 60 人，带动茶叶种植户 50 余户，建立了绿色白茶标准化种植基地 2000 亩，生产的"鹊岭白"牌白茶，除在安徽本省各县市销售外，还销往上海、江苏、天津等省市。白地白茶有限公司采取"公司＋基地＋农户"的产业化模式和

"统一提供种苗、统一供应生产资料、统一生产技术规程、统一技术培训、统一收购加工包装和销售"的"五统一"管理服务模式，加强白茶基地种植农户的生产管理，认真落实绿色食品生产管理有关规定和措施，确保产品达到绿色食品标准要求。

白茶是我国茶类中的特殊珍品，属绿茶中的"白种茶"，是茶树中的特异品种。"鹊岭白"白茶未受任何农药、化肥污染，产品符合绿色食品茶叶 A 级标准。白茶种植基地地处皖南山区的旌德县白地镇海拔达 1100 米的羊山山坡上，属黄山东部山脉，长年云雾缭绕，昼夜温差大，山泉水特别甘甜，气候环境极佳。独特的气候环境，孕育出高品质的白茶。白茶产地远离各种工矿污染源 5 公里以上，也远离公路主干线，具备十分优越的绿色食品茶叶生产的生态环境条件。

8. 积极完善生态补偿机制

在生态资源脱贫工作过程中，旌德县积极完善当地生态补偿机制，将其作为生态扶贫工作的重要支撑。实施生态减贫战略，转变生态补偿思路，实现从"输血型"补偿向"造血型"补偿转变，实现生态补偿与产业发展相结合，建立健全生态补偿、赔付和监督机制，实行"谁污染、谁治理"和"谁受益、谁补偿"，确保生态保护区群众不因保护生态而降低生活质量。着力推进"三位一体"综合治理，在加强生态文明建设上做示范，把生态文明理念、原则、目标深刻融入和全面贯穿于改革发展的各方面及全过程，切实加强生态建设和环境保护。在此过程中，旌德县要加快实施水利建设生态规划，积极推进水库建设，建设一批中小型水库和引提水工程项目。深入推进小水窖、小水池、小塘坝、小泵站、小水渠建设，大力实施综合治理工程，形成水利工程与生态建设良性互动。推进退耕还林（草）、天然林资源保护和森林抚育、自然保护区建设、湿地保护与恢复、草地开发利用等工程，加强森林管护，提高河流、湖泊以及森林等生态系统涵养水源、调节局部气候的功能，推进绿色发展、循环发展、低碳发展，努力走出一条破解资源环境制约难题的新路子。

9. 积极实施大生态产业工程

加强绿色技术研发和推广，大力发展先进制造业、绿色建筑业、生态农业、环保型产业和现代服务业，推动形成以低消耗、低污染、经济效益高、生态效益高、社会效益高为主要特征的绿色产业体系。按照"生态产业化、产业生态化"的发展理念，因地制宜发展生态种养业，不断加快生态农业示范园区、生态观光园建设。坚持用循环经济的理念引领生态工业发展，以园区产业聚集为依托，科学谋划循环产业链条，建立推行企业绿色低碳发展模式，实现良性循环，既减少废弃物排放，又增加经济效益。立足得天独厚的生态资源优势，重点发展以生态休闲、乡村民俗体验为主体的乡村旅游，促进生态旅游业提档升级。加快发展以节能环保为主的新型建筑建材业，推广绿色建筑和建材。推进建筑废弃物及生活垃圾、餐厨垃圾资源化利用，加快建立覆盖城镇社区和农村乡镇的再生资源回收体系，实现废弃物的高值化、资源化利用。

10. 关注贫困人口的切身利益，解决资金困境

旅游扶贫的终极目标就是为了使贫困人口实现脱贫致富，所以无论何时旅游扶贫工作的关注重点都应该放在贫困人口的切身利益上。贫困人口具有先天性劣势，需要政府加强扶持工作的力度，在旅游扶贫初期，政府需要在政策和资金方面及时保障贫困人口参与旅游扶贫的发展，同时政府还要积极探索合理的利益分配方式，关注贫富极端分化的问题。待到旅游扶贫项目发展成熟，贫困人口的参与能力逐渐加强，政府可以放松自身的管控，以市场为主导保证效率。贫困人口的识别问题是精准扶贫项目的首要任务，而对于旅游扶贫来说，目标人群就应该是既有劳动能力又有参与项目意愿的贫困人群。

而且对于大部分贫困地区来说，资金问题一直是困扰贫困地区发展的重要"瓶颈"，各地区政府应该积极拓宽筹资融资渠道，除了国家对政府的财政拨款，各地区政府更应该积极走出去，从外界吸取更多投资。而且政府还可以采取股份制形式从本地居民中筹资，积少成多，或加大公共设施领域的投资，优化本地投资环境，让旅游扶贫成为招商引资的磁场，起到为社会资本导航的作用。

11. 积极引进培养人才，注重可持续发展

贫困地区的人才问题因为恶性循环的发展显得尤为严重，没有人力资源的贫困地区的发展就没有任何动力可言，人才困境也难以回避。政府需要从旅游扶贫发展时间较长、效益较好的地区引入人才资源对本地旅游扶贫发展的实践进行指导。对于本地区而言，需要选择文化素质相对较高的人员赴外地进行学习，将外地成熟的理念、经验带回本地组织培训，打造高素质的本土人才。同时可与一些高等院校、科研院所等进行合作，积极展开人才交流，建立实践基地，这样既能解决贫困地区的人才缺乏问题，又能为社会科学研究提供丰富的素材。

对于具备丰富旅游资源的地区，与众不同的民族文化也是其必不可少的旅游资源，同样是形成旅游吸引力的关键所在。在发展旅游产业的过程中，需要时刻警惕民族文化被同化的现象。民族文化的独立性对于文化魅力的展现以及特色民族文化的传承意义深远，所以政府应当注重文化独立性的保护。例如，可以建立民族民俗文化博物馆，利用旅游产业的收入设立保护民族文化的专项资金，使得当地稀有的民族文化得到传承保护，还可以深入挖掘一些民族活动、节日等，将之开发为特色旅游产品，使其焕发新的生机活力。

生态环境是旅游扶贫发展的基础，如果生态环境恶化，对游客也就没了吸引力。政府应当对生态环境保护制度进行不断完善，加强执法监督检查。同时还要积极引导、鼓励当地居民的环境保护意识，使当地居民树立良好的环境道德。在生态环境开发的过程中，尽量减少人类活动对当地生态环境的破坏，加强当地旅游区的环境管理，如垃圾及时处理，合理评估旅游环境容量，减轻当前经济发展对生态环境造成的压力。

12. 深入贯彻落实五大发展理念，积极建设美丽新农村

旌德县地区资源丰富，在积极进行资源扶贫工程的同时，政府需要深入贯彻落实省委、省政府关于美丽乡村建设的决策部署，不断提升当地社会主义新农村建设水平，为社会主义美丽乡村的建设做好基础工作。

政府部门需要全面贯彻落实党的十八大和十八届三中、四中、五中全会精神以及习近平总书记系列重要讲话精神，贯彻落实五大发展理念，按照社会主义新农村建设的总体要求和省委、省政府的决策部署，依据全县"十三五"总体规划，坚持城乡统筹、共建共享，坚持整县推进、全面覆盖，加快"以点到面"的战略转换，全面建设富有山区特色的美丽乡村，为打造"健康旌德"增光添彩。实施美丽乡村建设两步走：第一步，整县推进美丽乡村建设（2016~2018年）；第二步，巩固提高美丽乡村建设

(2019~2020年)。贯穿全面改善农村人居环境，统筹推进农村产业发展、社会管理和精神文明建设，在全县农村提前1~2年全面建成小康社会。具体目标：三个全覆盖，即实施整县推进美丽乡村建设三年行动计划，实现美丽乡镇建设、中心村建设和自然村环境整治三个全覆盖——2016年实现美丽乡镇建设全覆盖，2017年实现中心村建设全覆盖，2018年实现全县自然村环境整治全覆盖。六项工程，即实施美丽乡镇建设、中心村建设、农村清洁和自然村环境整治、"三线四边"环境治理提升、文明村镇创建、兴业富民工程。

13. 坚持资源发展规划原则，实现特色区域转变

旌德县要坚持发展的基本原则。一是坚持政府主导，农民主体。发挥政府的主导作用，在资金政策等方面向美丽乡村建设倾斜；始终把维护农民切身利益放在首位，尊重农民群众的意愿，把群众认同、群众参与、群众满意作为根本要求，依靠群众的智慧和力量建设美好家园。二是坚持城乡一体，统筹发展。建立以城带乡、城乡互促共进的长效机制，统筹推进新型城镇化和美丽乡村建设，着力构建城乡经济社会发展一体化新格局。①三是坚持规划引领，彰显特色。强化规划的引领和指导作用，科学编制美丽乡村建设规划，切实做到不规划不设计、不设计不建设。规划建设要适应农民生产生活方式，突出乡村特色，保持田园风貌，体现地域文化风格，注重文化传承。四是坚持因地制宜，分类指导。针对各地发展基础、人口规模、地形地貌、资源禀赋、生态环境、民俗文化等方面的差异，切实加强分类指导，注重因地制宜、因村施策，把农村生态建设作为生态立县的重点，坚持以旧村改造和环境整治为主，防止大拆大建，防止中心村建设占用基本农田。五是坚持建管并重，经营提升。在推进各项建设的同时，着力构建长效管护机制，着力推进"全域旅游+集体经济、美丽乡村"建设新模式，积极探索产村融合发展新路径，实现建设美丽乡村向经营美丽乡村的转变，实现美丽乡村可持续。

按照省委、省政府的总体部署，顺应新型城镇化和城乡一体化发展趋势，用2年左右时间，着力开展乡镇政府驻地建成区整治建设，同步推进

---

① 傅帅雄：《新型城镇化的经验与思路》，载于《决策与信息》2014年第29期。

乡镇政府驻地所在行政村中心村建设，聚焦水电路，整治脏乱差，切实解决乡镇政府驻地基础设施落后、环境脏乱差等问题，组织开展主题创建，充分发挥集镇的辐射带动和示范引领作用。2016年建设6个省级美丽乡镇，3个县级美丽乡镇，2017年建设3个省级美丽乡镇。在此基础上，努力建成1~2个环境优美、人口聚集、功能完善、特色鲜明、管理有序、文明和谐，在省内外有影响力、知名度的特色小镇。按照省里统一部署，结合本县实际，在已建13个省级中心村的基础上，分级打造，层层深化，全面提升中心村建设水平。2016年建设10个省级中心村，13个县级中心村；2017年建设15个省级中心村，实现中心村建设全覆盖，其中60%中心村达到省级中心村建设要求。严格按照省级标准建设省级中心村，打造美丽乡村"标准版"；比照景区建设标准重点建设旅游精品村，全力打造美丽乡村"升级版"，打造1~2个环境优美、特色鲜明、乡土浓郁、设施完善的美丽乡村旅游精品村；参照省级建设标准开展县级中心村自主创建，打造美丽乡村"基本版"，致力于改善村民生产生活条件。到2020年，全县建成省级中心村50个，占全县63个村（社区）的80%。

14. 积极实施环境整治工程

旌德县要持续推进农村清洁工程，健全农村生活垃圾处理机制，保障农村清洁工程经费投入，巩固发展农村生活垃圾处理市场化，全面推行农村垃圾源头分类减量，巩固全县农村卫生保洁全覆盖成果，提升保洁常态化水平，促进村庄环境不断改善。按照"两无两化"（即无乱搭乱建、无乱堆乱放，洁化、美化）标准，重点围绕黄山东线美丽乡村精品旅游线路上的自然村，优先开展拆破改旧及清理乱堆乱放、乱搭乱建。选择基础条件较好的乡镇开展整镇推进自然村整治试点，2016~2018年分别完成10个、50个、63个自然村环境整治任务，2018年底完成全县自然村环境整治任务。继续开展垃圾污水治理、建筑治理、广告标牌治理、矿山生态环境治理、集镇秩序治理、绿化改造提升、边界提升等"五治理、两提升"，到2016年底基本完成"三线四边"环境治理任务，实现公路沿线绿化覆盖，风景优美，河道两岸无可视脏乱差现象，城市周边、景区周边无脏乱差现象，边界周边在硬件上实现无缝对接，在绿化覆盖上力争好于相邻县。从2016年开始，着重建立健全长效工作机制，实现管理新常态，全面提升城乡发展环境和人居环境。

15. 深入挖掘贫困人口潜力，加快资源扶贫进程

旌德县在大力培育和践行社会主义核心价值观的同时，应该广泛开展文明户、文明村、文明乡镇、文明集市、十星清洁户等创评活动。坚持县直单位结对帮扶美丽乡村建设制度，经常化开展文化、科技、卫生"三下乡"活动。发挥村民议事会（道德评议会、禁赌禁毒会、红白理事会）作用，推动农村移风易俗。弘扬优秀传统文化，传承具有特色的传统农耕文化、民俗文化。完善村民自治制度，制定完善乡规民约。积极探索产村融合的有效路径，组织实施绿色增效、品牌建设、科技推广、主体培育、改革创新"五大示范行动"，加快发展农业特色产业，大力发展现代生态农业产业化；围绕全域旅游，结合美丽乡村休闲养生旅游开发，发展休闲农业和乡村旅游；加快培育农村电商、农产品定制等"互联网＋"新兴业态，推动农村各类产业融合发展；完善农民自主创业政策，扶持农民就业创业，鼓励农民回乡创业，参与到美丽乡村建设中来；将美丽乡村建设与扶贫开发工作统筹考虑，有机衔接，加强贫困村基础设施建设和产业发展，实施精准扶贫，确保脱贫攻坚任务如期完成；贯彻省委、省政府《关于开展农村集体资产股份合作制改革试点工作的指导意见》，优化发展农村集体经济的扶持政策，积极推进农村集体资产股份合作制改革整县推进工作，2016 年，68 个村居均成立股份经济合作组织，将美丽乡村建成项目纳入集体资产进行改革经营，盘活集体资产、算活农村资源，为美丽乡村建设提供持久动力。

第 4 节
总结与启示

一、总结

作为一个劳动密集型的综合产业，旅游业的关联带动作用很强，其先天就具有脱贫致富的功能。充分利用丰富的乡村旅游资源，通过旅游扶贫，拓宽农民增收渠道，是贫困地区加快建设旅游经济大县，建设社会主义新农村的必然途径。

在旅游扶贫工作中，应注重民族文化的传承和生态环境的保护，保存文化资源和生态资源的同时推进旅游扶贫的发展。旅游产业和扶贫工作的结合，在发展地区经济的过程中使自身的资源优势充分发挥，促进当地经济快速增长，为脱贫减贫工作找到新契机。也是大力开发贫困地区丰富的乡村旅游资源，增大休闲、体验、度假等旅游业态在各县旅游业中的比重，是推动旅游发展方式转变、建设旅游强县的重要途径。

贫困地区应坚持"以旅游促进贫困地区脱贫致富"的发展思路，在旅游开发中，选择一批旅游资源丰富、市场前景好、交通相对便利的贫困地区，优先发展旅游业，把旅游产业发展放在重要地位。

党的十八大报告指出，建设生态文明是关系人民福祉、关乎民族未来的长远大计。面对资源约束趋紧、环境污染严重、生态系统退化的严峻形势，树立尊重自然、顺应自然、保护自然的生态文明理念，把生态文明建设放在突出地位，融入经济建设、政治建设、文化建设、社会建设各方面和全过程，努力建设美丽中国，实现中华民族永续发展。贫困地区想要实现生态重建和经济发展良性互动，就必须探求一种可以使生态保护与经济增长有机结合的脱贫路径，让生态环境在发展中得以保护，又能够在发展地区经济的过程中使自身的资源优势得以充分发挥，从而促进当地经济快速增长，为脱贫减贫工作找到新的成长契机，产生重要作用。要积极在加强生态文明建设上做示范，把生态文明理念、原则、目标深刻融入和全面贯穿于扶贫攻坚发展的各方面和全过程，切实加强生态建设和环境保护，努力走出一条破解资源环境制约难题的新路子。

在积极推进扶贫工程项目的同时，当地政府组织还应该积极实施"党旗引领、共建共享"工程，以党旗引领美丽乡村建设，充分发挥农村基层党组织的领导核心作用，加强群团组织和村民自治组织建设，带领群众共建共享美丽家园，实现美丽乡村建设与基层党的建设有机融合。乡镇党委、政府切实落实美丽乡村建设的主体责任，把美丽乡村建设情况纳入乡镇党委书记抓基层党建工作述职的重要内容。选优配强村"两委"班子，特别是村党组书记，选拔一些长期在村中任职并在美丽乡村建设中成绩突出的优秀村党组书记、村委会主任进入乡镇党政班子。

此外，还需要抓好规划建设。着眼新型城镇化和农业现代化发展，结合县"十三五"经济社会发展规划纲要，通盘考虑县城、乡镇、中心村规划，促进相互融合，共同发展。进一步优化中心村布点规划，确保中心村成为未来农村人口的永久居住点。高水平编制执行乡镇和中心村建设规划，确保规划切合实际、彰显特色，便于实施、能够落地。美丽乡镇建设要全面推进"两治理、一加强"，对乡镇建成区道路、街巷、小区、市场、工地、公共场所周边、镇村结合部等区域的环境卫生问题，对乱搭乱建、乱停乱放、乱摆乱占、乱拉乱挂等现象，进行彻底整治；结合实施县乡公路畅通工程和开发建设居民小区等，大力加强基础设施建设和公共服务配套。组织实施"六建两配套"工程，打造特色小镇，确立特色小镇创建主题，建设主题展示载体。

当地政府需要立足当前、着眼长远，加快构建多元化、多渠道、高效率的投入体系。加大财政投入力度，县级年度美丽乡村建设专项资金预算1500万元左右。加大涉农资金整合力度，研究建立涉农资金整合项目清单，完善县级为主体的资金项目整合协调机制。改进项目招投标办法，简化程序，50万元以下的单体工程交由乡镇自主议标，发动群众参与，财政审计部门加强监管，实施项目绩效评审，提高财政资金使用效益。加大政策支持力度，探索运用市场化办法，引进更多金融资本、工商资本、民间资本参与建设。加大联系帮扶力度，建立完善县级领导、县直单位联系帮扶美丽乡村建设制度，在人、财、物上落实帮扶。最后，政府有关部门要健全长效机制。建立村庄公共设施长效管护制度，探索建立县、乡财政补助及村集体补贴、住户适量付费相结合的管护经费保障制度。充分发挥村民理事会、监事会等自治组织作用，探索自建、自管、自用的美丽乡村监管机制。坚持群众愿意干、政府再支持，运用以奖代补、先建后补的方式，鼓励农民投工投劳、筹资建设，发挥农民主体作用，实现党委政府推动、群众共建共享。强化督查调度，严格考核奖惩，建立科学完善的政绩评价标准和考核机制，为持续推进美丽乡村建设提供重要保障。

二、启示

同旌德县一样，全国其他同类地区应当在发展旅游扶贫工作期间，注重文化传承与发扬，保护生态环境，能够有效利用特色旅游资源带动当地经济发展，实现脱贫减贫的政府工作目标，顺利实现发展旅游产业的脱贫路径。通过对旌德县在旅游扶贫工作中取得的成绩以及未来扶贫工作总体目标的研究，对全国同类地区在今后旅游扶贫工作中有如下建议和启示。

对于将旅游资源作为可开发性资源发展地区经济，需要注意三个方面：一是因地制宜，合理开发，并不是所有地区的旅游资源都适合扩大旅游产业，不同地区适宜的工作方案也不尽相同，应完善调研工作，选定科学方式完成旅游扶贫工作，不仅做到最大限度挖掘旅游资源的经济价值，还要做到最大限度地保护旅游资源不被开发过度；二是拓宽融资渠道，加强旅游服务设施建设，完善交通基础设施建设，与国际接轨，着力塑造全球旅游品牌，利用新科技，发展新模式，创新旅游扶贫机制，将旅游资源的经济效益发挥到最大；三是加强文化旅游的创新和推进，加快推进民族民间工艺品产业化和品牌化发展，加大政府引导、投入与项目争取力度，深入挖掘民族文化，坚持"农旅一体""城景一体""文旅一体""产旅一体"的融合式发展路子，有力推动脱贫攻坚。

同旌德县一样，全国其他同类地区应当在发展生态资源脱贫工作期间，紧紧围绕两大核心思想，做到对生态环境不伤害、不破坏，能够有效利用特色资源推动当地经济发展，实施可持续型并且对环境友好的扶贫开发项目，从而实现脱贫减贫的政府工作目标，顺利实现生态保护的脱贫路径。通过对旌德县在生态保护脱贫工作中取得的成绩以及未来扶贫工作总体目标的研究，对全国同类地区在今后生态保护脱贫工作中有如下建议和启示。

对于将生态资源作为可开发性资源发展地区经济，需要注意两个方面：一是要选对资源。生态资源多种多样，但并不是所有的资源都具有较高的经济价值并且可持续开发的特点，当地政府要依据科学原理，根据专家意见对自身具有的生态资源进行筛选，得到既能够为地区经济发展带来较高价值，又能够可持续开发，对于当地生态环境也无负面影响的资源，这样才能够实现真正的资源可利用化。二是要合理开发。生态资源的有限性以及易破坏性要求我们除了选对资源，还要运用科学合理的方式对生态资源进行开发，这要求我们不仅要做到最大限度地挖掘当地生态资源的经济价值，还要最大限度地保护当地生态资源不被过度利用。一切发展要以生态保护、环境友好可持续的准则进行，这样才能够做到真正的区域经济发展、人民生活水平提高、减贫脱贫进步与生态环境保护的高度结合。

第 6 章

旌德就业扶贫模式总结

⌐┄┄┄┄➤ 旌德就业扶贫工作背景

一、就业扶贫的重要意义

就业是民生之根本，就业扶贫因其在可持续性等方面的优势，已然成为精准扶贫的标准路径之一。[1] 就业脱贫通过对具有劳动能力（或部分劳动能力）的贫困人口提供就业信息、就业岗位、就业培训和就业服务等方式帮助其实现本地或异地就业、获得劳动性收入，进而摆脱贫困。就业脱贫以贫困者的生存权和发展权为标的，力图达到双权并重的扶贫效果。所谓"授之以鱼，不如授之以渔"，就业脱贫旨在让劳动者能够获得自食其力的能力和机会，依靠劳动获得报酬，进而摆脱贫困的命运。同时值得注意的是，就业脱贫不仅可以帮助有劳动意愿和一定劳动能力的贫困人员实现"物质"脱贫，还能以工作岗位为契机帮助其更好地融入社会环境，实现"精神"脱贫。[2] 因此，

---

[1] 洪大用：《改革以来中国城市扶贫工作的发展历程》，载于《社会学研究》2003 年第 1 期。

[2] 王国勇、邢溦：《我国精准扶贫工作机制问题探析》，载于《农村经济》2015 年第 9 期。

就业脱贫工作是帮助贫困劳动力适应社会，通过劳动改变命运的重要途径。

就业脱贫的路径在脱贫效果上非常可观，但其在具体工作中难度也较大，对扶贫工作人员的要求也高。尤其在精准扶贫背景下，对就业脱贫工作本身和工作人员都提出了更高的要求。① 在前期扶贫工作中，就业扶贫往往依赖于地区产业的发展。显然，地区产业发展必然产生更多的就业岗位，进而为就业脱贫提供契机。然而，地区产业的发展并不能自动实现贫困人口的就业脱贫，这是因为地区产业发展遵循市场化规律，所创造的致富机遇和就业岗位往往被在劳动能力等方面占据优势的人群率先抢占。因此，区域性的扶贫开发往往形成"大水漫灌""扶富不扶穷"的现象。此外，某些地区在项目扶贫中不顾地方实际，做"样子工程"，掩耳盗铃做政绩，这种违背地区客观发展规律情况下创造出来的岗位，也只能是昙花一现，既浪费了宝贵的扶贫资源，又挫伤了贫困群众的积极性，并付出政府失信的代价。在精准扶贫原则下，就业脱贫工作要求立足于贫困户，施行"精准滴灌"。由于贫困人口往往在身体素质、文化水平、职业技能和工作心态等方面比较欠缺，因此，即使有劳动意愿，要实现稳定性就业并非易事。对就业扶贫工作人员来讲，要想做好就业脱贫工作，则需对当地贫困求职者信息了如指掌，梳理、了解每一名贫困劳动力的"家底"，例如其家庭中其他成员基本情况，劳动者就业意愿、就业岗位地域及职业倾向等，这无疑是一项庞大、烦琐的基础工程。除信息收集之外，精准帮扶也极其考验工作人员的责任感与耐心。在对民政部门的调研中，基本工作人员经常反映"贫困劳动力不好'伺候'，找到工作不愿意去，去了没几天就走了"。可见，要实现贫困劳动力与工作岗位的精准匹配和稳定贴合并非易事，往往需要做好前期劳动者与工作岗位双向了解、岗位试配和岗后追踪等多项工作。②

实际上，开展就业脱贫工作就是深耕闲散劳动力资源，"啃一块难啃

① 唐丽霞、罗江月、李小云：《精准扶贫机制实施的政策和实践困境》，载于《贵州社会科学》2015年第5期。
② 孙久文、唐泽地：《中国特色的扶贫战略与政策》，载于《西北师大学报》（社会科学版）2017年第2期。

的骨头"。扶贫工作开展 30 多年来，贫困人口数量大幅下降，扶贫瞄准单位已经实现了由县到村再到户的转变，贫困地区具有良好劳动能力和劳动意愿的贫困群众大多已通过转移就业等方式摘掉了贫困的帽子。现存的贫困人口（尤其非连片地区）在劳动能力和劳动技能方面往往处于劣势地位，因此开发这部分群体的劳动力资源并非易事，需要一线扶贫干部一手牵两边，一边要深入了解贫困户实际情况和需求，一边要了解地区可用资源，对症下药。2013 年 11 月 3 日，习近平总书记在湖南湘西考察扶贫工作时强调："扶贫要实事求是，因地制宜。要精准扶贫，切忌喊口号，也不要定好高骛远的目标。"[①] 在精准扶贫制度背景下，只有着眼于当地贫困人口实际情况和当地客观发展水平的工作安排及制度创新，才能为有劳动能力的贫困者谋到适宜的就业机会，从源头上使受助者获得脱贫致富的可持续性路径，真正帮助他们逃离贫困的旋涡。只有找到了适合贫困户真实需求的就业帮扶形式，才能激发他们的就业积极性、塑造长期就业致富的可能性。只有将贫困人口的劳动镶嵌到成熟可靠的产业链条当中去，才能将这部分闲散的劳动力资源转化为人力资本，从而真正解决小康之路上这最后一公里的贫困问题。[②]

二、旌德就业扶贫工作的探索

1. 旌德就业扶贫工作的现实基础

旌德县位于皖南山区，黄山北麓，总面积 904.8 平方公里，全县 9 镇 1 乡，61 个村，7 个社区。全县总人口 15 万人，中心城区人口 4.8 万人。从全县人口结构（如表 6 - 1 所示）来看，旌德并不属于活力四射的年轻型地区，8 ~ 35 岁人口仅占到总人口的 24%，并且所有乡镇均显示迁出人口大于迁入人口的趋势，其中俞村镇和兴隆乡出现了人口负增长。

---

① 庄天慧、陈光燕、蓝红星：《精准扶贫主体行为逻辑与作用机制研究》，载于《广西民族研究》2015 年第 6 期。

② 徐卫、周宇楠、程志强：《资源繁荣与人力资本形成和配置》，载于《管理世界》2009 年第 6 期。

表 6-1   2013 年旌德县各乡镇人口统计情况

地区	年末总户数（户）	年末总人口（人）		年末人口变化				
		合计	非农业人口	迁出（人）	迁入（人）	出生率（‰）	死亡率（‰）	自然增长率（‰）
旌阳镇	13546	44062	19773	398	380	8.47	4.22	4.24
版书乡	3823	11451	482	83	72	7.86	7.42	0.44
俞村镇	4299	13446	559	103	75	8.48	12.42	-3.94
云乐乡	1973	6548	272	45	37	9.32	1.37	7.94
蔡家桥镇	4904	15805	728	122	91	8.79	5.76	3.04
三溪镇	4155	13031	867	91	55	9.67	6.52	3.15
兴隆乡	2957	9097	382	61	59	5.83	6.82	-0.99
孙村镇	3122	10377	489	65	53	10.50	8.19	2.31
庙首镇	3758	11978	736	74	58	10.85	6.26	4.59
白地镇	4225	14094	615	64	57	11.64	4.97	6.67

资料来源：根据旌德县总体规划基础资料（2015）整理。

就自然资源来看，旌德县为典型的南方山区农业小县，"七山二水一分田"。全县有林地 60771.1 公顷，占国土总面积的 67.1%。旌德县传统产品是大米和木材；特色产品有蚕茧、茶叶、香菇、油料、生漆等；植物类中药材计有 149 科、508 种。旌德县拥有丰富的旅游资源，高达 65.5% 的森林覆盖率，超高含量的负氧离子，原生态的植被，无污染的水质，四季分明的气候，让旌德成为天然的氧吧和养生的天堂。境内野生动物有 200 多种，植物 1000 余种，物种众多。此外，旌德县具有"中国灵芝之乡"和"中国宣砚之乡"两张名片，分别代表了旌德的生态优势和文化特点。

就产业基础来看，2014 年旌德县生产总值（GDP）31.7 亿元，按可比价格计算（下同），比上年增长 6%。分产业看，第一产业增加值 6.8 亿元，增长 4.0%；第二产业增加值 15 亿元，增长 5.6%；第三产业增加值 9.9 亿元，增长 8.1%。第一、第二、第三产业比例为 21.5∶47.3∶31.2（历年产业对比如图 6-1 所示），工业化率为 35.5%。从第一产业来看，旌德县域农业用地 16.9 万亩，占 12.4%，是一个以粮食生产为主，林、牧、副、渔兼营的农业小县。

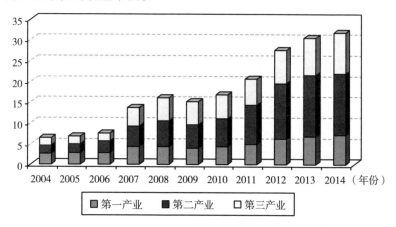

图 6 – 1　2004～2014 年旌德县各产业产值对比
资料来源：根据旌德县总体规划基础资料（2015）整理。

2013 年开始，旌德县政府开始探索发展"绿色精致农业"，增加农民经营性收入的发展思路。2014 年推出造万亩烟叶、万亩猴魁、万亩有机稻、万亩中药材、万亩油茶、万亩香榧六个农业万亩基地，壮大精致农业规模的构想。第二产业与相邻较发达地区相比尚有距离，招商引资项目受局限，主导产业优势不明显，缺少龙头企业带动，市场竞争力不强。第三产业总体发展相对滞后，服务业发展层次较低，服务业企业数量及规模都处于较低水平，总量偏小，服务业人均贡献水平不高。

就贫困现状来看，截至 2016 年，旌德县共有 8 个贫困村，贫困户 1343 户，贫困人口 3162 人，贫困人口占总人口比例为 2.09%。贫困人口中无劳动力（或丧失劳动力）者占比为 66.13%。因病致贫占 42%，因残致贫占 23%，劳动力缺乏（老年人等）占 14%，其他原因的占 21%。

旌德县现有贫困人口的健康状况如图 6 – 2 所示，其中身体健康者占 41%，长期慢性病患者占 23%，有 33% 的贫困人员残疾或患有大病。

现有贫困人口的文化教育水平情况如图 6 – 3 所示，其中具有高中及以上学历的贫困者仅占 6%（高中 4%、大专及以上 2%），具有初中学历者占 23%，分别有 37% 和 31% 的贫困者仅具有小学学历和处于文盲（或半文盲）状态。

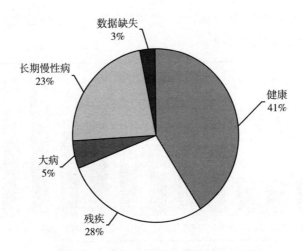

图 6 - 2 旌德县贫困人口健康状况分布
资料来源：根据旌德县扶贫办资料整理。

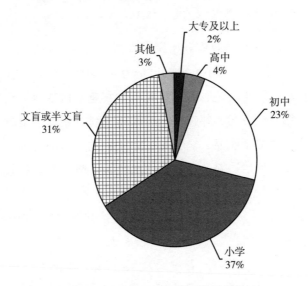

图 6 - 3 旌德县贫困人口学历分布
资料来源：根据旌德县扶贫办资料整理。

  从总体贫困发生率和贫困人口结构来看，旌德县贫困发生率不算高，扶贫任务总量压力尚可。贫困主要集中发生在劳动力缺乏群体，且同时具有文化程度低、年龄偏高等特点，脱贫难度较大。需要扶贫干部深耕细作，才能完成精准扶贫任务。

总体来讲，旌德县属于典型的南方山区小县，资源丰富，环境优美，工业产值不高，服务业发展尚不充分。同时旌德县又具有自己独特的一面，例如拥有"中国灵芝之乡"和"中国宣砚之乡"两个品牌，以及独特的文化背景，还有当地政府推动的精致农业、全域旅游、"母公司＋子公司"的集体经济股份改革模式等发展策略，都为当地的精准扶贫工作提供了条件，为就业脱贫的有效实施提供了土壤。

专栏链接 6 –1 --

2016 年旌德县城镇新增就业 3048 人

2016 年，旌德县城镇新增就业 3048 人，完成目标任务的 121.9%，城镇登记失业率控制在 4.2% 以内。全年完成就业技能培训 1960 人，完成创业培训 296 人，均超额完成目标任务。失业人员实现再就业 98 人，困难人员再就业 8 人。就业形势日趋向好，受到市就业工作领导小组的充分肯定。

2017 年，旌德县人社局将继续稳步推进技工大省技能培训工程和民生工程。一是积极会同有关部门贯彻落实上级相关就业创业政策文件，加强政策宣讲；二是进一步完善就业、创业培训整体联动的工作模式，积极争取贷款担保基金，加强与商业银行和担保公司的联系衔接，及时为创业人员提供资金支持；三是继续做好就业失业人员的登记工作，加强职业推介与指导，加大贫困劳动者的就业帮扶力度，按需开发公益性岗位和高校毕业生就业见习岗位，安置好符合条件的就业困难人员就业和高校毕业生参加就业见习，帮扶实现再就业。

2. 旌德县就业脱贫的工作实践

旌德县深入贯彻落实党的十八大及十八届三中、四中、五中全会和习近平总书记关于加强扶贫开发的重要指示精神，以提升就业扶贫对象就业创业能力、帮扶贫困群众实现稳定就业为首要工作任务，以就业援助、就业培训、产业带动就业、创业带动就业、政策扶持、就业服务为主要工作措施，以人力资源和社会保障服务所为平台，建立各部门联动就业扶贫机制，通过贫困劳动者充分就业，完成就业脱贫任务。

从 2016 年起，旌德县为每个贫困家庭中有转移就业愿望的劳动者

（以下简称"贫困劳动者"）提供就业创业信息服务、政策咨询、就业指导、职业介绍、就业创业培训等免费就业创业服务，以促进其尽快实现就业创业；向吸纳贫困劳动者就业的企业、带动贫困劳动者就业的创业人员落实优惠政策，引导全社会形成帮助贫困劳动者就业的良好氛围；合理安排就业专项资金支出，增加对贫困劳动者就业援助的资金支出预算，为贫困劳动者就业提供资金支持。多措并举，为就业脱贫助力。

除此之外，旌德县在对本地区贫困现状进行深入分析的基础上，将就业脱贫工作因地制宜地纳入当地"集体经济＋美好乡村＋全域旅游"一盘棋发展战略当中，将地方经济发展的成果以就业岗位为渠道共享于贫困群众。将就业脱贫工作镶嵌入地方发展整体战略，使贫困人口有机融入当地经济发展的节奏之中，确保其在小康之路上不掉队。与此同时，就业融入促进了贫困人口的社会融入，为规避贫困文化的形成和贫困代际传递的发生产生了积极效应。

专栏链接 6-2-----------------------------------

兴隆镇：千方百计促就业 脱贫致富闯新路

2016 年以来，兴隆镇紧紧围绕"全域旅游＋精准扶贫＋集体经济"工作思路，深入探索建立完善技能培训、就业援助等方面的体制机制，扎实推进就业扶贫工作，积极满足新形势下扶贫对象多样化、个性化、专业化需求，加快群众脱贫致富步伐。

一是技能培训促就业。按照全域旅游发展战略，依托全县职业教育培训资源，结合三峰农家客栈、梅园服务中心等基础设施建设，通过"乡村出名单、培训机构出菜单"的方式，组织大礼村 25 名贫困劳动力免费参加服务员技能培训，为农家客栈等服务业发展储备力量。

二是鼓励创业带就业。摸排有创业意愿且具备一定创业条件的贫困劳动力和应届大学生，计划依托县人社部门，邀请有创业培训资格的老师进行授课，组织创业成功人士分享创业经验和创业成果，给予免费创业培训和创业指导。

三是就业援助推就业。组织有求职意向的 15 名贫困劳动者参加就业洽谈会，并通过县人力资源社会保障网站、就业微信公众号等平台进行求职招聘。目前，乡人社所已为 3 名求职者推荐合适的工作岗位，正待上岗。

四是公益性岗位助就业。围绕美好乡村建设，设置农村保洁、保绿、保安等公益性岗位，对竞争上岗的贫困劳动者签订 1 年劳动合同，并给予五项社会保险补贴和岗位补贴。

第 2 节
旌德就业扶贫成效评价

一、双向信息，精准匹配

要实现就业脱贫，完成贫困劳动力与工作岗位的稳定匹配，需要在充分了解劳动者（需求和技能等）和工作岗位（地域和岗位要求等）信息的基础上，对贫困劳动者进行有针对性的沟通及培训，以提高其适应工作岗位的能力，增强扶贫工作成功的概率。[①]

1. 建立台账，精准定位

在就业脱贫中，首要的问题就是要精准锚定扶助对象及其就业需求，只有对扶助对象的就业能力和就业意愿等进行了细致的剖析，才能做到"精准滴灌"，针对性地通过适宜的就业扶助形式达到脱贫的目的。旌德县在精准识别工作中更深入一步，建立了就业精准扶贫台账。旌德县工作人员依托省扶贫信息网络管理系统对本地贫困人口进行精准识别，按照"准确、清楚、动态"的要求，由乡镇人力资源社会保障所对登记建档的贫困劳动者逐一进行普查，全面了解贫困劳动者的技能水平、就业愿望、培训需求等。在就业信息管理系统"就业扶贫"模块中全面登记就业贫困劳动者的基本信息，实现县、乡、村联网建档立卡，分级分类制定并落实就业帮扶计划和帮扶措施，实现就业扶贫对象"精准识别、精准帮扶、精准管理"。2016 年以来，各级帮扶责任人为深入了解贫困户需求，共走访贫困

---

① 张翼：《当前中国精准扶贫工作存在的主要问题及改进措施》，载于《国际经济评论》2016 年第 6 期。

户 7500 余人次，为后续就业扶助工作奠定了较为扎实的信息基础。

2. 就业服务，信息入户

旌德县依托县、乡两级公共就业服务机构，对未就业的贫困劳动者提供政策咨询、就业指导、职业介绍等"一对一"免费就业服务，推荐就业岗位信息，让贫困劳动者获得更多的就业机会。在贫困村至少配备 1 台社会保障自助服务机，方便就近办理就业和社会保障业务，查询相关信息。将县域公共招聘信息上传到安徽公共招聘信息网，实现贫困劳动者求职信息"一点登录、全省共享"，方便企业招用贫困劳动者。通过"企业招聘面对面""乡村招聘会""送岗位下乡"等专项活动，把岗位信息直接送村进户到人。

转移就业仍是旌德县就业脱贫的主要工作路径，2016 年劳务输出 351 人，占总就业脱贫人数的 39.62%。因此，尽可能地为有外出就业意愿和就业能力的贫困人员提供合适、可靠的就业信息成为一项工作重点。旌德县扶贫工作人员通过多渠道为贫困户提供就业岗位信息，及时收集适合贫困劳动者的就业岗位，通过村组宣传栏、人员到村入户实现岗位信息进村入户。在贫困村配备社会保障自助服务机，加强阳光就业网办系统及公共招聘网建设，将就业岗位信息直接送村进户到人，帮助贫困劳动者就近就地就业或季节性外出打工。建立乡企对接、村企对接机制，支持贫困劳动者到扶贫基地就业。通过举办专场招聘会组织贫困劳动者省内转移就业，并做好就业后跟踪服务，对转移就业的贫困劳动者，可凭劳动合同申领一定数额的交通补贴。动员职业中介机构、乡镇劳动保障服务所或贫困乡村能人介绍、组织贫困劳动者转移就业，对成功介绍或组织贫困劳动者与企业签订 12 个月以上劳动合同的，给予一定数额的职业介绍补贴。

3. 订单式培训，精准赋能

为提升就业培训效率，旌德县建立了"培训一人、就业一人"的订单式技能培训。加强贫困劳动者就业技能培训工作，让有培训意愿的贫困劳动者至少掌握一项以上脱贫技能。充分发挥公共职业训练基地职能，为贫困劳动者提供职业培训、技能鉴定等公共服务。引导职教中心、培训机构或用人单位开展订单式就业技能培训，培训期间，给予贫困劳动者生活费和误工费补助，以调动贫困劳动者参训的积极性、主动性，做到"培训一人、就业一人"。对贫困家庭子女到技工院校寄宿就学的，给予生活费补助。鼓励贫困家庭未能继续升学的子女到皖江地区企业或职业院校参加"工学一体"就业就学，在学校学习期间，企业给予生活费；在企业实习期间，企业给予不低于最低工资标准的补助；学习结束后，财政给予贫困家庭子女一次性补助。通过子女的一技之长、自我发展帮助家庭脱贫。确保贫困劳动者"培训一人、就业一人、脱贫一户"。

专栏链接 6 - 3 --

版书镇首期就业脱贫培训班开课

2016 年 9 月，版书镇首期就业脱贫劳动力素质提升工程培训班在该镇江坑村村委会会议室开班，35 名精准扶贫对象参加了培训。

此次培训，针对学员的实际情况，以家庭环境卫生、家庭保健、家庭美化等实用技能为培训重点。据悉，版书镇今后将定期举办就业扶贫技能培训班，内容涉及家政、电子商务等方面。并将全程做好培训班的跟踪服务工作，根据实际情况和效果反馈，不断完善优化培训内容、方式、流程，真正实现"培训一人、就业一人、带动全家脱贫"，为打赢全县脱贫攻坚战作出积极贡献。

二、多渠道开发就业岗位

1. 公益岗位，就地就业

旌德县围绕美好乡村建设，大力开发农村保洁、保安等公益性岗位，同时面向社会征集适合贫困劳动者的公益性岗位。对安置贫困劳动者在公益性岗位就业，并签订 1 年劳动合同且缴纳社会保险费的用人单位，给予五项社会保险补贴和公益性岗位补贴。扶贫干部组织无法外出就业的贫困劳动者自力更生，在家从事手工编织、来料加工等工作，根据合作或就业协议和领取报酬证明，对居家就业或家门口就业的贫困劳动者给予适当就业补助。

2016 年，全县安排就近就业 310 人（公益岗位安置 33 人），县财政拨付 68 万元通过政府购买服务的形式聘请 192 名贫困人口从事治安巡防员、卫生监督员。就近就地就业安置人数占就业脱贫计划人数的 56.66%，为各类就业扶助形式之首。

2. 推进创业，带动就业

旌德县充分发挥贫困地区政府驻外办事处、农民工服务工作站点等作用，加大就业创业政策宣传，鼓励农民企业家返乡创业，带动贫困劳动者就地就业。指导贫困劳动者结合当地特色，在投入小、风险低、自己熟悉的领域创业，重点支持"企业+贫困户""合作社+贫困户"或加盟农村电商等形式创业，以减少创业失败风险。为有创业意愿的贫困劳动者提供免费创业培训，符合条件的提供 10 万元的创业担保贷款并给予财政贴息，对创业成功的给予一次性创业补助。对处于初创阶段需要扶持的，吸纳其就近进入农民工创业园等创业孵化基地创业，并享受相关场地、税收等优惠政策。2016 年，全县帮扶自主创业 9 人，虽然数量不多，但是为后续更多就地就业岗位的提供种下了希望的种子。

三、特殊群体，重点关注

首先，做好贫困家庭毕业生就业工作，对本地高校贫困家庭毕业生发放求职补贴。根据贫困家庭毕业生就业需求，提供"一对一"精准帮扶，对有求职意愿的，提供职业指导和就业信息；对有创业意愿的，纳入青年创业计划，组织参加创业培训，提供创业服务，落实创业扶持政策；对有培训意愿的，推荐参加相应的职业培训和技能鉴定，提升职业技能；对有见习需求的，组织参加就业见习，积累经验、增强能力。

其次，促进易地搬迁的贫困人口就业创业，支持发展农产品加工、休闲农业、乡村旅游、农村服务业等劳动密集型产业，创造更多就业岗位。进一步健全就业和社会保障基层平台建设，提供规范化、标准化就业服务。加快完善就业信息化建设步伐，解决公共服务"最先一公里"和政策落实"最后一公里"问题。

最后，对在城镇工作生活一年以上的农村贫困劳动者，就业暂时遇到困难的优先提供就业援助。加强对城镇稳定就业的农村贫困劳动者的人文关怀，全面深入了解他们的工作、生活和思想状况，引导诚实劳动、爱岗敬业的作风和文明健康的生活方式，努力推进农村贫困劳动者本人融入企业、子女融入学校、家庭融入社区、群体融入城镇。多途径帮助农村贫困劳动者实现由村民到市民的转化，帮助其家庭成员及子女融入城镇生活，减少城镇社会排斥。

四、借力发展一盘棋，创造当地就业机会

就业脱贫机会的创造一方面需要依托政府的扶持政策和扶贫干部的精耕细作；另一方面则需要依托地区经济的增长和产业的发展。旌德县"集体经济＋美好乡村＋全域旅游"一盘棋的发展战略，从地区发展实际出发，通过制度创新和产业规划，为当地经济合理化发展创造了新的契机，积蓄了能量。同时战略推进中不忘为贫困人口创造和预留工作岗位，为就业脱贫工作的推进提供了有利条件，也充分体现了地方经济发展成果全民共享的精神。

1. 集体经济

旌德县自 2015 年以来，针对集体资产归属不清、权能不明、管理不当而导致的资源闲置、滋生腐败、引发民怨等问题，通过"重构产权、创新经营、激发活力"的制度设计，攻取村集体经济"大锅饭"领地。在清产核资、成员界定、折股到人的工作基础上，通过"股份＋合作"的方式，为集体经济成立公司制市场化主体。村民以量化到人的股权出资，成为合作社股东，各合作社进而作为股东共同发起成立集体资产经营管理有限公司，即母公司。母公司作为集体产权承载主体，通过招商、吸引能人、扶持"双创"等方式，引入民营主体，由母公司和民营资本共同注册成立子公司，按照"保底收益＋按股分红"的方式进行利益分配。母公司不参与具体经营，做增量发展，这种"母公司＋子公司"的双层结构经营模式，既保证了集体资产的安全，又激活了集体资产的市场活力。

旌德县通过股改创新，从根本制度层面将集体经济纳入市场化运作的轨道，释放了集体资产的发展可能性。首先，激活了创业激情。股改完成之后，产权变得明晰，政府、村集体、村民、本地能人以及外来投资者之间利益关系清楚，各方责任感、主动性和积极性提升，成为推动农村创业

最直接、最活跃的因素。这种创新型的制度建设为各路人才到农村开发商业资源保驾护航，为各主体提供了稳定、可靠、规范的制度环境。其次，激活了农村闲散资源。外出打工者的闲置民居、废弃校舍、废弃村部及荒废的宋代古河堤都实现了变废为宝，被纳入不同的产业链条发展当中，变成了旅店、工厂厂房、仓库和观光景点。之前被限制的农村资源，在各经营主体的手中，相继被开发成能够获益的资本。任何产业的发展都需要劳动力，随着农村闲散的物质资源被盘活，当地劳动力相对缺乏的妇女、老人等闲散劳动力也随即得到开发利用，"闲时"变"工时"，就业脱贫的任务亦随之不断推进。

北京大学贫困地区发展研究院调研小组到旌德县孙村镇合庆村实地考察时，遇到两位老年妇女正在大树下绑钢管，一番沟通之后，了解到她们在给正在建设的有机芦笋种植基地"打工"。以前因为身体原因，她们的体力已经不能支撑到地里耕作或者外出做工，赋闲在家，收入微薄。现在通过做这种简单的工活儿，每人每年可以赚取万元收入。其中一位很自豪地说，她这个月已经做了80多个工（时）了，那就是很好的收入了。经了解，芦笋大棚种植基地建设已用工9200余人次，发放务工工资86.6万元，基地已安排村12名贫困人口务工，收入大幅提升。以芦笋基地为依托的农业体验观光采摘项目已动工建设，将创造新一批工作机会。下一步，扶贫干部将继续努力将本村及邻村的贫困户有限安排到基地做工，实现就业脱贫。足不出户，坐着做做简单的手工就能挣到钱，生病还有保障，生活已经很知足了。这不仅让调研人员深切感受到集体经济改革发展对就业脱贫工作的重要性，也亲身感受到就业脱贫工作为贫困人口带来的实实在在的满足感和幸福感。

三溪社区在集体经济股份制改革工作开展以来，成立了社区母公司——旌德三圆生态农林经济发展有限公司。母公司以投资入股的方式，分别与三家个体经营主体成立了旌德县乐园生态农业发展有限公司、旌德县宏达保洁有限公司、旌德县金穗农业发展有限公司三家子公司。改革后，社区集体经济2016年年收入增加十余万元，同时对有一定劳动能力可以做工的贫困户，由帮扶人帮助介绍帮扶对象务工。借助母公司和子公司的发展平台，分别介绍贫困户到乐园生态农业发展有限公司看甘蔗、看鱼塘，月工资 300 元；到兴隆刷柄厂上班就业，月工资 1000 元；到工厂做看门员，年收入 3000 元；做临时工，日薪 80 元。

截至 2016 年 6 月，已有返乡创业的大学生 46 位，农民工 79 位。人才的回流和创业征程的开启，都为本地就业岗位的开发创造了条件，借助能人之力、成熟经营者之力，在扶贫政策和扶贫工作的支持下，将贫困人口就近就地纳入产业链条，是实现就业脱贫的重要一环。

2. 美好乡村

旌德县全县开展美丽乡村建设试点工作，打造乡村旅游精品，同时作为美丽乡村建成的项目纳入农村集体资产，壮大村集体经济，发展乡村旅游。美好乡村在打造精品风景的同时，注重完善乡村旅游基础设施，优化旅游服务综合配套，持续推进农村环境综合整治工作，实现农村清洁工程垃圾处理县域全覆盖，开展国省道沿线村旁房屋环境整治工作，完成 44 个自然村环境整治。在全县 63 个美好乡村建设中，道路、绿化、亮化、停车场、文化休闲广场等基础设施有效转化为村集体资产，资产转化额达 6600 万元。在美好乡村建设和后续维护过程中，产生一批保洁工等公益性岗位，为安置贫困人口，尤其是缺乏劳动技能的贫困人口就地就业创造了条件。

3. 全域旅游

李克强总理在首届世界旅游发展大会开幕式的致辞中指出，旅游业不仅是中国培育发展新动能的生力军和大众创业、万众创新的大舞台，也是实现扶贫脱贫的重要支柱和建设美丽中国的助推器，还是中国对外友好交往的高架桥。并且总理在会上强调，中国政府将在未来五年内通过发展旅游业使 1200 万人口脱贫。[①]

旌德县位于皖南国际文化旅游示范区核心区，具有优越的旅游资源。各地的发展经验显示，旅游业在吸收就业，尤其是低技能就业方面具有明显优势，不仅创造就业岗位数量大，而且对劳动者技能和体能要求低。依托旅游业发展辐射出来的众多产业链条，如住宿业、餐饮业、特产产销等产业都具有吸收当地低端劳动力的天然优势。因此，全域旅游的发展对于

---

① 李克强：《让旅游成为世界和平发展之舟》，新华网，http：//news.xinhuanet.com/politics/2016－05/20/c_1118898593.htm，2016 年 5 月 20 日。

挖掘当地自然资源和劳动力资源的市场潜力具有重要意义，同时为就业脱贫工作提供了良好的产业环境和契机。

随着生活节奏的加快和各地环境污染的加重，青山绿水的"慢生活"成为一种较为普遍的生活追求。旌德在生态和文化方面兼具优势：65.5%的森林覆盖率，超高含量的负氧离子，原生态的植被，无污染的水质，四季分明的气候，让旌德成为天然的氧吧和养生的天堂；厚重的历史人文，旌德处于徽文化的核心区，千余年的历史积淀，孕育了灿烂的人文。旌德虽为弹丸之地，却美不胜收，秀色可餐，胜似明珠翡翠，俨然世外桃源，使旌德成了修身养性的天堂。

在生态文明方面，旌德县域内野生动物有200多种，其中国家一级保护动物有金钱豹、梅花鹿、白鹳等六种，国家二级保护动物有猕猴、短尾猴、大鲵（娃娃鱼）等11种，省级地方重点保护野生动物有黄麂、麋鹿、金丝猴、夜鹰等数十种。境内植物1000余种，植物类中药材共计149科、508种。植物类中药材中属木本和藤本的有防已、葛根、益母草、六月雪、丹参、苍术、何首乌等；野生草本药材有苍耳子、马鞭草、青蒿、白前、谷精草等。"中国灵芝之乡"是旌德的生态名片，中央电视台7套《每日农经》和中央电视台4套《走遍中国》分别以"会打扮的灵芝"和"仙草灵芝"为题，对旌德做了专题报道。在文化文明方面，旌德县地处皖南山区，历史上长期隶属徽州，徽文化在旌德有着深厚的积淀和历史遗存。旌德县人杰地灵，英才方物倍出，因盛产宣砚而闻名天下，"中国宣砚之乡"是旌德的文化名片。中国三大源流宗谱之一的《江氏宗谱》在这里保存，世界上第一部用木活字印刷的书籍在这里问世，我国农学史上影响最大的农学著作《王祯农书》亦在此著成。"叔侄翰林""父子进士""兄弟博士"的美谈广为流传。县域内拥有江村、旌德文庙、狮山古庙、九井十三桥（"井水不犯河水"典故出处）、旌歙隋唐古道（中国十大徒步古道之一）、"三桥锁翠"（千年古城独特景观）等完美的古迹遗存。

目前，全域旅游已经成为集体经济持续稳定收入的重要来源，民宿、农家乐在各乡镇遍地开花。在发展全域旅游的过程中，旌德县为贫困人口提供就业岗位，优先聘用具备一定劳动能力的贫困人口，为他们提供保洁员、服务员等就业岗位，村集体优先聘用他们从事集体设施管护等工作。

在民宿标准化过程中，政府积极给予帮助和补贴。部分贫困户家中闲置的住房在政府帮助下改造成民宿，同时在旅游中心处登记，接受中心统一派单，按照中心要求提供住宿服务。贫困户可以足不出户，在"家中"打扫打扫卫生、做做饭就获得钱，实现零培训就业，获得劳动收入和财产性收入。除此之外，还可以到当地较大规模的农家乐和家庭农场帮工，实现就地就业。农户自己种植的粮食蔬菜等农作物也因此有了销路，平时大家习以为常的作物变成了游客眼中的纯天然土特产，出售价格也随之提高，成为增加收入的一种方式。为继续扩大销路，扶贫干部尝试开展电商扶贫工作，依托91农购平台建设农村电商扶贫点，帮扶贫困户在网上销售农特产品，解决贫困户销售渠道不畅、价格偏低的难题。

借助旅游业实现就业脱贫大有可为，为就业脱贫开通了"活水之源"。尤其是旌德县"全域旅游"的业态能够让包括贫困人口在内的当地居民实现在"家中"营收，在"生活"中生财，实现了家庭劳动的市场化转变。使得贫困劳动者在不外出、少培训的情况下就能融入旅游服务的业态当中，降低了贫困人口就业的门槛，使劳动能力相对缺乏的贫困人口不再是地区经济发展的旁观者，而是真正的参与者与受益者。安徽省"三变"改革试点三溪镇路西村，共有贫困人口44户、90人，该村充分利用美丽乡村建设成果，创成3A级景区，在发展农家客栈过程中，帮扶贫困户马来青将自家房屋改造成农家客栈，建成客房6间、床位12张，每月营业额可达5000余元，2015年就实现了精准脱贫；聘用了王慈生等3名具备一定劳动能力的贫困人口从事保洁工作，最高工资每人每年1.56万元；优先向游客推荐销售贫困户自产自销的农特产品，仅国庆假期期间，贫困户累计销售土特产4万余元。

五、工作机制保障就业扶贫工作落地

为保障就业脱贫工作能够扎实落地、有实效，旌德县建立了自上而下的工作保障机制。

1. 加强组织领导，建立工作机制

在县委、县政府的领导下，成立了以党政主要负责同志为双组长的脱

贫攻坚领导小组，充分发挥县就业工作领导小组的作用，人社部门积极牵头负责，财政、扶贫等部门密切配合、形成合力。建立县级抓落实的领导体制和乡镇为重点、精准到户到人的工作机制，层层签订就业脱贫攻坚责任书，推进责任链闭环管理、无缝对接。人社部门对就业扶贫工程负牵头责任，抓好目标确定、组织推动、政策制定、监督评估等工作，重点做好进度安排、资金使用、推进实施等工作。全县组织 9 个县直单位定点帮扶8 个贫困村，市、县、乡、村 1854 名干部结对帮扶 1355 户贫困户，每户贫困户都有县（市）、乡、村三名帮扶责任人，实行包保"三重覆盖"。10个乡镇均成立了扶贫工作站，配置了至少 2 名工作人员，68 个村（居）均设立了扶贫专干，贫困村实现驻村扶贫工作队和第一书记全覆盖。

2. 落实资金保障，强化政策宣传

就业扶贫政策性强、涉及范围广、持续时间长，财政部门统筹安排，保障就业扶贫工作资金足额到位。把就业扶贫脱贫作为贫困地区就业专项资金的重点支出，用实、用足、用好资金，提高资金使用效率。以精准扶贫统揽农村工作，实现统筹扶贫资金、统筹扶贫项目、统筹扶贫政策、统筹扶贫资源"四个统筹"。按照不低于地方财政收入增量 10% 的标准安排扶贫专项资金。财政扶贫资金实行县级财政专户储存报账制管理。财政部门认真做好项目管理和跟踪检测，坚持扶贫项目和资金的审计、监察制度，强化监督，定期对资金进行全面严格的审计和督查，确保资金使用安全。

采取多种形式积极宣传国家和省实施精准就业扶贫的政策措施，组织各乡镇和部门分管领导、所有村（居）党总支部书记开展精准扶贫政策培训192 人次；发放政策汇编、操作流程等宣传材料 960 本；在旌德电视台开办精准扶贫专栏，报道先进典型和经验做法。通过各种渠道进一步扩大精准扶贫工作社会知晓度、透明度，动员全社会关心参与就业扶贫工作，大力宣传贫困地区脱贫致富、勇于创业的先进典型，弘扬社会正能量，激发更多贫困村、贫困户脱贫致富的信心和活力。

3. 量化工作指标，强化绩效考核

建立扶贫劳动者需求清单、扶贫目标和时限清单、扶贫措施清单、扶贫责任清单，细化到年度、细化到村到户到人，明确时间表、作战图，倒排工期，落实责任，抓紧施工，强力推进。坚持按月召开调度会，对各乡镇、县直各单位任务完成情况按照时间节点进行调度。通过定点督查和随机抽查的形式，每季度由县四大班子领导带队对联系乡镇开展精准扶贫专项检查，县扶贫部门随机进行抽查，确保精准扶贫各项政策措施落实到贫困村和贫困户。县就业工作领导小组将就业脱贫工作列入贫困地区就业创业工作绩效评价内容，每半年对贫困地区就业扶贫脱贫情况进行督查、评估。

第3节
旌德就业扶贫的基本经验

一、三溪社区成果案例

三溪社区位于旌德县北部，坐落于美丽的徽水河畔，山清水秀，省道三仙线和国道 205 线穿社区而过，交通便利。社区总面积 8.7 平方公里，是由三溪、姜元、南丰三个村合并而成的农村社区，辖 15 个居民组、1302 户，总人口 4190 人，水田 2290 亩，旱地 320 亩。

三溪社区在就业脱贫工作中，积极发挥主观能动性，有计划、有步骤地开展贫困户信息收集和情况分析等基础工作，为该社区的就业脱贫工作打下了较为扎实的信息基础，并结合当地集体经济等发展状况及贫困户特点确定具体帮扶方案。

1. 信息排查

安排两委干部进村入户进行摸底排查，经民主评议，审核确定出三溪社区共有贫困人口 67 户、140 人，并将其纳入贫困户建档立卡系统（其中 2014 年已脱贫 8 户、21 人，2015 年已脱贫 14 户、40 人）。各帮扶人按照"识别到人、帮扶到户、落实到位"的要求，根据贫困户实际情况，分析贫困户致贫原因，再制定脱贫规划、细化帮扶措施，帮助脱贫。

2. 依托集体经济，提供就业机会

集体经济股份制改革工作开展以来，三溪社区成立了乐成水稻种植和南丰果蔬种植 2 个专业合作社，并在此基础上与县旅游公司发起成立了旌德三圆生态农林经济发展有限公司。公司资产总额 530 万元（其中，固定资产 232.23 万元，可供发包的资源性资产 237 万元），公司股东 3191 人，按人口设置农业人口股，每股折 1567 元。为了加快构建新型农业经营体系，发展村级集体经济，乘着股改的春风，社区母公司——三圆生态农林经济发展有限公司以投资入股的方式，分别与 3 家个体经营主体成立了 3 家子公司——旌德县乐园生态农业发展有限公司、旌德县宏达保洁有限公司、旌德县金穗农业发展有限公司。通过将市场机制和资本运作模式引入，有效激发集体经济发展活力，变"输血式"为"造血式"，实现公平和效率的有机统一。

旌德乐园生态农业发展有限公司（子公司），由社区党总支书记刘德荣个人投入资金 5.5 万元，社区集体投资 4.5 万元共同成立，分别占股 55% 和 45%。乐园公司每年向母公司上缴保底收益 3 万元整，经营盈利后按《旌德县乐园生态农业发展有限公司章程》有关规定按股分红。农场建设规划为三期，是集餐饮、休闲、度假、种植、垂钓、烧烤、住宿为一体的休闲农场。乐园公司探索将现实版的开心农场与农家乐两种模式进行整合，可以亲自种植、享受蔬菜配送服务和优质的农家乐服务。

经过扶贫干部介绍，目前农场（乐园生态农业发展有限公司）吸收贫困户从事看甘蔗、看鱼塘等工作，为贫困户支付劳动报酬。三溪社区集体经济的发展，为当地贫困户创造了新的就业岗位，为就业脱贫工作提供了部分支撑。

3. 多渠道就业介绍，精准帮扶

三溪社区扶贫人员通过对本区域内具有劳动能力（或部分劳动能力）、可以做工并且有劳动意愿的贫困户进行梳理分析，并根据具体情况指定帮扶人，由帮扶人负责对接就业单位、获取单位就业信息、介绍帮扶对象务工劳动。例如，目前已成功介绍汪某到兴隆刷柄厂上班，月工资为 1000 元；介绍张某到企业、工厂看门，年收入 3000 元；介绍杨某到企业做临时工，日收入 80 元。

经过半年时间的帮扶，精准扶贫工作取得一定的成效：如今三溪社区尚存低保户 34 户、58 人。其中 A 类 10 人，B 类 29 人，C 类 15 人，D 类 4 人。另五保户 5 户、5 人，人均年收入增加 800 元以上。通过股份合作制改革和"三变"改革，从源头上解决了村级集体经济收入少的客观需要，社区集体经济得到发展，减轻了农民负担，使社区居民收入大大提高，提升了社区居民生活水平。通过开展精准扶贫工作，增加了社区贫困户的人均收入，改善了社区低收入人群的生活水平。

二、合庆村成果案例

合庆村隶属于安徽省旌德县孙村镇。由原水北、晓岭、富阳三个村合并而成，205国道穿境而过，东至牛山脚，南至庙首镇，西至孙村村，北至新建村。全村现有17个村民组、673户，总人口2754人，党员108名，现有耕地面积3279亩，山场面积4064亩，可养水面242亩。

合庆村在完成集体经济股份制改革之后，激活了村集体经济发展的动力，努力探索寻找优质的合作项目和经营主体。依托大力发展集体经济，合庆村取得明显经济成效，同时为当地村民创造了大量的就业岗位。合庆村在安排劳务用工时，优先雇佣贫困劳动者，为就业脱贫工作做出了良好示范。

1. 集体经济股份制改革

截至2016年7月31日，合庆村开展的农村集体确权到户和股份合作制改革，已经成立3个专业合作社，并在此基础上发起成立了旌德县合庆农业开发有限公司。公司资产总额454万元（其中固定资产437万元，可供发包的资源性资产18万元），公司股东2754人，按劳龄股设置了40272股，每股折4.47元。

2. 遴选切实可行的项目，发展壮大集体经济

村集体经济组织成立后，面对集体经济组织无经营性收入、无启动资金的实际情况，如何发展壮大集体经济成了村党支部一班人的难题。经过积极思索和多次探讨，村里决定以205国道旁的千亩良田为资源，同具有经济实力的外来种植大户旌德县振兴蔬菜瓜果专业合作社理事长吴贵民合作建立有机芦笋大棚种植基地，以此来发展壮大集体经济。

该项目为简单的自营模式，合庆村农业开发有限公司负责从村中富阳及水北片农户手中流转400余亩土地，整体交于振兴蔬菜瓜果专业合作社理事长吴贵民经营种植有机芦笋。村集体公司（母公司）以村集体经济发

展基金 40 万元入股，吴贵明以投资现金 760 万元入股，总计投资 800 万元建立 400 亩有机芦笋大棚种植基地，其中，村集体公司占股 5%，吴贵明占股 95%。在项目运营中，合庆农业开发有限公司不参与经营，不承担市场风险，每年享有保底分红 5 万元（不动产租金 2 万元/年，30 万元资金保底分红≥3 万元/年），在该项目盈利较大的情况下，即 5% 利润大于 5 万元时，农业开发有限公司以占 5% 的股份进行盈利分红。

3. 创造就业，贫困优先

该项目实施后，不仅为村集体公司带来较大的经济效益，而且产生了较大的社会效益。基地建设需要大量人员务工，大幅增加了基地周边农民收入。基地安排了合庆村 12 名具有一定劳动能力的贫困人口到基地务工，大大提高了贫困户的收入，使贫困户依靠劳动收入实现了就业脱贫。

根据村集体公司规划，未来将以芦笋基地为依托，结合基地附近的水东冲水库，引进发展一批优质的农业体验观光采摘项目，促进第一产业和第三产业的融合发展，把合庆村建设成连接玉屏天诚梅园和马家溪森林公园的旅游走廊。目前已成功引进安徽省盘古山生态农业开发有限公司先期投资 600 万余元，新建农业采摘观光园，基础设施建设已动工建设中。

依托该村的集体经济发展，合庆村还将积极努力，将本村及邻村的贫困户优先安排到基地务工，帮助其实现就业，早日摆脱贫困。

三、经 验 总 结

通过三溪社区和合庆村在就业脱贫工作中的实践和成果，总结出几项基本经验。

1. 信息掌握，精准匹配

就业脱贫工作承担着将贫困劳动力与劳动岗位进行双向匹配和稳定黏合的使命，因此要求扶贫工作者充分掌握双方需求信息，提高匹配成功率。相对于用人单位信息来讲，贫困劳动者的信息更加烦琐、不易得。根据前文分析，旌德县目前的贫困人口普遍存在高龄、文化水平低、职业技能缺乏等特点，普遍现象是劳动者需求模糊，并不知道自己需要什么样的工作以及适合（或不适合）什么样的工作。因此，准确信息的获得要求扶贫工作者对贫困劳动者及其家庭进行持续性关注，并要求帮扶人积极为其寻找合适范围内的就业机会。并且，通过双向沟通，提高就业促成概率，实现稳定用工。

2. 依托集体经济发展，带动就业脱贫

就业脱贫与产业发展、经济发展有着天然的联系，当地经济的向好增长和产业的成熟优化将为贫困劳动者提供更多的就业机会。如果地方就业环境足够好，自然能够为就业脱贫工作大大降低难度。因此，在三溪社区和合庆村的工作实践中，都将借集体经济股份制改革的东风，大力发展集体经济，激发当地经济活力作为实现就业脱贫的一个重要路径。其中，最为明显的是合庆村芦笋基地强大的劳动力吸收能力，为该村贫困劳动者的顺利就业提供了契机，其实际吸收贫困劳动者数量也让我们看到了集体经济在就业脱贫工作中的巨大潜力。

3. 因地制宜，想方设法

毋庸置疑，每个地区有各自的经济实际和产业实际，就业脱贫工作的开展也要求帮扶人根据当地具体情况来拟定不同的帮扶方案。例如，处于经济急速上升期的地区，可能对劳务用工的需求较大，会对贫困劳动者的就业带来一定裨益，从而降低了就业帮扶的难度。相反，经济条件相对较差的地区，则因为用工需求的局限为就业帮扶工作带来更大的挑战。无论在何种经济背景下，因劳动者自身条件的限制，都要求扶贫工作人员发挥主观能动性，想方设法地为贫困劳动者寻求稳妥的就业机会，帮助其实现稳定就业，获得较为稳定的劳动报酬，更好地融入社会，摆脱贫困。

第 4 节
总结与启示

一、总结

就业脱贫虽为一剂良药，却不能包治百病，并不是所有的贫困户和贫困人口都适合用就业脱贫的方式来解决问题。就业脱贫的有效实施必须具备两个前提——一定的劳动能力和适宜的就业岗位。① 目前，我国贫困人口已普遍呈现劳动能力缺乏趋势，旌德县贫困人口 3104 人，其中因病致贫占 42%，因残致贫占 23%，劳动力缺乏（老年人等）占 14%。县域内将近 80% 的贫困人口缺乏劳动能力，显然安排他们外出就业、通过培训提升劳动技能就业等方式已是捉襟见肘。在这种情况下，开发本地、低技能就业岗位成为一种行之有效的工作措施。

旌德县在就业脱贫工作当中，秉承精准扶贫精神，深入了解、具体分析贫困户就业需求。进入 2016 年以来，各级帮扶责任人为深入了解贫困户需求，共走访贫困户 7500 余人次，为就业扶助工作奠定了扎实的信息基础。在此基础上，扶贫干部分类施策，对于有劳动能力的贫困人口，积极开展就业服务工作，提供就业信息，订单式培训赋能，并且采取配套措施帮助进城务工农民融入城市生活，实现有序市民化；对于缺乏劳动能力的贫困人口，努力开发公益性岗位等就地就业岗位，借助"集体经济改革 + 美丽乡村 + 全域旅游"一盘棋发展战略，开发更多就地就业及低技能、低体力需求的岗位，优先安排贫困人口就业脱贫，实现当地经济的包容性增长。旌德县在就业脱贫工作中，并没有把这项工作孤立起来看待，而是将其融入地方发展的整体战略当中，将贫困人群纳入发展系统，挖掘金字塔底层民众的自身需求、动力，加强社会融入，减少社会排斥，向贫困者提供公开参与及公平享受经济、科技发展成果的机会，实现公平和效率的统一。

二、启示

随着改革开放以来 30 多年的经济发展和多年扶贫工作的推进，我国贫困人口大幅下降，基本贫困基础已经发生了重要的变化，扶贫资源边际效益递减，因此以瞄准效率为标志的精准扶贫是提高扶贫效率、保证扶贫资源准确"滴入"贫困人口、解决贫困人口实际问题的正确思路和重要措

---

① 成丽英：《"富平模式"——就业与扶贫的创新探索》，载于《调研世界》2003 年第 10 期。

施。① 在精准扶贫的具体工作措施中，就业脱贫旨在挖掘贫困人口或贫困家庭中的劳动力资源，将其与稳定适宜的岗位相结合，产生持续的劳动收入。这种"授之以渔"的扶贫方式一方面可以为贫困人口带来持续性的收入，避免其闪电脱贫、闪电返贫；另一方面能够将贫困人口纳入工作组织当中，对其精神世界产生正向影响，有利于精神脱贫功能的实现。

就业脱贫在一定意义上是要求当地政府和扶贫工作人员千方百计地帮助有一定劳动能力的贫困人口寻找工作、匹配工作和稳定工作的过程。一方面，需要尽可能完全地掌握贫困劳动者的信息，充分了解其就业意愿、就业动机、就业需求、职业技能和学习能力等，甚至包括其每个家庭成员的基本情况以及对其就业的态度等；另一方面，要通过创建公益岗位、鼓励创业、实地考察等方式创造和发现适于贫困劳动者就业的岗位。同时，就业扶贫人员还需要承担贫困劳动者就业匹配失败或失岗、下岗的风险。因此，就业脱贫可以算是众多扶贫措施中最考验扶贫干部耐心和负责态度的一项。习近平同志强调，对困难群众，我们要格外关注、格外关爱、格外关心，千方百计帮助他们排忧解难，把群众的安危冷暖时刻放在心上，把党和政府的温暖送到千家万户。② 因此，就业脱贫工作任重而道远，需要扶贫干部的时刻关注和关心。

可见，就业脱贫工作的顺利实现，相比于顶层设计的宏观政策而言，更需要的是基层干部认真负责的工作态度和脱贫攻坚的决心，既需要"好政策"，又需要"好办法"。同时，基于目前贫困人口的基本情况（身体健康、文化水平、专业技能、年龄等），通过充分利用和开发当地就业资源，实现就近就业，共享本地发展成果，可以作为一种更加普适的工作方向。因此，除了"好政策"和"好方法"之外，就业脱贫的顺利实现还需要"好产业"的经济支撑。当地优势产业的向好发展和成熟优化将对当地劳动力产生较大的用工需求，从而为贫困劳动者带来更多的就业机会，提高实现就业脱贫的可能性。所谓大河有水小河满，也正是这个道理。

---

① 王瑞芳：《告别贫困：新中国成立以来的扶贫工作》，载于《党的文献》2009 年第 5 期。
② 赵勇：《把扶贫开发作为战略性任务来抓》，载于《人民日报》，2013 年 11 月 25 日（007）。

第 7 章

旌德财产扶贫模式总结

第 1 节

旌德财产扶贫工作背景

一、财产扶贫的重要意义

财产扶贫主要是指将农户土地经营权、扶持资金、林权、房屋产权等权益资本化或股权化，相关经营主体利用这类资产进行生产经营活动，产生经济收益，农户按照股份或特定比例获得持续性收益的一种脱贫工作方式。[①] 财产扶贫以精准识别为基础，以稳定增加贫困人口的财产性收入为目的，利用市场化的机制将分散的各类资源整合起来，用企业、合作社或合作的运作模式进行经营管理，并根据资源的投入量和股份来分配收益，实现收益共享，从而比较有效地解决经营能力弱的贫困家庭不能高效利用现有资源进行创收和积累资产的问题。[②] "十三五"规划纲要在"全力实施脱贫攻坚"一篇中明确提出，探索资产收益扶持制度，通过土地托管、扶持资金折股量化、农村土地经营权入股等方

---

① 朱启臻：《农村扶贫开发理念辨析》，载于《农业经济问题》2005 年第 11 期。
② 汪三贵、郭子豪：《论中国的精准扶贫》，载于《贵州社会科学》2015 年第 5 期。

式，让贫困人口分享更多资产收益"的财产扶贫思路。①

财产扶贫的工作思路旨在通过增加贫困户的财产性收入来源，实现家庭收入结构的优化，通过将贫困人口的既有财产进行资本化进而产生财产性收入，使贫困人口可以"不劳而获"，为贫困家庭带来较为稳定的、持续性的、无（或少）劳动力附加的收入。全国低收入家庭调查数据显示，贫困家庭多呈现劳动力资源匮乏现象，财产性收入相对于劳动性收入来讲，对主体的劳动力依赖降低，在经营主体运营可靠、良好的情况下，可以依托所投入资产获得长期稳定的收入，对于帮助贫困人口摆脱贫困、走上小康致富之路拥有无限潜力。② 鉴于目前全国贫困人口普遍劳动能力缺乏的现状，以及财产性收入自身具备的稳定、持续的特性，财产扶贫成为一项急需探索的扶贫方式。

从目前实际情况看，我国城镇居民的财产性收入主要包括房屋出租收入、利息、股息和红利收入，农村居民的财产性收入主要包括租金、土地征用补偿和土地转包收入。对于城镇居民来说，财产性收入是财富积累的结果，相比而言，农村居民因为土地制度等原因具有土地承包经营权、林地承包经营权和农村集体资产等方面的财产，在财产存量起点上具有天然优势。但是，农户的财产不会自动变成资产，资产也不必然产生良好的收益。总体来看，农村居民的财产性收入与城镇居民相比差距较大，同时财产性收入在农民的收入结构中占比微弱。显然，农民的这些财产目前并未能顺利地转化为可观的财产性收入。在贫困多发的农村地区，传统经营体制下资源分散、资金分散、农民分散，无法适应农村经济规模化、组织化、市场化发展需要，形成了大量的资源闲置和权益闲置。这也就造成了农户手握"金饭碗"还得要饭吃的贫困怪象，也将财产扶贫的工作拦在了半路上。

由此可见，农民的财产转变为资产，进而产生稳定、客观的财产性收入并不是一个自然而然的过程，这条路径的实现需要具备一些基本的前提

---

① 中共中央党校省部班课题组，郑文凯：《对"十三五"扶贫攻坚的战略思考》，载于《中国领导科学》2015 年第 12 期。

② The World Bank, *An update to the World Bank's estimates of consumption poverty in the developing world*, World Bank 2012.

条件。李伟毅等（2011）在研究农民财产性收入时，将阻碍农民获得财产性收入的障碍总结为：产权界定不明、财产流动性不强、集体资产低效、金融工具和金融服务匮乏等。① 在这些原因当中，既有制度的因素，也有地方管理和地方经济背景的因素。

因此，财产扶贫，不是一项"单刀直入"的工作，而是要具有下活"一盘棋"的工作思路和整体筹划。一方面，需要扎实完成农民的财产确权工作，明确贫困人口具有的具体财产项目、数量和基本权利，为贫困人口的财产定量；另一方面，要依托当地产业发展，将贫困人口的财产变为资产，并通过精准帮扶为这部分资产谋得稳妥的收益方式，为贫困人口的财产赋能。财产扶贫工作通过为农民的财产进行定量和赋能，为其财产性收入提供了渠道和源头活水，使其能够依托当地经济发展实现大河有水小河满的经济发展共享局面。

二、旌德财产扶贫工作的探索

旌德县位于皖南山区，面积 904.8 平方公里，人口 15.1 万人，设 6 镇 4 乡，辖 68 个村和社区，人均 GDP 为 2.1 万元，三次产业比例为 21.5∶47.3∶31.2。经统计，旌德现有贫困人口 1343 户共 3162 人，贫困人口比率为 2.09%，其中无劳动力（或丧失劳动力）者占比为 66.13%。根据旌德县贫困人口劳动能力构成情况，发展对劳动力依赖程度较小的财产扶贫模式，对于增加贫困人口持续性收入，降低返贫率具有非常现实的意义。

与此同时，根据旌德县的经济发展现状，其财产扶贫工作也面临着资产附加值较小、盈利空间有限的挑战。就集体资产而言，据统计，旌德县目前村组资产合计 2.32 亿元，其中有经营性资产的村为 55 个。全县范围内农村集体经济资产数量有限，资产多为村内几条路、小学校舍等形式，附加值较小，难以直接形成较大的盈利空间。同时，根据母公司章程，集体经济有限公司收入的分配程序按照"偿还集体债务、美丽乡村建设管养

---

① 李伟毅、赵佳：《增加农民财产性收入：障碍因素与制度创新》，载于《新视野》2011 年第 4 期。

维护、村干部绩效工资、基础设施建设、村民分红"的顺序，因此，在现有集体资产绝对值和运营升值空间下，短期内存在村民分不到"真金白银"的可能性。因此，要增加村民（尤其是贫困人口）对手中股权的意识和对集体经济股份改革的信任感，真正从这份财产中获得收益，需要政府、当地能人和返乡创业人员等借助改革良机，合力发展。[①]

旌德县在财产扶贫工作中，立足当地具体现实，思路清晰，步骤明确，在精准识别前提下，将帮扶贫困人口增加财产性收入的工作融入当地确权工作和"集体经济 + 美好乡村 + 全域旅游"的发展规划中，步调扎实，执行有力。首先，在已经完成的林权改革等确权工作基础上[②]，进行集体资产确权到户，走完了农村产权改革的最后一步，彻底实现了农村资源的产权明晰。其次，在集体资产确权到户基础上进行集体经济股份制合作，实现了"村民变股民"，并且通过"母公司 + 子公司"的精巧设计，使集体经济有保障地走上市场化运作的道路，为包括贫困人口在内的所有村民获得财产性收入带来良好预期。最后，在全域旅游、特色产业等核心发展规划中，注重帮扶贫困人口进行民宿改造等优质资产转化工作，精准帮助贫困人口以资产为载体，加入到共享地区经济发展成果的队伍中来，提高财产性收入预期和脱贫可能性。

第 2 节
旌德财产扶贫成效评价

旌德县在扶贫工作中，认真贯彻中央和省、市对新时期扶贫开发工作的总体要求，结合自身经济发展和具体贫困分布情况，以消除绝对贫困为目标，以精准扶贫、精准脱贫为手段，科学规划，统筹发展。旌德县有关单位针对阻碍农民财产性收入增加的制度性、执行性和经济发展阶段性问题进行深入分析，认真研究财产扶贫总体思路，通过政策统筹、资金整合、机制创新，促进贫困村经济快速发展和贫困农户稳定增收，帮助贫困

[①] 宫留记：《政府主导下市场化扶贫机制的构建与创新模式研究——基于精准扶贫视角》，载于《中国软科学》2016 年第 5 期。

[②] 朱善利：《集体林权：追赶中国改革的步伐》，载于《北大商业评论》2015 年第 5 期。

群众尽快摆脱贫困，加快贫困户向小康户、贫困村向新农村跨越发展的步伐。旌德县在财产扶贫工作中积极探索和实践，按照"六个精准"要求，精准滴灌，因人施策，思路开阔，做法扎实，其周全的工作思路和科学的执行步骤对全省乃至全国其他地区财产扶贫工作的进一步提升具有比较现实的借鉴意义。

一、股改确权，产权清晰

旌德县委书记周密同志在全县农村集体资产确权到户和股份合作制改革暨"三变"工作会议的讲话中提到：中国改革的基础在于产权改革，农村产权改革的格局是"3＋1"："3"是指林权、农地承包经营权、宅基地使用权及其房屋所有权；"1"就是集体资产确权到户和股份合作制改革。其中，农地承包经营权和宅基地使用权及其房屋所有权确权工作起步较早，工作成果已经较为稳定，林权和集体资产确权到户工作推行时间较短，各地还在探索和推进过程之中。旌德县在农村产权改革工作中执行力度强劲，彻底完成林权改革任务，率先完成集体资产确权到户工作，为增加居民财产性收入打下了坚实基础。

1. 林权改革

旌德县拥有 65.5% 的森林覆盖率，林业资源较为丰富，因此林权成为当地农民财产结构中一个重要组成部分。旌德县政府于 2007 年开始实施集体林权制度改革，2009 年底完成 13.9 万亩林地的股份制改革，实行股份制经营。此次改革工作中，林地产权明晰到位，准确核发林权证。2015 年 3 月，宣城市被国家林业局确定为集体林综合改革试验示范区，旌德县积极开展示范区建设。

旌德县在林权改革工作中，贯彻"三权"分离，进行确权分红。"三权"分离即集体林地承包权、所有权、经营权的分离。股份制经营在旌德县迅速落地，对资源性资产进行清查登记，核发林权证，农户变股东，分享分红收益。改革工作一方面明晰了农户的权益，变抽象拥有为实际拥有，获得了实实在在的收益权；另一方面为林地的规模流转创造了条件。县内林业大户云乐黄山灵芝公司租赁农户 3200 亩林下空间，种植灵芝和石斛。蔡家桥造林大户租赁农户林地 6000 余亩种植黄精，农户获得"闲置"林下空间租金，经营者获得经营空间，发展规模生产。结合林业综合改革试验区建设，旌德县针对山场的贫困家庭实行财产扶贫，使贫困户通过山场入股，变为股东，每年按照股份获得分红收益。同时，白地镇高甲村、庙首镇庙首社区、俞村镇俞村社区以集体林地入股企业，合作营造高效经济林，获得稳定租金和分红，保障了村集体经济收入。

旌德县在林权改革工作中，对林权金融展开试探。旌德县对全县近 3 万农户已确权到户的 65.7 万亩林地抵押融资模式进行了创新式探索。金融机构和林业部门根据林农要求，对其森林资产进行预评估，办理"易贷卡"。当林农需要贷款时，直接从卡上提取现金，同时产生利息。不产生借贷行为时，钱在卡上，不收取利息。这种"树在山上，钱在卡上"的金融模式，给林农带来了方便。同时，旌德县正在积极筹建林权收储中心，用"林树抵押 + 林权收储 + 森林保险"模式，放大"易贷卡"的金融功能，在降低金融机构风险的同时，让林农获得更多收益，实现双赢。

旌德县在林权改革工作中，实行贫困造林补贴。县政府对符合林业造林项目要求的贫困户造林，根据政策规定按照不低于 300 元/亩标准给予补贴，每年秋季验收，年底一次性补助到位。对贫困户发展特色种植业的，每亩每年给予 300 元补贴，主要包括油茶、水果、香榧、山核桃、苗木等特色种植产业。以林业总支下属党支部香榧协会党支部开展活动为契机，为江村免费营造优质香榧经济林 20 余亩，并组织林业局党员志愿服务队深入一线给予技术指导和帮扶，以香榧项目"造血"扶贫，帮助增加江村集体经济收入。2007 年开始，旌德县开始实施集体林权制度改革，对全县 18 个村级林场 13.9 万亩林地实行了股份制改革，成立了董事会、监事会，实行股份制经营。林改工作于 2009 年全部完成，林地产权明晰到位，林权证核发到位。

2. 集体资产确权

2015 年以来，旌德县扎实开展了农村集体资产确权到户和股份合作制改革整县推进工作。在前期大量调研和 3 个试点村的初步探索经验基础之上，到 2015 年底，旌德县形成了公司制为基础的基本经验。2016 年 3 月，全面启动了农村集体资产股份合作制改革整县推进工作，旌德县在确权到户和股份合作制改革工作推进中，以明确产权主体为核心，经过清产核资、成员界定、折股量化、成立主体四阶段工作，将集体资产确权到户。确权工作推行过程中做到了程序完整、合理合法、公开公正、效果扎实、档案完备。截至 2016 年 5 月底，全县 68 个村（居）全部成立了集体经济公司，发放股东股权证 35502 户，取得了较好的效果。2016 年 6 月 23 日，旌德县的做法得到了国务院副总理汪洋同志的批示；7 月 20 日，被新华社《国内动态清样》刊载；9 月 2 日，被中央农村工作领导小组办公室《农村要情》刊载。

旌德县在集体经济改革中，采用"股份＋合作"的思路对集体资产进行产权重构，成立公司主体。一是清产核资，每个村均成立由乡镇三资中心、村"两委"、村务监督委员会、村民代表组成的清产核资小组，逐项盘清村集体资产，并向村民公示。严守习近平总书记视察安徽时要求的"四个不能"底线，不涉及已确权到户的土地承包权、经营权，不改变耕地用途，不因发展多种经营影响粮食生产能力，更不损害农民利益，已经分到户和分到村民组、自然村的资产，不纳入清产核资范围，确保公平公正、保障群众利益。全县 68 个村（居）经营性资产和可供发包的资源性资产账面价值总计 1.9 亿元。二是成员界定，在界定集体经济组织成员过程中，充分尊重乡风民俗和村民自治，因地制宜、一村一策。只要不违反法律法规规定，经合法程序通过的方案都坚决支持。三是折股量化，在清产核资和成员界定的基础上，将集体资产折股量化到人，根据村民自治原则，按照单一人口股或者农龄股的方式设置股份。51 个村（居）采取人口股，共界定 96567 股，平均每股 1473.5 元；17 个村（居）采取农龄股，共界定 486377 股，平均每股 87 元。四是成立主体，集体经济组织采用所有市场主体类型中法律体系最为健全的公司制。为解决村民数超过公司股东要求上限问题，以自然村或村民组为单位，村民以量化到户的集体资产股权出资成立合作社，再由各个合作社作为股东共同发起成立集体经济公司。经过"3 次村民大会、5 次签名确认、8 次张榜公示"，全县 68 个村（居）全部注册成立了集体经济公司，为全县 35502 户农民发放了股权证，实现了"农民变股民"。村民均是股东，村民代表就是董事，村务监督委员会成员即为监事会成员。每个村挂"村党组织、村委会、村务监督委员会、集体经济公司"四块牌子。集体经济股份制改革实现了村民对村集体资产的按股所有并收益，破除了过去农民对集体资产抽象所有、共同共有，实际上很难保障应得利益的体制怪圈，形成了农民真正所有，人人按份享有的良性局面，并使股民真正受益，增加了农民收入。

二、依托集体，资产赋能

习近平总书记视察安徽时指出，要"加快构建新型农业经营体系，推动家庭经营、集体经营、合作经营、企业经营共同发展"。构建新型农业经营体系，必须有新型的实现形式，"资产变资源、资金变股金、农民变股东"改革，切中了当前集体经济发展中集体经济缺乏有效实现形式这一要害之所在，是盘活农村"三资"、激活农民"三权"、构建新型农业经营体系的创新之举。

"户脱贫、村出列"是衡量精准扶贫工作成效的两个重要指标。旌德县委书记周密同志在座谈会中曾经提到，在旌德的农村，户脱贫容易，村出列难，这是真实反映旌德集体经济现状的肺腑之言。县域内存在集体经济空白、乡村靠"化缘"发展、基层组织号召力下降等现实困难。旌德县地处皖南山区，"七山二水一分田"的自然环境长期制约农业规模化发展，集体经济十分匮乏。2014 年度，全县 68 个村（居）中，集体经济收入空白村达 28 个，收入 2 万元以下的多达 25 个，两家相加占到全县村（居）的将近八成。因此，县委书记周密同志坦言，农村"股改"是"逼上梁山"，但却闯出了一条新路。

旌德县集体经济改革在合理确权、产权明晰的基础之上，独创"股份 + 合作"的模式，成立公司主体。同时为避免走"吃大锅饭"的回头路，探索出"母公司 + 子公司"的双层运营结构：集体经济公司作为母公司，不参与市场运营，主要职责是管理集体资产、选好发展项目、统筹收益分配，有效解决了经营人才不足、约束制度不配套、经营风险不可控等问题，并通过出资参股子公司获得收益，体现社会主义的公平原则；子公司在"三变"的基础上，按市场规则运营，体现市场经济的效率原则。

在"母公司 + 子公司"的双层运营结构基础上，旌德县积极探索"三变"途径，发挥市场经济的效率优势。母公司通过发包租赁、简单自营、投资入股、委托经营（全域旅游）四条途径实现"三变"，壮大集体经济。一是发包租赁。通过将集体所有的资源发包、资产租赁获取收入。二是简单自营。对不直接面对市场的简单经营行为如光伏发电和土地流转，可以开展简单自营。三是投资入股。母公司和民营主体按照"保底收益＋按股分红"的方式，共同成立子公司，由民营主体控股经营。

集体经济改革激发了地方市场经济活力。一是激活了创业激情。产权明晰后，借助"母公司＋子公司"双层结构，政府、村集体、村民、本地能人和外来投资者利益联动，各方责任感、主动性、积极性大大提升。村民、本地能人和外来投资者成为推动农村创业最直接、最活跃的因素，各路人才纷纷流向乡村寻找商机。二是激活了农村闲散资源。将农户的闲置民居改造升级为企业化、信息化、标准化民宿，变闲为宝。村内荒废多年的古桥遗景等，在全域旅游的背景下，变为旅游资源实现营收。三是激活了各类村级组织。改革后村里挂起了集体经济有限公司这第四块牌子，干部主体意识增强，各司其职抓集体经济发展壮大工作的积极性空前提高。四是激活了村民民主意识和市场经济意识。有限公司、股份、股权、分红等概念对广大村民来说都是闻所未闻的新鲜词儿，通过确权到户的宣传工作、集体会议和投资入股讨论会等形式，市场经济意识和契约精神在实践中慢慢渗透到村民的意识当中，使村民不仅拥有股权，而且明白自己的权益与义务。

"油门＋刹车"机制兼顾集体经济发展活力与资产安全，为集体经济发展保驾护航。农村集体资产确权到户和股份合作制改革后，集体资产产权更为明晰，内生动力充分激发。旌德县按照积极稳健发展的要求，"一脚踩油门"，建立激励机制，鼓励村干部带头致富，实现"双培双带"；"一脚踩刹车"，完善监督机制和风险防控机制。首先，激励机制要求村干部不得在母公司中领工资，但可以从母公司转交给村委会的公共支出中，领取最高2倍于基本报酬的绩效工资。此外，鼓励村干部通过领办合作社、控股子公司等方式，既带动集体增收，也获取"上了台面能说清、放进口袋能安心"的合法收入，确保他们把牢"底线"、不触"红线"，如三溪镇三溪社区书记刘德荣通过竞标控股经营开心农场等。其次，监督机制建立了发展村级集体经济监督管理办法，紧盯集体资产发包租赁、母公司对外投资等风险关键点，通过多层次监督，严控廉政风险。母公司的重大投资决策要经董事会决定，监事会既监督母公司和董事会，也在不干涉经营的前提下监督子公司。母公司在村党组织领导下开展工作，接受村党组织领导，村务监督委员会既监督母公司财务，也监督村委会对收益的使用。母公司账务由乡镇"三资"代理中心统一代理，发包租赁需报乡镇备案，简单自营和投资入股需乡镇批准后方可实施。县农委、财政局对各村开展集体资产运营进行业务指导，县审计部门不定期对母公司和子公司账务进行审计监督。最后，风险防控机制为有效控制风险，采取有关举措。母公司自身是有限责任公司，投资入股的对象必须是公司、合作社、企业制的家庭农场等承担有限责任的市场主体，不得入股个人独资企业、个体工商户等承担无限责任的市场主体，更不得为任何单位和个人提供任何形式的担保。母公司固定资产不入股，原则上只发包或租赁，资产以增量为主，原则上不动存量，除上级项目资金外，县财政设立1000万元村级集体经济发展基金，为集体经济项目提供"源头活水"。

经过一年多的运作，集体经济资产收入大幅提升，为"村出列"脱贫目标的实现贡献了较大力量。2015年共减少集体经济空白村20个，只剩下8个，占全县村级单位的11.76%，下降30个百分点。全县村级集体拥有经营性收入累计达285万元，同比增幅超过三成。同时，集体资产确权到户后，结束了农民对集体资产的"抽象拥有"，实现了对集体资产的按股所有，并享受收益权，为贫困人口的财产扶贫增加了筹码。

三、全域旅游，资产优化

习近平总书记指出，"绿水青山就是金山银山"。旌德县依托自然和人文环境优势，确定全域旅游的发展规划。全域旅游是在传统旅游模式基础上提出的全新旅游概念，它把一个行政区域作为一个旅游景区，打破了传统景区的限制。全域旅游比传统旅游更注重旅游质量，追求的是游客对美景的领略、风俗的体验、文化的感受和对当地家园的留恋，而不再是对旅游景观走马观花式的表层感受。全域旅游讲求游客与当地居民相融合，当地居民是为游客服务的载体，游客和本地居民共同作为旅游消费的主体，为游客及当地居民提供良好舒适的休闲环境。因此全域旅游的发展为当地居民和贫困人口的就地就业、资产转化等带来了商机。

旌德县将"集体经济、美丽乡村、全域旅游"视为发展一盘棋，把美丽乡村建设成果、良好的自然生态环境变成旅游景点和旅游资产，为集体经济提供持续稳定的收入来源，反哺美丽乡村建设，实现可持续发展。全域旅游的发展，一方面帮助实现了集体资产的资本化转变，在全域旅游背景下，形成优质资产，为村集体经济带来稳定收益；另一方面为农户闲置财产的资本化和股份化带来契机。以路西村为例，该村通过"公司＋协会/合作社＋农户"的模式，带动村民发展36户农家乐、11户农家客栈（70个床位），以加盟经营的方式增收致富。同时县财政对达到改造标准的"农家乐""民宿客栈"予以奖励补贴。这些民宿和农家乐均由康富源公司统一管理、统一派单，增加了路西村群众的经营性收入和财产性收入。2016年五一假期期间，旅游公司联系承接了皖南摩托车赛，800多人集中到村里吃住，一切井然有序。民宿业主黄晓本说到，如果不是专业公司运营，靠我们村自己干想都不敢想。这些村民通过股改拥有了集体股份，又通过民宿改造将房产转变为经营性资产。在财产扶贫工作中，旌德县政府也瞄准这一机遇，帮扶条件适宜的贫困户进行标准化的民宿改造，足不出户获得持续性的经营性收入。

四、强化机制，保障执行

2015年1月，习总书记在云南考察时指出："要以更加明确的目标、更加有力的举措、更加有效的行动，深入实施精准扶贫、精准脱贫，项目安排和资金使用都要提高精准度，扶到点上、根上，让贫困群众真正得到实惠"。[1] 改革开放以来，扶贫工作经历了针对贫困县、贫困村和连片特困地区的发展过程，均以区域为目标，以扶贫开发为重点。按世界银行1天

---

① 习近平在云南考察工作时强调：坚决打好扶贫开发攻坚战，中国政府网，2015年1月21日，http：//www.goc.cn/xinwen/2015－01/21/content_2807769.htm。

1 美元的贫困标准测算,中国 30 年间减少了 6 亿多贫困人口[1],1981 ~
2008 年全球贫困人口从 15 亿人减少到 8.05 亿人,中国贡献了全球减贫的
90%。[2] 随着贫困人口的减少,我国的扶贫工作难度进一步加深,精准扶
贫要求扶贫工作从区域开发的层面下沉到精准帮扶脱贫难度最大贫困户的
个体层面。精准识别、精准施策等要求对工作队伍提出了更高的要求,旌
德县通过强化工作机制,保障脱贫工作扎实落地。

1. 强化领导机制

建立党政"一把手"对本地区扶贫工作负总责、帮扶部门"一把手"
对帮扶工作负全责的工作机制,县、乡镇、村逐级签订脱贫攻坚责任书,
形成纵向到底、横向到边的责任体系,建立县领导包保贫困村的脱贫攻坚
制度。

2. 强化资金统筹机制

统筹各方面资源力量,衔接各类涉农资金,按规划整合使用,重点用
于贫困村、贫困户。探索财政扶贫资金、社会帮扶资金等折股量化到贫困
户,投入专业合作社、龙头企业,按股分红、负盈不负亏,对该类专业合
作社、龙头企业或农业项目给予资金、贷款贴息等支持。财政产业扶贫资
金主要通过贴息、担保、奖励、风险补偿、保费补贴等方式投入。

3. 强化资金监管机制

建立资金竞争性分配机制,扶贫资金分配与贫困率、减贫人口、扶贫
绩效和项目建设、资金使用效果挂钩,保证扶贫资金科学使用、精准配
置、落实到位。建立县、乡(镇)、村三级扶贫资金项目公告公示制度,
全面公开扶贫对象、资金安排、项目建设等情况。大力推行阳光村务,实
行党务公开、村务公开、财务公开、服务公开、决议公开、实施结果六公
开,鼓励贫困农户参与项目决策、项目监督和效果评估。加强项目资金效
益评估和内部监督管理,对项目资金、物资使用等实行动态监管。强化审
计、监察和财政等部门的监管责任,每年进行专项审计和随机抽查,坚决

---

[1] The World Bank, *An update to the World Bank's estimates of consumption poverty in the developing world*, World Bank 2012.

[2] 安格斯·迪顿:《逃离不平等:健康、财富及不平等的起源》,中信出版社 2014 年版,第 18 页。

杜绝和从严查处挤占挪用、截留贪污、虚报冒领、挥霍浪费等违规使用扶贫资金的行为，对在扶贫资金运行中出现的问题实行零容忍。党政"一把手"要切实履行扶贫资金监管第一责任人责任，实行扶贫项目建设质量责任终身追究制。

4. 强化干部帮扶机制

进一步健全"单位包村，干部包户"双包机制。创新贫困户包保责任三重覆盖模式，即县领导包保联系村的所有贫困户，联村单位干部包保联系村的贫困户，乡镇联村干部和村两委班子包保本村的贫困户，做到"一对一"精准帮扶。包村帮扶单位要根据贫困村的致贫原因和发展需求，帮助贫困村科学制订扶贫开发规划和年度实施计划，落实帮扶措施。建立包村单位和包村干部年初"建账"、年中"对账"、年底"查账"制度，做到不脱贫、不脱钩，确保各项帮扶措施落到实处。

5. 强化考核奖惩机制

对脱贫攻坚实行项目化管理，每月召开项目调度会；每季度对脱贫攻坚进度开展督查，并将结果进行通报；每半年开展一次考核，考核结果作为目标管理考核的重要依据。制定脱贫攻坚考核办法，充分发挥考核的导向作用，将考核的结果与干部使用挂钩，对扶贫实绩突出的干部优先提拔使用。对未能完成年度扶贫开发目标任务的实行"一票否决"，对其党政主要负责人进行约谈，其党政主要领导不予评先评优，不得提拔、重用或调离。加强对行业扶贫和定点帮扶工作的考核，对工作开展情况进行通报。对出列的贫困村，在攻坚期内原有的扶贫政策保持不变，对已经脱贫的农户在一定时期内继续享受相关政策，避免出现边脱贫边返贫现象。加强对扶贫脱贫工作绩效的社会监督，对扶贫开发工作作出突出贡献的组织和个人给予表彰，对弄虚作假搞数字脱贫的严肃追究责任。

6. 进一步强化基层组织建设

打赢脱贫攻坚战，需要有好的团队、正确的引路人。旌德将扶贫开发、脱贫攻坚与基层组织建设有机结合起来，切实加强农村基层党组织建设，充分发挥战斗堡垒作用，为打赢脱贫攻坚战筑牢根基。大力培养能够带头致富和带领群众致富的"双带型"干部，培养政治素质强和发展能力强的"双强型"干部，让优秀党员在支部中"唱主角"，让致富能手在班子里"挑大梁"。

7. 进一步强化工作作风

各级各部门把精准扶贫作为巩固拓展党的群众路线教育实践活动成果的主阵地，作为践行"三严三实"的主战场，作为检验党员干部党性宗旨意识的大考场，作为锤炼干部作风的大熔炉，引导党员干部转变思想观念、提升能力素质，牢固树立韧性奋斗导向，以"马上就办、办实办好"精神推进精准扶贫任务全面落实，确保精准脱贫目标的全面实现。

8. 强化社会参与机制

坚持政府主导和社会参与相结合，构建政府、市场、社会互为支撑，专项扶贫、行业扶贫、社会扶贫"三位一体"的大扶贫格局。准确解读党和政府扶贫开发的决策部署和政策举措，努力营造全社会关注扶贫、支持扶贫、参与扶贫的浓厚氛围。发挥好"10·17"全国扶贫日社会动员作用，鼓励社会各界到贫困村捐资捐助。发挥民主党派、工商联、无党派人士的优势和作用，推进民营企业积极参与"百企帮百村"精准扶贫行动。鼓励企业吸纳农村贫困人口就业，按照规定享受税收优惠、职业培训补贴等。落实企业和个人公益捐赠所得税税前扣除政策。实施志愿者扶贫计划和社会工作专业人才服务贫困村计划。

第3节
旌德财产扶贫的基本经验

一、凫山村成果案例

旌阳镇凫山村的"下山行动"是旌德县的一个典型扶贫实践案例。凫山村地处地质灾害多发的山区，生活在高山上的八亩村民组，由于条件恶劣，在旌德全县是出了名的"穷"。居住在山上的贫困人口普遍具有劳动力资源贫乏、脱贫难度大等特点。例如，低保户屠某，现今61岁，孤身一人，患有眼病，居住的土屋已经开裂，由于丧失了劳动能力，仅能依靠低保勉强维持生活。针对八亩村民组的基本情况和实际扶贫难度，如果局限于常规的扶贫办法，依靠"输血式"救济，很可能消耗大量经费却事倍功半、难治穷根。基于这样的认识，旌德县在精准扶贫工作中，着眼于长远发展，为凫山村量身定做了"下山行动"的脱贫方式。在搬迁的同时，把"下山"融入目前旌德正在推进的集体经济股份制改革和全域旅游等事关未来发展的大格局当中，标本兼治，让世代在山上受穷的村民搬得出、稳得住、能脱贫。

凫山村的"下山行动"可以归到扶贫移民的范围内，扶贫移民是为解决或缓解人口与资源环境尖锐矛盾和促进贫困人口发展而组织的自愿性移民。由于我国幅员辽阔，生态环境多样，在一些深山区、荒漠化区等地域，生态脆弱，地质灾害易发。同时在这些地区存在贫困人口聚集，贫困程度深等现象，人口与资源环境的矛盾十分突出，因此扶贫移民成为一项重要的扶贫策略。然而，扶贫移民政策并不是一成不变的统一模式，政策的制定和演变既受特定地区生态环境状况、生存发展条件和减贫需要的影响，也受这些地区经济社会发展形势的影响。现行的政策和实施模式往往存在目标瞄准偏离现象，即贫困户由于搬迁资本积累不足，难以做出搬迁决策，而富裕农户具有搬迁资本优势，更倾向于选择搬迁。[①] 也有研究者认为，扶贫移民存在直接受益和间接受益的关系问题。一些贫困户在优惠政策的鼓励下实施了搬迁，结果却"越搬越穷"，[②] 只是做到了"搬得出"，却没有帮助贫困户在新的环境中找到立足的依靠。

凫山村在精准扶贫工作中，让山上的贫困户下山的同时，充分利用各级政策帮扶，帮助贫困人口完成资产置换，实现了躲避自然灾害损伤、精准扶贫和发展集体经济的三赢目标，其扶贫实践被部分媒体报道，并被称为"凫山模式"。

1. 资产置换，修建新居

凫山村下辖的八亩村民组所在地属地质灾害点，贫困户基本都居住在山上。该村结合实际，帮助下山居民修建住房。因贫困户下山，在对下山群众原有宅基地进行土地复垦过程中，产生的土地指标收益在扣除复垦成本后，净收益全部返还集体经济，按照80∶20的比例分配给农户和农村集

---

① 唐丽霞、林志斌、李小云：《谁迁移了——自愿移民的搬迁对象特征和原因分析》，载于《农业经济问题》2005年第4期。

② 朱启臻：《农村扶贫开发理念辨析》，载于《农业经济问题》2005年第11期。

体经济组织。按照精准扶贫的要求，通过整合"地票"收益、省地灾搬迁避让、危房改造、易地扶贫搬迁等资金，配套县、乡财政补贴，为贫困户每户筹集建设资金 11 万～17 万元。村级集体经济组织可以在产生的土地指标范围内获批集体土地建设用地，集体经济组织统一规划、统一实施土地"三通一平"，出资建房，用于出租、发展农家乐、农家客栈。

通过资产置换，下山的贫困人口可以近乎零成本入住山下新居。贫困户住宅由村整合"地票"收益负责建设，属于村集体资产，免费提供贫困户居住，而政策规定的补贴款，一分不少地补给他们。据村支书介绍，"屠某等 5 家贫困户不用花一分钱，就能住进三层楼房的新家，而且腰里还能揣上几万块。对这些贫困户来讲，简直就像做梦一样"。八亩村民组的安置地在村委会前，平坦宽阔，位置极好，是凫山村的优质地段。村支书介绍说："我们就是把最好的地块，安排给最穷的群众。"根据村委会的规划图，下山村民的新居为 30 多套标准化的三层住宅，统一规划，功能齐全。

2. 光伏＋农家乐，获得财产性收入来源

新居的二、三层无偿提供给贫困户居住，屋顶全部安装光伏发电设施，发电产生的收益全部归贫困户所有。新居一层闲置房屋用来开办农家乐，经营所得按比例给贫困户分红，并优先安排贫困人口就业。通过迁入新居的"多功能设计"，使下山贫困户实现了"头上有光伏、脚下农家乐、兜里揣存折"的资产状态，获得了"上楼睡觉、下楼工作"的适应性工作机会。

据村支书介绍，新居的光伏发电每年可为村民带来约 3000 元的收入。同时，凫山村山清水秀，自然资源丰富，其山林和水能等资源具备较为可观的经济潜力。在全域旅游总发展规划背景下，凫山村通过发展壮大村级集体经济，将村内的自然资源优势积极转化为旅游经济优势。八亩村民组迁居的凫山中心村，在县域旅游中已经定位为 3A 级景点。这个村正在利用凫山峡谷、自然生态、无公害食品等资源，开发凫山一日游产业链，而下山村民的"农家乐"正是链条之一。农家乐由村统一经营，村民从中分红，并优先安排工作。因此，凫山村的"下山行动"不是一下了之，而是深思熟虑的行动，一举多得。该村在资产转化方面的周全设计，确保贫困

户搬得出、稳得住、能致富，实现精准滴灌、造血扶贫，彻底改变贫困落后面貌。

3. "盆景"变"风景"，模式推广

凫山村是旌德县"下山行动"的试点村，该村基于"下山行动＋全域旅游＋光伏扶贫"的精准扶贫特色做法，使群众远离生命威胁，让贫困户走出深山。同时，通过资产转化使贫困人口融入当地经济发展主旋律，获得财产性收益，为其拔去穷根。"凫山模式"的成功为旌德县其他地区提供了可复制的有益经验，具有把"盆景"打造成"风景"的推广价值。根据旌德县"下山行动"的整体计划，具体实施分为三个阶段，如表7-1所示。

表7-1 　　　　　　　　　　　旌德县"下山行动"整体规划

阶段	时间	范围	对象
第一阶段	2015～2016年	旌阳镇凫山村八亩、云乐乡许村茶二组、蔡家桥镇汤村竹棵组三个地质灾害点开展试点	共完成搬迁安置65户、174人
第二阶段	2017年	全县96个地质灾害点	总计350户、950人的搬迁安置
第三阶段	长期阶段	全县辖域	推动人口"三个集中"和以人为核心的城镇化建设

资料来源：根据旌德县扶贫办有关资料整理。

凫山村的"下山行动"虽然只是一个看起来特殊的个例，但是却在扶贫移民政策的拟定上给出了有益的启示。即扶贫移民的安置除了要考虑保障其基本生活需求之外，还要考虑在适当范围内为其增加可以产生收益的财产性安排，并且这些安排须符合安置地发展规划，能够借力于相关政策为移民的贫困人口适当添置能够融入当地产业发展链条的启动性资产，有助于在帮扶贫困人口平稳渡过安置期的同时，为其融入当地经济生活凿开窗口。

二、路西村成果案例

路西村作为旌德县"三变"改革的试点村，在财产扶贫工作中遵循旌

德县总体发展规划和总体工作思路，通过开展集体资产确权到户、发展集体经济、全域旅游开发等改革工作，在探索如何依托当前发展机遇增加贫困人口财产性收入的问题上取得了诸多有益的成绩和经验。

1. 集体资产确权，明晰产权

2016 年股改工作启动以来，路西村成立了由镇三资中心、村"两委"、村民监督委员会和村民代表组成的清产核资小组，对村集体资产逐一进行盘点。对盘点的资产按"公益性资产、经营性资产、资源性资产和可供发包的资源性资产"分类进行了登记并张榜公示。该村严守"四个不能"底线，确保维护群众权益，确保公平公正，清理出各类资产账面价值共计32788079.36 元。

村集体在严格执行省农委下发的实施方案和规定的程序的同时，充分尊重乡风民俗和村民自治，因地制宜、一组一策进行了成员界定。以 2016年 4 月 13 日止是否为该村集体户籍人员为标准作为界定依据，以农业人口界定方式，确定人口股，全村界定成员总计 463 户、1568 人。在完成清产核资和成员界定的基础上，按照村民会议确定的可折股量化资产和人口股份进行量化到每一位成员。同时，引导群众充分讨论，民主表决，并将结果记录在案后让大家签字确认。路西村采取人口股，界定股份数 1568 股，可供折股量化的经营性资产、资源性资产共计 25740048.86 元，按人口股每人 1 股，每股折股量化资产 16415.81 元。

2. 成立市场化主体，建立村民股权载体

路西村依照《农民专业合作社法》，以村民组为单位，村民以量化到户的集体资产股权出资，分别成立了西河水稻专业合作社和南坦茶叶专业合作社，依照《公司法》，由两个合作社作为股东发起成立旌德县三桥农业发展有限公司，即村级母公司。母公司严格按照《公司法》规定进行注册登记，公司享有法人地位，负责村集体资产的管理和投资。在《章程》中明确，村集体组织每一位成员都是公司股东。公司为全村 463 户农民发放了股权证书，实现了"农民变股民"。村民均是股东，村民代表为董事，村务监督委员会成员即为监事会成员。村集体悬挂"村党组织、村委会、村务监督委员会、三桥公司"四块牌子。旌德县三桥农业发展有限公司即为村母公司，通过出资参股的方式，和民营主体共同成立子公司。母公司自身是有限责任公司，投资入股的对象须是公司、合作社、企业制的家庭农场等承担有限责任的市场主体，不得入股个人独资企业、个体工商户等承担无限责任的市场主体，更不得为任何单位和个人提供任何形式的担保。固定资产不入股，原则上只发包或租赁。以增量为主，原则上不动存量。在子公司中，由民营主体控股经营，母公司和民营主体按照"保底收益＋按股分红"的方式进行利益分配。同时，路西村制定了发展村级集体经济监督管理办法，紧盯集体资产发包租赁、母公司对外投资等风险关键点，通过多层次监督，严控廉政风险。母公司三桥农业发展有限公司在村党总支领导下开展工作，接受村党总支领导，村务监督委员会既监督母公司财务，也监督村委会对收益的使用。母公司账务由镇"三资"代理中心统一代理，发包租赁需报镇政府备案，简单自营和投资入股需镇政府批准后方可实施。母公司接受县农委、财政局对路西村开展集体资产运营进行的业务指导，不定期邀请县审计部门对母公司和子公司账务进行审计监督。

3. 依托集体经济发展，谋求财产性收入

集体经济股份制改革激活了集体经济活力和村干部、经营能人、返乡大学生等的创业热情。大河有水小河满，集体经济的向好发展为全体村民的财产性收入带来良好预期，同时为贫困人口通过财产性收入摆脱贫困提供了更加正向的可能。路西村通过发包租赁、简单自营、投资入股、委托经营（全域旅游）四条途径，积极探索"三变"的实现形式，壮大集体经济。

一是发包租赁。路西村针对 20 世纪 60 年代集体老茶园管理难、效益低的问题，采取公开招标的形式发包租赁，让老茶园在实施全域旅游的过程中焕发了新机，现由泾县人余长友经营茶园，每年给村委会带来 3.2 万元的直接经济效益。由于经营有方，管理到位，现路西空中茶园成为路西景区一道靓丽的风景。

二是简单自营。对不直接面对市场的简单经营行为如土地流转，开展简单自营。路西村母公司为了增加农业生产经营规模效益，在南坦一、二村民组与村民签订了土地流转协议，共流转土地 105 亩，流转期限暂定三年，每亩每年土地流转价格为 400 元。然后与农业种植大户胡金贵签订协

议，以每亩 450 元的租金流转给胡金贵种植烟叶。下一步拟将该流转土地结合路西村良好的生态旅游环境，发展与旅游相关的种植产业，不断提高农业附加值。

三是投资入股。母公司以扶持基金和上级投入的财政资金等入股子公司，实现"资金变股金"。路西村将县扶持村集体发展基金 30 万元转变为村集体和农民持有的资本金，由母公司管理，并与市场经营能人穆曙明合作，共同出资成立子公司——旌德县曙明旅游发展有限公司（注册资金 70 万元，其中穆曙明个人投入改造资金 40 万元），开展路西旅游餐饮服务。旅游公司由穆曙明控股、运营，每年除单独支付村集体房屋租赁费以外，所获利润按保底收益加按股分红方式进行分配。每年村保底收入为 3 万元。

2012 年以来，在美丽乡村建设过程中，路西村负债近百万元。与此同时，村里每年用于美丽乡村管养维护、村干部绩效工资、农田水利基本建设等公共支出近百万元。为保障公共支出，母公司充分发挥统筹作用，集体经济收益转交村委会后，按照"偿还集体债务、美丽乡村管养维护、村干部绩效工资、基础设施建设、村民分红"的顺序支配，确保了公共支出，带动了村民增收。

4. 依托全域旅游，自然资源向旅游资产转化

绿水青山就是"金山银山"，路西村通过下好"集体经济、美丽乡村、全域旅游"一盘棋，把美丽乡村建设成果、良好的自然生态环境变成旅游景点，为集体经济提供持续稳定的收入来源，反哺美丽乡村建设，实现可持续发展。路西村盘活百亩茶园、千年古埂等自然资源，实现了"资源变资产"。路西村将各级财政投入的 534 万元项目资金形成的资产纳入村三桥农业发展有限公司，实现了"资金变股金"，并将这些资产进行打包，创成 3A 级景区，委托南京康富源公司运营，每年保底收入 10 万元。该村通过市场化委托运营实现"三变"，把"绿水青山"变成了"金山银山"，为集体经济带来稳定收入。

三、经 验 总 结

通过凫山村和路西村在财产扶贫工作中的实践和成果，总结出以下两项基本经验。

1. 帮扶贫困人口筑造资产起点

财产扶贫的实现前提是要有一个资产起点，可以是产权关系清晰的地权、林权、股权等。路西村通过彻底的农村资产改革，明晰了村民在集体部分的产权结构，并通过成立市场化的集体经济主体，使村民实现了对集体资产的"实际"拥有。凫山村通过因地制宜的"下山行动"，为村民实现资产转化，通过迁入地新居的多功能设计，为贫困户统一配备了光伏发电设施等资产，为其获得财产性收入提供了起点。

2. 依托当地经济发展规划，帮扶贫困人口获得稳妥的财产性收益渠道

旌德县根据本地经济发展概况及自然资源优势等客观实际，确立了"集体经济 + 美好乡村 + 全域旅游"的总体发展计划。在财产扶贫工作中，因地制宜地引导贫困人口将起点资产嵌入当地具有发展优势的产业及主体当中。依托集体经济主体，通过转包、入股等方式，将资产委托给具有较强营利能力的主体经营，获得租金或分红等收益。依托全域旅游，精准帮扶贫困户进行闲置房屋的标准化民宿改造，实现资产优化，帮助其在全域旅游发展中获得持续性的房屋租金或经营性收入。

通过旌德县村级的财产扶贫经验可以发现，对于贫困人口来说，往往是财产易得而稳定收益难寻。相对于城市来讲，在经济发展尚不成熟的农村地区，投资渠道、投资项目和投资机会均较为有限，且风险可控性较低。因此，财产扶贫工作需要因地制宜地以当地发展脉络为依据，为贫困人口筑造适应当地产业发展趋势的资产起点，以稳妥的形式投入相关优势产业当中，以期获取持续性的稳定收益。

第 4 节
总结与启示

一、总结

针对如何化解农民获得财产性收入障碍、帮扶贫困人口进行财产扶贫的难题，旌德县已进行了诸多有益的探索和制度创新。将财产扶贫工作有计划、有步骤、因地制宜地嵌入当地"集体经济+美好乡村+全域旅游"的发展一盘棋中。例如，加快贫困村土地承包经营权确权登记颁证工作，鼓励土地依法规范，有序流转；引导贫困户以土地承包经营权、生产工具、农业设施等资源资产参股种养大户、专业合作社、龙头企业或其他农业项目；通过市场化的机制推进农村集体产权制度改革，在折股量化、产权明晰的基础上大力发展集体经济，将分散的各类资源进行整合，集中投入、产业带动，通过农村经济规模化、产业化、市场化的发展，为持股村民带来财产性收入。

旌德县在财产扶贫工作中既有机制优势，又有起点劣势。首先，机制优势在于旌德县在农村产权改革、确权到户工作中拥有扎实的工作成果，全面完成了林权和集体资产的确权到户工作，为财产扶贫打下了良好的基础。同时，在集体经济股份制改革和"集体经济+美好乡村+全域旅游"一盘棋战略的推动下，当地经济活力得到了释放，激发了各主体的创业热情和投资积极性，为贫困人口手中财产的增值和经营主体的转移提供了良好的产业环境和发展机遇。其次，起点劣势则指全县范围内集体资产数量少、附加值低、结构单一等特点。不过，虽然旌德县集体资产起点低，但是随着一盘棋战略的推动，经济的向好发展以及来自于政府、企业、创业者、投资人的不断注资和经营，集体资产的盘子必然会随之变大。如果把财产扶贫看作一辆行驶的汽车，那么资产起点就好比是汽车的初始速度，机制好比是汽车的加速度，即使没有很高的起始速度，只要加速度是正数，汽车就会越开越快，越冲越猛；反之，再高的起点也无济于事。因此，在集体经济向好发展、监管到位的情况下，变为股民的村民依托手中的股权证领到实实在在分红的预期并不悲观。

二、启示

财产扶贫的核心是如何将各类资源资本化和股份化，交给合适的经营主体进行经营管理，从而确保资产保值增值，并形成合理的利益分配机制。通过合作经营，对不具备投资和经营能力的贫困户，采取房屋或土地经营权入股、旅游开发公司出资经营、对贫困户进行保底分红的形式，实现贫困人口财产性脱贫。

财产扶贫的两个关键步骤，首先是确权，然后是增值。因此财产扶贫的先导性工作（尤其是农村）是各类资产的确权到户，产权明晰。在农村，虽然农民因为身份而天然拥有地权、林权等，但在没有确权的前提下，往往是"名义"拥有，而非"实际"拥有。只有明确了产权关系，确认贫困人口手中财产、权益的归属和数量，才能形成财产扶贫的根本基础。财产的增值对于知识和劳动能力都相对贫乏的贫困人口来说，完全依赖其自身的力量实现难度较大，因此发展财产扶贫工作，应鼓励和引导贫困户寻求经营主体的转移，鼓励和引导贫困户将已确权登记的土地承包经营权入股企业、合作社、家庭农（林）场与新型经营主体形成利益共同体，分享经营收益。积极推进农村集体资产、集体所有的土地等资产资源使用权作价入股，形成集体股权并按比例量化到农村集体经济组织。财政扶贫资金、相关涉农资金和社会帮扶资金投入设施农业、养殖、光伏、水电、乡村旅游等项目形成的资产，可折股量化到农村集体经济组织，优先保障丧失劳动能力的贫困户。建立健全收益分配机制，强化监督管理，确保持股贫困户和农村集体经济组织分享资产收益。

扶贫政策的最终效果不取决于政策在顶层如何设计，而更多地取决于乡村底层的制度发育以及各种扶贫资源的公平转递。财产扶贫由于不依赖农户的独立经营能力，是扶持失能和弱能贫困人口的一种有效模式。资产收益扶贫将重点放在扶贫效率到户，不强调资金直接到户，通过赋予贫困户产权或股权，有利于贫困农户积累资产并利用这些资产持续受益。由于投资的资产类型多，投资领域宽，可根据收益率来选择项目，有利于提高扶贫投资的效率。但资产收益扶贫也需要防止贫困人口过度依赖资产性收益的问题，对于有一定劳动能力的贫困家庭，应该将资产收益扶贫模式与通过就业和参与生产的其他产业扶贫模式结合起来，让贫困人口在自我能力提高和自我发展的基础上增加资产性收入，取得更加可持续的脱贫效果。

第 *8* 章

旌德精准扶贫模式总结

第 1 节

→ 旌德精准扶贫工作背景

一、精准扶贫的重要意义

精准扶贫是全面建设小康社会的根本需要，而在全面建设小康社会的道路上，最难以攻克的障碍在贫困农村，一日不带领贫困农村脱贫，一日无法实现全面建设小康社会的目标。精准扶贫体现了社会主义的本质要求，即解放生产力，发展生产力，消灭剥削，消除两极分化，最终达到共同富裕。只有解决了贫困人口的增收难、行路难、住房难、饮水难、用电难、上学难等基础民生问题，让贫困人口不愁吃穿，能够平等享受基本医疗、养老、教育等服务，才能够真正做到共同富裕，才能够体现我国社会主义制度的优越性。

精准扶贫的具体内涵是，针对真正的贫困家庭和人口制定扶贫政策和措施，通过对贫困人口进行深入走访调研，给予有针对性的帮扶，从源头上帮助贫困人口脱贫致富，产生长久的积极影响。[①] 以下四个方面是精准扶贫的重点：通过科学的筛选标准精

---

① 汪三贵、郭子豪：《论中国的精准扶贫》，载于《贵州社会科学》2015 年第 5 期。

准识别贫困户；根据不同的致贫原因精准帮扶贫困对象；利用信息化的手段精确、动态地管理扶贫信息；通过量化检验地方法实现对扶贫效果的精准考核。

第一，精准识别。精准识别就是通过具体的、科学的标准筛选出低于贫困线的农户，然后通过走访调研深入了解导致这些农户处于贫困状态的根本原因，并且按照不同类型的致贫原因对贫困人口进行分类。在我国漫长的扶贫历程中，不可避免地遇到了许多阻碍，例如，筛选贫困户的标准不科学，难以精准识别真正的贫困户。更甚者，有以权谋私的基层领导干部，利用扶贫的职权为亲朋好友谋私利，导致真正的困难户得不到保障的"扶假贫"现象。为了解决这些问题，必须采用科学、合理、合法的筛选标准，精准识别真正的困难户，让政策和福利真正落实到最有需要的群众。①

第二，精准帮扶。在精准识别的基础上，根据不同贫困家庭的致贫原因，因人制宜地采取有针对性的扶贫措施，消除致贫的关键因素并且克服导致贫困户难以脱贫的关键障碍。其重点是要转变帮扶模式，不再对于所有贫困户采取同样的扶助措施，而是通过走访调研深入了解每家每户的具体情况，通过摸排走访和资料汇总整理，对贫困户进行分类，然后根据不同的贫困类型采取因人而异的帮扶方式，充分体现归纳总结、举一反三的整体性、特异性和灵活性。

第三，精准管理。动态管理的目标是为精准扶贫提供信息基础，一方面，相关部门要运用信息化的手段为所有在贫困线以下的群众建立档案，以便在为贫困户设计具体扶贫策略的时候能够掌握每家每户的基本情况，并且定期更新所有贫困户的最新家庭状况。如果有家庭已经脱贫致富，应该及时从贫困名单中剔除，避免占用扶贫资源，而新增的贫困户应该被及时纳入系统，以享受应有的政策和福利，通过这种方式能够保持信息的时效性，有助于精准扶贫的顺利开展。另一方面，应该包括对相关扶贫部门的监督和审查，上级单位可以在系统中实时查看最新的扶贫进展，了解资

---

① 田景娟：《精准扶贫的内涵、实践困境及其原因分析——基于务川仡佬族苗族自治县的调查》，载于《当代经济》2015 年第 33 期。

金去向，在一定程度上有助于保证信息的公开和透明，避免再次出现扶贫初期的贪污腐败现象。

第四，精准考核。精准考核是为了量化检验精准扶贫的真实效果。具体而言，可以从两个方面进行量化：一是对于参与精准扶贫的各级单位，要量化扶贫项目的进展和实效；二是对于贫困家庭或人口的经济情况，应该动态跟踪并且定期量化，争取尽快带领贫困户脱贫致富。只有严格的考核体系才能避免扶贫单位懒政、惰政的出现，促使各级单位时刻牢记自己的使命，将精准扶贫作为长期任务和日常工作的重点。目前，在开展精准扶贫的过程中，各级单位分工明确，权责划分到位。其中，中央政府负责制定贫困筛选标准，并且对全国贫困地区进行整体统筹规划，而各地则负责具体执行贫困县、乡、镇、村的精准扶贫工作。

精准扶贫，"精"体现在党中央对全国贫困地区进行精密统筹规划，而各级下属单位又精密执行贫困县、乡、镇、村的具体扶贫工作。消除贫困、改善民生、逐步实现共同富裕，是社会主义的本质要求，是我们党的重要使命。全面建成小康社会，是中国共产党对全国人民的庄严承诺[1]，是全局工作的重中之重，扶贫攻坚是全面建成小康社会的重中之重，精准扶贫就是扶贫攻坚的重中之重。2013 年 11 月，习近平总书记在湖南湘西考察时，首次提出了"精准扶贫"的概念。[2] 随后，中共中央办公厅发文对精准扶贫工作模式的统筹规划和具体实施方法等方面进行了细致阐述。[3] 2015 年 10 月，在出席 2015 年减贫与发展高层论坛时，习近平主席向全世界庄严宣告："中国将大幅增加扶贫投入，出台更多惠及贫困地区、贫困人口的政策措施，在扶贫攻坚工作中实施精准扶贫方略，坚持中国制度的优势。[4]"党在十八届五中全会时确立了在 2020 年之前实现中国现行贫困标准下所有已建档贫困户全部脱贫、贫困县全部摘帽的目标，在彻底摆脱我国的区域性贫困问题之后，让我们离实现全面建设小康社会的长远任务

---

① 尤圣光：《普惠金融与精准扶贫的研究》，载于《当代经济》2016 年第 5 期。

② 武盛明：《精准扶贫对"金融＋"提出的新要求》，载于《现代营销》2016 年第 6 期。

③ 王瑞芳：《精准扶贫：中国扶贫脱贫的新模式、新战略与新举措》，载于《当代中国史研究》2016 年第 1 期。

④ 钟关华：《习近平精准扶贫思想的浙江实践——以武义下山脱贫为例》，载于《观察与思考》2016 年第 5 期。

更进一步。① 在这次全国扶贫工作会议上，习近平总书记又对"扶持谁、谁来扶、怎么扶"做出了统筹安排。从 2013 年提出精准扶贫这一概念以来，我国在三年多的时间内通过下发一系列文件和习近平总书记的发言指导，对我国的扶贫工作做出了整体规划和细致安排，最终目的是在中共中央和下级单位的共同推动下，通过精准扶贫策略帮助贫困群众脱贫致富，缩小贫富差距，实现全面小康。但是，在具体操作过程中，各级单位反映了一些在绝大部分地区都普遍存在的阻碍扶贫工作开展的问题，这需要中央和各级单位群策群力，创新方法，争取打赢扶贫攻坚战。

精准扶贫，"准"在准确判断，以数据目标定位，在精准推进上花精力，下真功夫。以习近平同志为总书记的党中央注重扶持对象精准、项目安排精准、资金使用精准等标准，用客观数据说话，描绘出我国扶贫发展的蓝图。首先，贫困线标准的计算方式需要进一步明确，不仅要考虑物价水平和家庭收入、支出状况，而且需要综合考虑其他与家庭贫困情况相关的因素，如年龄、健康、教育等。其次，各地区脱贫的时间要进一步明确，根据我国目前设定的目标，截至 2020 年底，我国要全面脱贫，即平均每年要有超过 1000 万的贫困户超过贫困线水平。目前，全国各地都在积极开发专门用于精准扶贫的信息平台，利用大数据等新兴方法精确判断贫困县、乡、镇、村和贫困户，为这些贫困人口建档并录入信息平台，利用整合网络统一管理，确保信息的实时性。党中央用准确的数据、扎实的工作表达出对中国扶贫事业的高度重视，推动精准脱贫工作迈上一个新台阶。

精准扶贫，"扶"在"扶贫先扶志""扶贫必扶智"，提升"造血"功能，在精准落地上见实效。贫困地区难以脱贫致富的根本原因是，受到地理条件和经济状况的限制，当地人民难以接受良好的教育，无法适应当代社会的用工要求，缺乏创新创造的意识和能力，只能用劳动力赚取微薄的工资。在通过就业扶贫、产业扶贫等方式解决青壮年劳动力的贫困问题后，各级单位应该有更深远的考虑，充分认识到教育在扶贫事业中的重要

---

① 张富利、赵莉莉：《经济新常态下"精准扶贫"的推进策略及实现路径》，载于《安徽农业大学学报》（社会科学版）2016 年第 6 期。

地位，只有让贫困地区的下一代接受教育，才能从根本上解决贫困地区的顽疾。从国家层面来看，要加大贫困地区的教育投资，让贫困地区真正摆脱穷的根源。总结我国多年以来的扶贫经验，单纯靠"输血"式的政府财政托底是行不通的，必须通过"授人以渔"的方式帮助贫困户转变观念，让贫困户具有脱贫致富的能力和思想，只有"造血"式的扶贫模式才是可持续的。

"精准扶贫"是"粗放扶贫"的对应面，主要是通过上面提到的精准识别、精准帮扶、精准管理和精准考核实现的。在执行精准扶贫政策的过程中，要着重注意以下几点。第一，以往的粗放式扶贫普遍存在针对性不强、扶贫质量低、效率低等问题。因此，必须运用科学有效的方式，建立健全扶贫机制，解决钱和政策用在谁身上、怎么用的问题，努力做到扶持最需要帮助的群众，扶持群众最需要扶持的方面。第二，必须创新扶贫措施，针对不同贫困区域环境、不同贫困人口状况，从现实条件出发，制定符合客观实际的因地制宜、因人制宜的扶贫规划，从根本上帮助当地谋发展，给贫困群众解决切实问题，而不是拼指标、拼业绩、做表面功夫。第三，扶贫工程是一个系统工程，是一个长远的艰巨任务，必须从"输血"式扶贫转变为"造血"式扶贫，转变贫困农民的思想观念，培养和提高贫困人口的创新意识、创业能力，积极调动贫困人口脱贫致富的自觉性和能动性。

精准扶贫凝聚着党和人民走向社会大同的理想和信念，推动着各级领导干部主动担当，积极作为，扎实推进重点工作的务实作风，从理论和实践上丰富和凸显了党的群众路线思想。精准扶贫是党在新时期执政兴邦的积极实践，标志着中共中央努力实现伟大复兴、共同富裕的强国梦正在慢慢变为现实。

二、旌德精准扶贫工作的探索

旌德县现有 8 个贫困村，贫困户 1355 户，贫困人口 3104 人，其中，因病致贫的贫困户占 42%，因残致贫的占 23%，缺劳动力的占 14%，其他原因的占 21%。

为了响应习近平总书记的号召，深入贯彻落实中央、省市关于脱贫攻坚的决策部署，大力实施脱贫攻坚八个专项行动，旌德县从"下山行动""旅游脱贫""产业脱贫"等多种途径探索精准扶贫工作的具体实施方案，有针对性地带领贫困户脱贫致富。2016年度，旌德县精准扶贫综治考核名列宣城市第一，精准扶贫工作成绩卓著。

在完成精准扶贫的初步目标之后，为了形成精准扶贫长效机制，旌德县向人民群众承诺——"一分部署，九分落实，打赢脱贫攻坚战"，并将其作为必须完成的重大政治任务和一项长期性的艰巨任务。为了形成精准扶贫的长效机制，旌德县从以下几方面逐一落实。

一是抓责任落实。旌德县成立了以党政主要负责同志为双组长的脱贫攻坚领导小组，制定了坚决打赢脱贫攻坚战的实施方案。县、乡、村各级单位层层签订责任状，形成了工作到村、扶贫到户、层层压实责任、一级对一级负责的工作机制。旌德县党政各单位坚持按月召开调度会，对各乡镇、县直各单位任务完成情况按照时间节点进行调度，并且形成了定点督查和随机抽查的检查机制。旌德县四大班子领导每季度定期带队对各级乡镇开展精准扶贫专项检查，旌德县扶贫部门则对各级乡镇的精准扶贫情况开展随机抽查工作，确保精准扶贫各项政策措施落实到贫困村和贫困户。

二是抓资金统筹。旌德县党政单位以精准扶贫统揽农村工作，实现统筹扶贫资金、统筹扶贫项目、统筹扶贫政策、统筹扶贫资源"四个统筹"，按照不低于地方财政收入增量10%的标准安排扶贫专项资金343万元，累计投入财政扶贫专项资金1247.4万元，整合各类涉农资金8122万元。此外，财政扶贫资金实行县级财政专户储存报账制管理，严格进行项目管理和跟踪监测，确保质量过关。最后，通过坚持扶贫项目和资金的审计、监察制度，强化监督，定期对资金进行全面严格的审计和督查，确保资金使用安全。

三是抓典型引路。在精准扶贫过程中，精准扶贫只是手段，精准脱贫才是目的，摆脱贫困不能只靠政府帮扶，更要积极发动群众的主观能动性，激发群众的内生动力。为了调动人民群众的积极性，旌德县将涌现出的旌阳镇凫山村"下山行动＋全域旅游＋光伏扶贫"、兴隆镇三峰村"集体经济+精准扶贫"、三溪镇路西村"全域旅游+精准扶贫"等特色做法，提炼上升为可复制、可推广的有益经验，发挥榜样示范作用，由点及面进行拓展，争取把"盆景"打造成"风景"，带动扶贫开发工作整体提升。

四是抓基础支撑。旌德县的10个乡镇均成立了扶贫工作站，每个扶贫工作站配置了至少2名工作人员，68个村（居）均设立了扶贫专干，贫困村实现了驻村扶贫工作队和第一书记全覆盖。旌德县党政单位累计组织各乡镇和部门分管领导、所有村（居）党总支书记开展精准扶贫政策培训192人次，发放政策汇编、操作流程等宣传材料960本。在旌德电视台开办精准扶贫专栏，报道先进典型和经验做法。

第2节
旌德精准扶贫成效评价

一、具体落实，坚持做到四个精准

旌德县牢固树立精准意识，坚持做到对扶贫对象实行精准化识别，对扶贫资源实行精准化配置，对扶贫措施实行精准化安排。

一是精准识别。2014年旌德县以"两不愁三保障"为标准，通过农户申请、民主评议、公示公告和逐级审核的方式，精准识别建档立卡贫困户2525户、5500人。为每户贫困户建立了帮扶手册和档案台账，实行"一户一档"。

二是精准帮扶。全县共有9个县直单位定点帮扶8个贫困村，市、县、乡、村1854名干部结对帮扶1355户贫困户，每户贫困户都有县（市）、乡、村三名帮扶责任人，实行包保"三重覆盖"。包村帮扶单位共提供帮扶资金56万元用于帮扶贫困户发展生产，联系51家企业与贫困村开展村企共建。

三是精准施策。聚焦精准、靶向治疗，将精准扶贫各项政策措施制定成菜单，由贫困户本人点菜。2017年以来，各级帮扶责任人共走访贫困户7500余人次，根据贫困户需求，制定了帮扶措施3154条，做到

"一人一策"。

四是精准脱贫。2014 年, 旌德县精准脱贫贫困户 486 户、900 人,
2015 年精准脱贫 684 户、1496 人（如图 8 – 1 所示）。每个贫困户至少做到
"四有"：有一本扶贫手册、有一个帮扶联系人、有一套帮扶措施, 脱贫之
后再发一本脱贫光荣证。对已脱贫的贫困户在一定时间内继续进行帮扶,
防止重新返贫。

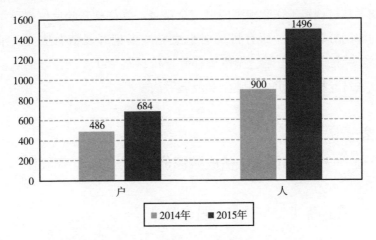

图 8 – 1 2014 ~ 2015 年旌德县精准脱贫统计
资料来源：根据旌德县扶贫办有关资料整理。

二、多措并举, 确保扶贫措施落地

旌德县严格按照"五个坚持""六个精准""五个一批"的要求, 扎
实开展"八个专项行动", 重点是开展好易地搬迁脱贫、全域旅游脱贫和
产业脱贫, 使贫困群体有实实在在的获得感。

一是实施"下山行动"。开展地质灾害危险点搬迁和易地扶贫搬迁为
内容的"下山行动"。对地质灾害点以及各乡镇偏远山区、自然环境恶劣
的 71 户、153 名贫困户实施易地搬迁脱贫。

二是实施全域旅游脱贫。以"全域旅游 + 精准扶贫", 彰显共享发展
理念, 在发展乡村旅游过程中, 推动旅游富民、精准扶贫。鼓励和支持贫
困户利用自有房屋改造开展农家乐、农家客栈经营；引导贫困户开展特色

农产品种养殖，向游客推荐销售；优先聘用具备一定劳动能力的贫困人口，向他们提供保洁员、服务员等就业岗位，让贫困人口共享发展成果、实现精准扶贫。

三是实施产业脱贫。旌德县 8 个贫困村通过开展集体资产确权到户和股份合作制改革，为实现"三变"打下坚实的产权基础，发展壮大村级集体经济。

四是多种途径实现脱贫。旌德县通过实施农业产业化脱贫、就业脱贫、教育脱贫、政府兜底脱贫、健康脱贫工程、基础设施脱贫以及开展金融扶贫，帮助贫困人口实现脱贫。

专栏链接 8 –1 --

91 农购帮助隐龙村加盟农户增加财产性收入

隐龙村隶属于安徽省旌德县版书乡，总面积 6 平方公里，耕地 74 公顷，有林地 347.7 公顷，总人口 981 人。虽是旌德县版书乡最小的村落，但是这里地理位置独特，地势较高，山清水秀，环境优美，民风淳朴。特别是此地盛产高山西瓜，口味甘甜，在旌德享誉美名。

2016 年 4 月，隐龙村村民吕振华加盟了 91 农购，成为 91 农购平台的正式加盟商户。村民吕振华加盟商户的地理位置位于隐龙村前村与后村之间，就像两个小村落之间的桥梁。吕振华加盟商户的门面并不是很大，可却是连通两个村落，为周边的村民带去便捷、带去生活所需的枢纽。吕振华加盟商户所处的地理位置比较优越，村落周边住户分布较为密集，村民纷纷表示看好。随着 91 农购网的网站功能日益增加，必将提高这里居民的生活质量，提高他们的收入水平。村民们再也不用拉着笨重的人力车奔波，因为有 91 农购电商网络平台。贫困农户在创收的路上又多了一方帮助，因为 91 农购成为电商扶贫的有效平台。

乡镇企业发展离不开农民，农民创收更需要企业扶持，营造共同创收、共同发展的局面需要从实际出发解决农民的困难，将农民辛辛苦苦获得的劳动成果卖出好价钱，将提高生活所需的物品运进来，解决他们脱离市场的难题，这是电商扶贫的宗旨。

第 3 节

旌德精准扶贫的基本经验

旌德县在精准扶贫脱贫工作中形成了丰富的成功经验，提供了很多经典案例，本节将以旌德县水务局、旌德县三溪社区、旌德县全域旅游为三个典型代表案例，来说明旌德县在精准扶贫脱贫工作中形成的发展经验。

一、旌德县水务局精准扶贫工作成果和经验

旌德县水务局精准扶贫工作包括三方面：一是负责了三溪镇路西村（联系村）的扶贫工作；二是确立了旌德县 2016 年八小水利工程精准扶贫实施方案；三是明确了旌德县 2016 年饮水工程精准扶贫实施方案。

1. 旌德县水务局定向帮扶三溪镇路西村

旌德县水务局直接负责的联系村为三溪镇路西村，该村共包括贫困帮扶对象 26 户、51 人，其中，因病致贫 6 户、16 人，因残致贫 7 户、17 人，年老体弱 13 户、18 人。在具体帮扶过程中，旌德县水务局设立专项资金 5 万元，专门用于帮扶 26 户贫困户，并且通过资金审查制度保证资金全部用于三溪镇路西村的精准扶贫工作。

2016 年 3 月下旬，旌德县水务局分三批组织党委机关中层以上党员干部深入三溪镇路西村开展精准扶贫首轮进村走访入户调查活动。在南坦二组贫困户朱全铎家中，县水务局局长包忠平详细了解其身体健康情况，针对朱全铎反映家中至今没有安装自来水，当即表示尽快组织技术人员免费安装，同时按最低标准替朱全铎交纳了居民养老保险，并补齐了新农合个人筹资部分。首轮走访过程中，该局机关工作人员在村干部的陪同下，深入该村 23 户贫困户家中，逐户走访，实地察看贫困户的身体状况、经济收入、支出，家庭生活、生产，居住地理条件等生活现况，详细询问记录了各户的实际困难、致贫原因以及脱贫致富的需求和愿望，征求了对帮扶工作的意见和建议。通过此次入户调查走访，旌德县水务局进一步明确了帮

扶思路，增强了精准到户帮扶工作的针对性和可操作性，为所帮扶对象脱贫致富奔小康打下了坚实基础。

旌德县水务局通过定期和不定期走访的方式，随时了解各贫困户在生产、生活方面遇到的困难，然后根据他们的实际情况，针对性地与村干部进行讨论会商，为贫困户量身定制脱贫方案。在帮扶过程中，旌德县水务局共为贫困户购买仔猪 4 头，鸡、鸭苗 500 余只，为贫困户脱贫提供了第一批养殖业资源。2016 年主汛期间，路西村饮水工程曾因山洪侵袭损毁严重，当地人民群众饮水发生困难。面对天灾，旌德县水务局立即拨款 5 万元支援路西村饮水工程的修复工程，共完成土石方开挖 510 立方米，蓄水池砼浇筑 17 立方米，管道安装 3020 米，在最短的时间内恢复了当地群众正常用水，为当地扶贫工作提供了保障。

2. 旌德县水务局八小水利基础工程

旌德县水务局编制了《旌德县 2016 年八小水利工程精准扶贫实施方案》，计划投资 500.9 万元，对全县 8 个贫困村开展水利基础设施建设，具体包括塘坝扩挖 257 口，河沟清淤 14 条，泵站更新改造 13.5 千瓦。旌德县水利局的八小水利基础工程对农业生产有着关键作用，落实小型水利工程"最后一公里"，补齐贫困村水利发展短板，进一步提高农业生产力，增加贫困村农民收入，是确保旌德县 2018 年底实现"村出列，人脱贫"的必要条件。

此外，旌德县水务局计划对旌德县三座水库（江村三溪口、新庄村苗家形、仕川村黄坑）进行除险加固工作，总投资达 740 万元。2016 年底，三座水库的除险加固工程前期工作已经完成，塘坝扩挖、沟渠清淤、小型泵站等工程已全面开工建设。截至 2016 年底，旌德县 8 个贫困村已经实施的"八小水利"工程现状为：版书乡白沙村小型水库 1 座，塘坝 13 座；孙村镇碧云村小型泵站 19 千瓦，塘坝 17 座，河沟 1 条，末级水渠灌溉 50 亩；兴隆镇三峰村塘坝 23 座，河沟 1 条；三溪镇双河村塘坝 12 条，河沟 2 条；蔡家桥凡村小型泵站 17 千瓦，塘坝 8 座；白地镇江村塘坝 22 座；旌阳镇新庄村小型泵站 7.5 千瓦，塘坝 6 座；俞村镇仕川村塘坝 3 座（如图 8 - 2 所示）。

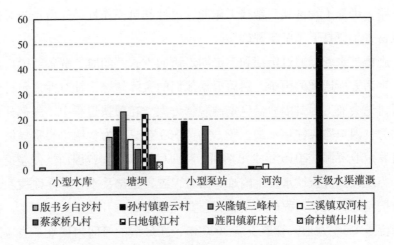

图8-2 旌德县贫困村"八小水利"工程现状

资料来源：根据旌德县水务局有关资料整理。

旌德县小型水利工程精准扶贫是在政府的引导和支持下，依靠贫困群众和社会的广泛参与，补齐贫困村小型水利工程发展短板。扶贫开发项目的效益是衡量项目成败的重要标尺，也是检验扶贫开发项目实施成败的目标所在。经分析论证，扶贫开发的项目效益主要有四个方面。

（1）经济效益。水利扶贫工程的实施，可全面提高病险水库、塘坝、河沟和末级水渠的建设标准，明显改善贫困村的水利基础设施，解决572名贫困人口的脱贫问题，具有巨大的经济效益。

（2）社会效益。水利扶贫工程实施后，将显著减少洪灾损失和提高水资源的利用效率，能够促进我国社会，尤其是贫困地区的和谐发展。此外，人民群众将不再担心人身财产受到洪水等天灾的侵袭，能够显著提高群众的幸福程度，将对促进贫困村经济社会健康持续发展、加快实现全面建设小康社会和社会主义新农村有着重要的作用。另外，水利扶贫工程的建设，可拉动当地的经济发展，具有显著的社会效益。

（3）生态效益。小型水库工程的实施，可避免或减少水库垮坝、堤防溃破导致的生态灾难发生。泵站、河沟生态修复等工程的建设和水资源统一管理的加强，可改善河道生态环境用水状况，有利于维护河流健康生命，有利于减少环境、地质灾害。塘坝河沟水系整治改善水环境条件，有利于美好乡村建设，改善农村生活环境。

（4）扶贫效益。小型水利工程改造提升是按照新形势下党中央"精准脱贫、精准扶贫"的要求建立的新扶贫开发模式，突出"因村因人而异"，实现了财政支持与资源开发相结合，达到了解决温饱、开发产业、增加收入、经济社会全面发展的目的，产生了明显的开发扶贫效应。

通过项目建设，农民的增收渠道进一步拓宽，经济收入显著增加。小型水利工程改造提升的实施和利用，可以有效提高贫困村的农业生产力，产业得到扶持，拓宽了贫困户增收渠道。有效瞄准了弱势群体，全范围的覆盖了贫困人口，提高了扶贫开发成效。

3. 旌德县水务局农村饮水安全工程

旌德县水务局本着为人民群众解决基本问题，切实为人民群众谋福利的宗旨，根据《旌德县农村饮水巩固提升工程"十三五"规划》，在深入村、组调查摸排的基础上，编制了《旌德县 2016 年饮水工程精准扶贫实施方案》，计划投资 155.3 万元，解决全县 371 名贫困人口通水问题。2016年解决农村饮水安全人口 3104 人（其中贫困人口 371 人），建设 49 处工程，总投资 155.2 万元（具体包括：中央 3.4 万元，省级 5.9 万元，县级配套 145.9 万元）。2016 年农村饮水安全巩固提升项目由乡镇安排组织实施，按照市级考核于 2016 年 12 月底之前全面完成建设任务。

二、三溪社区精准扶贫工作成果和经验

1. 积极推进"三变"试点改革

"三变"即"资源变资产、资金变股金、农民变股民"的改革模式，[1]是深化农村改革的重要任务，是扎实推进现代农业的有效举措，是增加农民收入的有效途径。

集体经济是农村改革和发展的第二次飞跃，集体资产确权到户和股份制改革是发展壮大集体经济最基础的制度保障，"三变"改革是实现集体增收、农民致富的重要途径。党的十八大以来，中央对集体经济改革工作做出了一系列部署，明确提出要"积极发展农民股份合作，赋予农民对集

---

① 周密：《狠抓集体经济 走出发展新路》，载于《农村工作通讯》2016 年第 15 期。

体资产股份占有、收益、有偿退出及抵押、担保、继承的权利"。①

旌德县集体经济基础相对薄弱，但是发展集体经济，符合以旌德县为代表的广大中西部农村的实际情况。② 因此，从省委、省政府到县委、县政府都对推进旌德县"三变"改革高度重视，希望通过"三变"改革盘活农村"三资"，激活农民"三权"，探索集体经济有效形式，创新农民财产性收入增长机制，形成先行改革典型模式，为全省农民创收、农业增效和农村改革发展培育示范典型。

三溪社区自开展集体经济股份制改革工作以来，积极推进"三变"试点改革，壮大了集体经济，有利的资源、资产得到了充分的利用。

三溪社区成立了乐成水稻种植和南丰果蔬种植2个专业合作社，并在此基础上与县旅游公司发起成立了旌德三圆生态农林经济发展有限公司。为了加快构建新型农业经营体系，发展村级集体经济，乘着股改的春风，三溪社区母公司——三圆生态农林经济发展有限公司以投资入股的方式，分别与3家个体经营主体成立了3家子公司，分别是——旌德县乐园生态农业发展有限公司、旌德县宏达保洁有限公司、旌德县金穗农业发展有限公司。三溪社区创新实行"母公司+子公司"运行模式，运用"三变"（即资产变资源、资金变股份、农民变股东）的思想将市场机制和资本运作模式引入，有效激发了集体经济发展活力，将社区经济从"输血式"向"造血式"转变，实现公平和效率的有机统一。

三溪社区集体经济发展坚持"母公司管资产，子公司管经营；母公司管公平，子公司管效率"的模式，既体现了模式创新，也体现了"三变"改革的优越性。一方面，子公司独立运营，帮助母公司解决了人才缺乏的问题，相对而言，子公司独立运营也在一定程度上分散了经营风险。另一方面，子公司虽然运营相对独立，但是通过母公司统筹管理，又保障了集体的公共支出，体现了社会主义的公平优势。

通过股份合作制改革和一年的试点工作，三溪社区积极推行和落实

---

① 吴义龙：《"三权分置"论的法律逻辑，政策阐释及制度替代》，载于《法学家》2016年第4期。

② 傅帅雄、张可云、易毅：《中部地区崛起战略背景下的滁州发展》，载于《中国市场》2011年第37期。

"三变"思维模式，壮大了集体经济，充分利用了可获得的资源、资产，最大限度地繁荣了集体经济；经过股份合作制改革后，社区集体经济2016年年收入可增加10万元以上。同时，在子公司独立运营的基础上，母公司负责总体统筹，用集体收益来维持公共事业的发展，从而形成良性循环，既保证了村民的个人收入，又为社区发展增光添彩。

2. 多种方式帮扶不同类型贫困户

三溪社区通过安排两委干部进村入户摸底排查，民主评议，审核确定出三溪社区贫困人口共有67户、140人，并将他们纳入贫困户建档立卡系统内（其中2014年已脱贫8户、21人，2015年已脱贫14户、40人）。各帮扶人按照"识别到人、帮扶到户、落实到位"的要求，根据贫困户实际情况，分析贫困户致贫原因，再制定脱贫规划、细化帮扶措施，帮助脱贫。

三溪社区的主要脱贫方式有三种。一是就业脱贫，对具有劳动能力可以通过工作脱贫的贫困户，由帮扶人帮助介绍帮扶对象务工。二是农业产业化脱贫。对因年老体弱或患有长期慢性病而无法外出工作的贫困人员，帮扶人定向为他们购买鸡苗、猪崽等。经过这些贫困户的精心饲养，最先投入的鸡苗、猪崽都已经开始繁育后代，已经可以出栏进入市场销售。三是政府兜底脱贫。针对完全丧失劳动能力的贫困户，只能通过政府兜底帮助脱贫。通过对这些贫困户的逐一走访，工作人员深入了解了各家各户的经济情况，帮助无低保的申请低保，帮助有低保的申请提标，帮助患有疾病的申请大病救助、临时医疗救助，帮助有身体残疾的申请残疾人补助，并且将无子女赡养的孤寡老人送至敬老院。此外，乡镇政府还定期通过救济、慰问等渠道，给予这部分贫困户现金帮扶。

经过半年时间的帮扶，三溪社区的精准扶贫工作取得了一定成效。截至2016年底，三溪社区原有贫困户的人均年收入增加了800元以上。

通过股份合作制改革和"三变"改革，三溪社区从源头上解决了村级集体经济收入少的客观需要，使社区集体经济得到发展；减轻了农民负担，使社区居民收入大大提高，提升了社区居民生活水平。通过开展精准扶贫工作，增加了社区贫困户的人均收入，改善了社区低收入人群的生活水平。

3. "三变"改革中存在的问题和不足

三溪社区资产确权到户和股份合作制改革工作虽然取得了一定的成绩，但是也存在一些问题和不足，需要在今后的工作中不断改进和完善。

首先，思想认识不到位。集体经济是农村改革和发展的第二次飞跃，对于建设美丽乡村有着积极作用，例如，可以提高村民收入和利用集体收益维护公共事业的发展。此外，集体经济还可以加速脱贫致富的进程，对于帮助贫困户脱贫、帮助贫困村摘帽具有深远的意义。推进"三变"改革是深化农村改革的重要内容，是壮大集体经济的重要举措。面对新形势、新模式，少数乡镇和村居，包括一些村干部仍然没有深刻认识，对改革的意义认识不到位，对怎样盘活集体经济信心不足，缺乏勇立潮头攻坚克难的勇气，工作上还存在着被动应付、完成任务等思想。

其次，主体作用不明显。少数乡镇和村居在发展思路上仍然停留在以前狭隘的发展概念上，缺乏对新形势下农村集体经济发展与建设大局的整体把握，工作安排不系统、不缜密；在项目编制上不切实际，在项目评估时测算不准确、分析效益时不客观，不主动考虑怎样在"三变"改革中选好产业支撑，怎样变短期效益为长期效益，甚至还存在"编项目、造项目"的现象。个别地方"穿新鞋，却走老路"，虽然成立了市场主体，但是发展集体经济的动力不足、方法不多、思路不广。

最后，客观因素制约大。受文化、年龄、能力等多方面因素制约，部分村级干部领导班子整体战斗力不强，创新创业积极性不高、经验不足、能力缺乏。一些行政村村落分散，交通不便，地理条件较差，使得项目难以落地和实施，成为制约村级集体经济发展的重要阻碍。

三、旌德县推行"全域旅游"脱贫工作的成果和经验

旌德县四面环山，风景宜人，曾经的交通不便，为旌德县保留了一片绿水青山。在思考如何带领全县脱贫致富的过程中，旌德县党政单位决定因地制宜，探索生态发展的模式，将全域旅游作为突破旌德县经济发展"瓶颈"的重点。

与传统旅游不同，全域旅游更加强调游客的旅游质量，追求让游客充

分领略当地的美景、风俗和文化，并且通过整合区域内交通运输、环境保护、餐饮服务等多个方面来服务于旅游业的发展。旌德县在打造当地全域旅游品牌时，注重创造全新的旅游观念，不仅强调充分利用当地自然资源，而且注重人文资源的保存与开发，让游客能够体验到当地的风土人情。

旌德县由于交通不便，保留了相对完整的生态环境，对于发展旅游业有着得天独厚的优势。但是作为贫困县，旌德县在发展全域旅游的道路上依然面临着许多困境。首先，旌德县虽然拥有景区 20 余处，但是总体来说，旌德县内景区缺少独特性，与安徽省其他县的景观大同小异，再加上旌德县各个景区之间相对独立，缺少整体规划。此外，旌德县位于黄山脚下，又与婺源隔山相望，这样与知名景区毗邻的地理位置反而不利于旌德县旅游业的发展，缺乏相应的区位优势，竞争力相对不足。

尽管如此，全域旅游依然是旌德县值得尝试的发展路径，其主要优势体现在以下三个方面。第一，旌德县保持了相对原始的自然风光，没有受到现代工业的污染，徽派山水建筑与黄山相映生辉，有着得天独厚的先天优势。第二，2015 年 7 月开通的合福高铁打破了旌德县以往受到交通条件不便的限制，这条被誉为"开往春天的列车"首次将旌德县与外界紧密高速相连，为旌德县将外界资源"引进来"提供了便利。第三，全域旅游对于发展区域有着较为严格的规模要求，因为如果区域规模太大，那么各地资源就难以集中，无法统一规划，形成鲜明特色；如果区域规模太小，又难以凸显全域旅游的优势，无法与传统旅游进行区分。而旌德县区域规模适中，又具备地理位置、自然资源等方面的优势，能够调动全县资源为旅游业发展提供全力支持。

在旌德县推进全域旅游工作的过程中，以"突出生态休闲，发展特色旅游，打造旅游强镇"为目标，加大旅游休闲基础设施建设力度，拓展旅游服务业链条，增强环境承载能力。

第一，加强景区创建，提升旅游品位。一是抓好现有景区提升。路西景区精品民宿项目正在编制招商项目，景区主干道路拓宽改造及"白改黑"工程已经完成。推进天鹅湖景区创 3A，观赏、采摘、餐饮、住宿等服务项目设施加快完善。舍利精舍景区新建佛堂 200 平方米，景区规模进一步扩大。裕农公司稻鱼共养基地基础设施工程加快建设，具备初步接待能力。二是打造精品景点，提升吸引力。结合美丽乡村建设着力夯实基础设施建设，推出采摘园、西山探险、徽芜古道、高山竹园等 25 个精品景点，打造旅游观光特色风情一日游、两日游线路，带动各景区联动发展。

第二，发挥资源优势，推动农旅结合。结合三溪独特的资源和民间工艺，推出大雁、黑鸡、有机水稻、黄精、手工竹篮等特色旅游产品，带动地方农副产品加工和销售。同时，注重旅游开发和文化保护相结合，注重三溪老街、乐成桥、田家古屋的开发与保护。

第三，加大扶持引导，繁荣乡村旅游。加大对于乡村旅游示范景区的扶持力度，同时动员当地居民积极参与到旅游业中，在利用当地资源和自身能力脱贫的同时，进一步发展和繁荣当地旅游经济，扶持发展农家客栈。路西村已建成农家客栈 11 家，床位 70 个，农家乐 36 家，可同时接待 500 人用餐；天鹅湖生态农业旅游观光园已完成 10 间标准间建设，拟再建 10 间标准间。

第四，做好项目推进，打造特色品牌。逐步落实已立项的旅游建设项目，并且加大投资力度，利用信息化的手段实现项目监管、全程帮办服务等措施，扎实把各项任务落到实处。按照"招商引资、政策扶持、市场运作"的工作思路，在包装策划好项目的基础上，加大旅游项目的推介宣传力度，引进有实力的大型企业前来投资开发，加快旅游资源转化，推动旅游项目建设。

在全域旅游的具体实施过程中，旌德县通过县美好办专门执行了"美丽乡村建设"计划，按照美丽乡村、集体经济、全域旅游的"一盘棋"模式逐步推进、逐一落实。开展美丽乡村建设，打造乡村旅游精品村，作为美丽乡村建成项目纳入农村集体资产，发展乡村旅游，壮大村集体经济。同样，集体经济发展化解了在美丽乡村建设中产生的集体债务，包括美丽乡村后续的管养维护费用，可以说集体经济为美丽乡村建设提供内生动力，是美丽乡村建设的重要支撑，全域旅游则是集体经济持续稳定收入的重要来源。

在资金投入上，旌德县在 2016 年争取到省级专项资金 1600 万元，县级财政预算安排设专项资金 1600 万元。此外，通过建立完善的"资金整

合体系"，加大涉农项目整合力度，2016 年全县整合项目资金预计可达 1
亿元。最后，旌德县积极引进社会金融资本，参与支持美丽乡村建设，截
至 2016 年底已争取徽商银行信贷资金 11 亿元用于乡镇建设。在全县 63 个
村开展美丽乡村建设过程中，道路、绿化、亮化、停车场、文化休闲广场
等基础设施，有效转化成村集体资产，促进农村"三变"改革，据统计，
美丽乡村建设成果转化成农村集体资产达 6600 万元。

此外，继多轮加快农村公路建设以来，宣城市 2016 年完成投资 15.3
亿元，开工建设 2528 公里农村道路畅通工程，是年计划的 117.3%，完成
路面 2269 公里，是年度计划的 105.3%。打通了断头路，新增农村公路里
程 302 公里；提升公路等级 705 公里，使 70 个乡镇到县城以及相邻乡镇之
间的通行水平得到了提升；完成了老村级道路加宽 744 公里，通往 343 个
行政村的公路加宽到 4.5 米以上；完成撤并建制村和贫困村较大自然村公
路硬化 818 公里，597 个自然村通上了水泥路，结束了 7 万多人口"晴天
走灰路，雨天走泥路"的落后交通历史；57 个贫困村内 104 个较大自然村
修通了水泥路。精准扶贫交通先行政策落实到位，为旌德县开展全域旅游
提供了客观便利。

旌德县美好办具体负责"一盘棋"中的整县推进美丽乡村建设试点工
作，随着旌德县全域旅游的发展，一是以打造精品的理念"造风景"：先
后建设了路西村、朱旺村、玉屏村等一批环境优美、特色鲜明、乡土浓
郁、设施完善的美丽乡村旅游精品村，推进乡村旅游发展；二是以树立经
营的意识"创风景"：在省级中心村建设基础上，重点推进旅游精品村建
设，完善乡村旅游基础设施，优化旅游服务综合配套，以路西村、朱旺村
为代表，积极创建 A 级景区，路西村、朱旺村现已创成 3A 级景区，凫山
村、三山村、隐龙村正在争创 3A 级景区当中；三是以环境整治的态度
"连风景"，持续推进农村环境综合整治工作，实现农村清洁工程垃圾处理
县域全覆盖，以 205 国道为重点，打造美丽乡村建设示范带，广泛开展国
省道沿线村旁屋边环境整治工作，完成 44 个自然村环境整治。

2017 年 1 月，路西村与黄花岭生态旅游观光有限公司签订合同，投资
规模 2 亿元，将路西景区打造为"浪漫、骑行、茶文化"为主题的乡村创
意农业公园。三溪镇被县委、县政府命名为"骑行小镇"，是旌德县首个

授牌的特色小镇；路西景区被评为国家 AAA 级旅游景区，路西村被评为安徽省、宣城市乡村旅游示范村；天鹅湖农庄被评为五星级农家乐，华盛山庄、古城山庄被评为四星级农家乐。引导本地农业企业发展旅游项目，引进水上乐园、康富源等企业开发旅游项目。抓好服务点质量提升，全镇旅游住宿接待床位总量达到 141 个，其中 A 级以上住宿点 12 个、餐饮点 9 个、购物点 12 个；在路西村建立了农村电商服务站，强力推进"电商＋"新经济发展。成功举办了首届骑行小镇（三溪）骑游节暨摩托车越野赛、"健康安徽"环江淮自行车大赛、路西油菜花摄影大赛、路西旅游开放月等活动，促进了全域旅游的健康发展。

四、经 验 总 结

旌德县自开展扶贫攻坚工作以来，扎实开展扶贫工作，取得了不错的成绩。尤其是"三变"改革和旅游扶贫工作，值得推广和借鉴。

1. "三变"改革工作

自 2015 年以来，旌德县按照走出一条新路、坚持三点原则、把住三个关口、拓展四条途径的"1334"工作布局，大力推进当地集体经济的发展。

第一，"三变"改革明确了产权主体、夯实了产权基础。旌德县各村严格清算核查资本，对成员名单进行审核，避免出现潜在的裙带关系或贪腐问题。除此之外，大力发展"股份＋合作"的运营方式，赋予了集体经济组织合法的市场主体地位。

第二，旌德县通过"摸清家底，分别设计运营计划""发包租赁，获得稳定收益"和"委托经营，发展全域旅游"的方式实现了"资源变资产"；通过"将财政投入纳入集体经济公司总资产""将县级扶持基金投资入股子公司"和"顺利做好新增项目衔接"的方式实现了"资金变股金"；通过"实现集体资产确权到户和股份合作制改革""开展农民土地入股"和"公司＋协会/合作社＋农户"的方式实现了"农民变股民"。

虽然旌德县在"三变"改革中取得了不俗的成绩，但是仍然存在资产转化率不高、体量较小的问题。此外，大部分涉农资金使用范围被严格限制在具体项目中，整合难度较大，需要在下一步改革中着力解决。

2. 全域旅游

旌德县文旅委在精准扶贫工作开展以来，严格按照县委、县政府的统一部署，结合文旅委基本职能，扎实开展扶贫工作。截至 2016 年底，旌德县通过全域旅游开展旅游扶贫 44 户，共计 101 人。

第一，旌德县积极推进景区"最后一公里"通达工程，贯通了朱旺、路西、旌歙古道"最后一公里"；新建、改建旅游交通标识牌 109 块，基本实现了旅游交通标识系统全覆盖；建设旌德县高铁旅游集散中心项目，并在高铁站内设置旅游咨询平台；响应国家旅游局"旅游厕所"号召，按照国家标准在旅游景区、旅游集聚区、交通沿线等建设了一批旅游公厕；在旅游镇村和景区建设了一批旅游专用停车场。

第二，实现旅游创建奖补政策，对于上一年度被评定为 AAA 以上景区、优秀旅游乡镇、三星级以上农家乐、农村旅游示范村、验收合格的旅游专用停车场、旅游公厕、通过评审的乡村旅游规划等进行奖补。其中，2015 年度的奖补资金 168.32414 万元已全部落实到位。通过进一步加大政策扶持力度，为乡村旅游发展壮大提供资金扶持。

第三，通过进一步拓宽旅游融资渠道，推动大众创业，帮助小微企业成长，辅助传统产业改造升级。旌德县认真落实《关于加强融资担保机构建设中小微企业和全域旅游发展的意见》及《关于促进经济平稳健康发展的若干意见》的文件精神，设立了 6000 万元的全域旅游资金担保，并且按照 1:5 放大至 3 亿元。

第四，旌德县着力打造精品旅游服务团队，努力培养高素质的专业旅游团队，通过优惠政策吸引对口人才。同时，定期为区域内旅游业从业人员提供职业技能培训，通过定期考核的方式保证旅游人才的专业素质，从而进一步提高旌德县旅游业的质量，打造专业旅游品牌。

第五，通过积极探索、创新旅游管理体制，完成了旌德县旅游发展公司市场化改革，充分发挥了旌德县旅游发展公司的职能，打造了一支高标准的具备承办会展、论坛能力的队伍。

第六，创新、拓展旅游营销策略，通过策划一批贯穿全年的常态化旅游节庆活动，如旌歙古道徒步邀请赛、兴隆春梅会、铜陵万人游朱旺、徽游铁骑十三周年年会、全省自驾游旌德站等特色主题活动，进一步推广旌德县的旅游产业。

第4节
总结与建议

一、总结

面对在精准扶贫工作开展中遇到的问题，旌德县各级单位需要发挥创新精神，用新的方法、新的思路去开展扶贫工作，积极主动地发挥创造性思维，踏实肯干地把扶贫当作日常工作的首要任务，以确保精准扶贫工作的顺利开展，早日实现共同富裕。

1. 领导干部需要转变思想，通过符合农村实际的多维评估标准制定贫困线，更好地识别出真正需要扶助的贫困户

考虑到农村基层政府存在信息技术落后和管理成本较高等现实问题，基层干部难以通过人口普查或走访调研获得各家各户真实、可靠的收入数据。因此，继续以收入作为贫困家庭或贫困人口的唯一识别标准就明显是不科学的，也是不值得被采纳的。在农村基层政府落实国家扶贫政策时，以单一收入标准作为识别指标的方式必须被抛弃，转而综合考察教育、健康等多种因素，利用多维标准精准识别贫困户，避免现实情况与上级要求不符的情况。除此之外，国家统计局用于估计贫困人口数量的方法也需要转变，不应该只考虑农民的收入和消费情况。一方面，这些经济情况很难通过人口普查或走访调研获得真实的数据；另一方面，单一指标不够科学、全面，难以涵盖所有的贫困人口，容易出现偏差或遗漏。因此，国家统计局应该综合考察农户的健康、教育等其他因素。从单一指标到多维指标的转变具有深远的意义，这不仅能够帮助各级单位更好地识别真正需要扶助的家庭，而且避免了国家指标与基层标准不一致的尴尬情况。但是，考虑到目前还没有采用新的估计方法，农村基层政府在实际落实精准扶贫政策时，要扩大实际扶贫的范围，以涵盖那些不在国家贫困线以下，但是实际情况非常贫困的人口。在这种情况下，必须增大扶贫政策覆盖面，并且随之增加相应的扶贫资金。

2. 地方政府应该重点探索和建立通过多种途径"因人制宜"地帮扶贫困家庭或贫困人口的精准扶贫机制

考虑到每家每户致贫的原因不同，在开展精准扶贫工作时，应该注意深入了解致贫原因，并且通过总结归纳对贫困户进行分类，综合利用就业扶贫、产业扶贫等方式扶持贫困户。同时，领导干部应该考虑长远的帮助贫困户脱贫、贫困县摘帽的因素，比如通过加大教育投资解决贫困地区儿童的基础教育问题。在帮扶过程中注重转变贫困户的观念，调动其主观能动性，让扶贫措施能够产生延续性的长期效果，[①] 同时采取就业扶贫、产业扶贫和旅游扶贫等举措，变"输血"为"造血"。

二、建 议

目前，旌德县农业产业脱贫攻坚仍然存在产业精准扶贫实施不力，覆盖面不广，结构比较单一的问题。农业产业化扶贫多为送鸡苗、鸭苗、猪崽等老套路，过于注重当前能够脱贫越线的短、平、快的种植、养殖项目，缺乏真正长效脱贫的招数，没有充分发挥新型农业经营主体的带动效应。针对以上问题，旌德县应该积极创新扶贫措施。

1. 提高各级帮扶干部对于脱贫攻坚战的重视程度

坚决打赢脱贫攻坚战，是全面建成小康社会的底线任务，是责无旁贷的重大政治责任。各级帮扶干部应该认真剖析现状，对于脱贫措施举一反三，对于贫困户进行全面摸排，认真梳理详细的问题清单，在详细了解现实情况的基础上，积极主动学习其他地区的脱贫举措，并且因地制宜化为己用，制定具体的、有针对性的整改方案。脱贫工作必须明确责任领导和责任人，安排好工作进度和时间节点，确保按时保质完成整改任务。同时要对整改工作进行全面总结分析，认真查找具体问题背后的深层次原因，建立健全精准扶贫、精准脱贫的长效机制。

---

① 熊晓晓：《变"扶贫"为"扶智"——第五届中国贫困地区可持续发展战略论坛综述》，载于《北大商业评论》2015 年第 10 期。

2. 进一步细化产业扶贫政策并精准执行

在提高了领导干部对于扶贫工作的重视程度后，就要具体落实扶贫措施。在具体操作上，旌德县应该坚持以市场需求为导向，坚持效益优先，突出旌德特色优势，引导贫困户重点发展黄山黄牛、皖南土猪、山地放养土鸡以及有机茶叶和无公害茶叶、山核桃、香榧、竹林、中药材、有机水稻等产业。通过政策支持，扩大产业带动作用，通过结对帮扶，具体指导贫困户脱贫发展产业，实行产业扶贫全覆盖，争取每一个建档立卡贫困户都新增一个以上产业扶贫项目。

3. 通过多形式、多渠道带动贫困户脱贫

旌德县各级领导干部需要立足本职，群策群力，推广"农业龙头企业＋合作社＋贫困户"模式，培育带动贫困人口脱贫的经济实体。重点推进"抓股改、促三变"，带动贫困村、贫困户脱贫。通过开展农村集体资产确权到户和股份合作制改革，积极总结经验，寻求更多方式解决贫困户问题。考虑到在现实情况下，很多贫困户往往因为各种原因不能满足银行放贷的基本条件，旌德县应该继续积极探索"农村集体经济＋产业化龙头企业＋合作社＋金融＋贫困户"的多赢脱贫模式，改"输血"为"造血"。充分利用小额扶贫贷款资金，将资金打入经过扶贫办、银行等多方认证并承担还贷的经济效益好、发展稳定的企业、合作社、农村集体经济的账户，贫困户直接从企业获得分红，并且鼓励企业和经济体聘用包含其他贫困户在内的人员，真正发挥扶贫贷款的作用，同时促进企业的发展。

4. 加大产业扶贫资金投入

继续坚持以习近平总书记关于扶贫开发、脱贫攻坚的战略思想及在中央政治局第 39 次集体学习时的重要讲话精神为指导，严格对照"六个精准"和脱贫攻坚工作必须务实，过程必须扎实，结果必须真实的要求，深入开展脱贫攻坚突出问题大排查、大诊断、大整改专项行动，全面提升"两率一度"（贫困对象识别准确率、退出准确率和群众满意度），以务实的态度和过硬的措施，坚决打赢脱贫攻坚战。

第 *9* 章

旌德调研数据统计分析

第1节

┈┈┈┈➤ 引言

　　《国家八七扶贫攻坚计划》实施以来，以政府为主体的大规模扶贫工作进行了近30年，经历了从"救济式"扶贫到"开发式"扶贫的演变过程。十八届五中全会后，"精准扶贫"一词在短时间内被反复提及，充分彰显了以习近平同志为核心的新一代领导集体对提高扶贫瞄准精度的重视，提高扶贫瞄准精度的"精准扶贫"成为国家综合扶贫政策的最新表述、最新思路和最新标准。

　　2015年5月，习近平同志在浙江省座谈会上指出，要科学谋划好"十三五"时期扶贫工作，确保贫困人口到2020年如期脱贫，以全面建成小康社会。而在这个全面建成小康社会的重要历史时间节点上，最艰巨、最繁重的任务在农村，特别是在贫困地区，消除贫困是全人类的共同使命。2015年在京召开的"减贫与发展高层论坛"上，习近平总书记发表了《携手消除贫困，促进共同发展》的主旨演讲，并提到中国目前已基本完成了联合国减贫千年发展目标。尽管从国家整体层面看，中国的减贫目标得到了很好的实现，但截至2015年底，全国贫困人口仍有5575万。[①]

---

　　① 庄天慧、张军：《民族地区扶贫开发研究——基于致贫因子与孕灾环境契合的视角》，载于《农业经济问题》2012年第8期。

因此，在努力实现全面建成小康社会的宏伟目标之际，使 5575 万人摆脱贫困，仍是一项艰巨的任务。

目前，理论界、学术界对于贫困以及致贫问题已有不少的研究。有学者通过对民族地区的致贫问题研究发现，贫困与自然灾害发生具有高度契合性，具体体现在脆弱的生态环境、人口的增长与整体素质不高、经济的短板效应、薄弱的基础设施以及较低的社会保障水平。[①] 也有学者通过对贫困区域的测度与识别发现，贫困区域的致贫因素与生态环境恶化、资源禀赋匮乏、经济基础比较薄弱、人力资源短缺、科学技术落后或体制和政策缺失等因素有密切关系。[②] 有研究关注西南地区贫困村分布格局，认为贫困村集中连片分布的特点以及西南地区的历史原因、地理区位、生态环境脆弱等因素，是阻碍西部地区全面建成小康社会的重大阻力。[③] 一些学者运用 GIS 技术探讨了秦巴山区贫困空间格局，定量分析了贫困影响因素，认为自然地理特征、地理区位、公共服务的可达性以及政策因素对贫困有显著的影响。[④] 目前来看，对于贫困成因问题的研究主要集中在外部因素的影响，如自然灾害、地理区位、科学技术落后、政策落实不到位等，很少去深入研究内部因素，例如病残、劳动力不足以及农村人口看待贫困的意识问题。外部因素可以通过资金和技术手段得到解决，但真正摆脱贫困必须重点解决贫困的内部因素。

为了打好这场脱贫攻坚战，中共中央颁布了一系列政策，制定了相应措施作为行动指南。在《中国农村扶贫开发纲要（2011～2020 年）》中，从水、电、交通、医疗、住房、教育、文化等方面，对相关工作做出了详细的目标规划。根据具体的目标，相关部门也出台了更为精细的政策文件来指导脱贫工作。由此可以看出国家对扶贫工作的高度重视。安徽省扶贫办公布的数据显示，2014 年底安徽省共有贫困人口 401 万人，居全国第八

---

① 吕旺实、朱善利：《中国农村社会保障制度建设研究》，载于《经济研究参考》2011 年第 58 期；许汉泽：《扶贫瞄准困境与乡村治理转型》，载于《农村经济》2015 年第 9 期。

② 冯艳：《区域贫困测度、识别与反贫困路径选择研究》，辽宁大学，2015 年；汪三贵、郭子豪：《论中国的精准扶贫》，载于《贵州社会科学》2015 年第 5 期。

③ 王超：《西南地区县域贫困村空间分布格局及致贫机制研究》，重庆师范大学，2016 年。

④ 网罗庆、樊新生、高更和、杨慧敏：《秦巴山区贫困村的空间分布特征及其影响因素》，载于《经济地理》2016 年第 4 期。

位，贫困发生率高于全国平均水平 2.2 个百分点。① 同时这些贫困地区主要集中在皖北地区，皖北地区自然资源、基础设施、公共服务严重不足，安徽省的国家级贫困县大多位于皖北地域，给脱贫攻坚工作带来了一定难度。

在近些年的改革和发展中，安徽省旌德县作为精准扶贫工作的领军者，在扶贫对象精准、扶贫项目精准、扶贫成果显著三个方面都取得了令人瞩目的成绩。为了调研了解扶贫工作开展情况，以安徽省旌德县为研究对象，开展了一系列实地调查，其中调查形式包括调查问卷的数据分析以及对当地参与扶贫工作的政府工作人员和贫困户的访谈。本章通过对调查问卷收集数据的统计分析，以及对访谈内容的整理，总结了安徽省旌德县的扶贫工作模式。

第 2 节

▶ 旌德扶贫模式调研数据分析

一、数 据 来 源 与 基 础 信 息

本书研究数据来自 2016 年 11 月对安徽省旌德县的三溪镇、庙首镇、孙村镇等 4 个镇、9 个村的实地调研。这 9 个村都由其各自下属的若干自然村组成，是以农、林、蔬、果类为居民主要经济来源的村落，因而人均收入不高，且其位于山区交通不便，下属自然村分布零散，因而是旌德县扶贫工程实施的重点地区。

本次调查问卷的研究对象还包括安徽省旌德县参与扶贫工作的政府工作人员，就当前旌德县关于精准扶贫工作的成效和问题进行了调查。对回收的问卷按要求进行筛选，回收有效问卷 138 份，回收信息存在部分缺失，样本有效数据的基本描述分析如表 9－1 所示。

---

① 於忠祥：《由安徽实践引发的脱贫攻坚思考》，载于《团结》2017 年第 1 期。

表 9 – 1　　　　　　　　　　样本有效数据基本描述分析

性别	男			女		总计
样本数	68			70		138
占比（%）	49.3			50.7		100
年龄	20～29 岁	30～39 岁	40～49 岁	50～59 岁	>59 岁	—
样本数	17	52	38	23	8	138
占比（%）	12.5	37.5	27.5	17	5.5	100
文化程度	初中以下	初中/中专	高中/大专	本科	本科以上	—
样本数	8	26	55	47	2	138
占比（%）	6	19	40	34	1	100
家总人口	2	3	4	5	>5	—
样本数	5	23	43	56	11	138
占比（%）	2.8	17.2	31.6	40.4	8	100
劳动力	1	2	3	4	>4	—
样本数	40	59	17	18	4	138
占比（%）	29.2	42.8	12.4	13.2	2.4	100

　　资料来源：根据北京大学贫困地区发展研究院问卷调研资料整理。

　　调查问卷的调研对象中被访者 49.3% 为男性，50.7% 为女性。年龄分布中，被访者年龄主要集中在 20～60 岁之间，其中 20～29 岁占 12.5%，30～39 岁占 37.5%，40～49 岁占 27.5%，50～59 岁占 17%（如图 9 – 1 所示）。受试者中大多属于中青年，思想成熟，具有一定的社会代表性。而且根据问卷反馈信息可知，受调查者大多为三口之家。

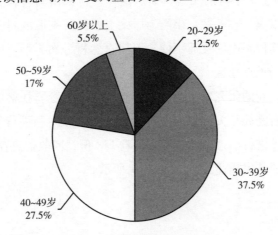

图 9 – 1　受访者年龄分布情况

　　资料来源：根据北京大学贫困地区发展研究院问卷调研资料整理。

从学历分布来看，大部分（40%）的受试者具有高中或中专学历，本科学历的受试者仅占34%，高中以上学历占74%，本科以上学历不足1%（如图9-2所示）。这也从一定程度上反映了当地居民受教育水平一般，并且人才流失严重的问题。

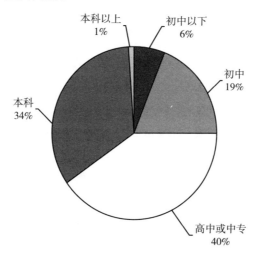

图9-2 受访者学历分布情况

资料来源：根据北京大学贫困地区发展研究院问卷调研资料整理。

通过对被访者的调查，可以发现大部分人口的家庭结构为三口之家，平均劳动力为2人，而且大多有一个孩子正在读书。隶属于当地的劳动力在年龄方面，也呈现出老龄化的趋势，大多数年轻劳动力都选择去外地打工，使得当地年轻人才流失严重，是导致贫困的一个重要原因。将贫困人口的调查数据进行分离，通过统计分析发现，贫困人口的家庭人均年收入大多在3000元以下，而且家庭收入的主要来源由务农收入和外出打工收入构成。对于影响收入的因素，有4.6%的受访者认为自然环境差、自然灾害多；有45.7%的受访者认为自身发展能力差，如文化水平、技术水平低；剩下的受访者中，有32.1%的人认为市场环境迅速变化，增产不增收；还有17.6%的受访者认为政府工作有待改进（如图9-3所示）。

通过此问题不难发现，限制当地贫困人口增收的一个主要原因就是人口文化水平低，可作为劳动力的工作能力差，需要加强基础素质培养和工作能力提升，这也与从"输血式"扶贫模式向"造血式"扶贫模式转变的思想相符合。

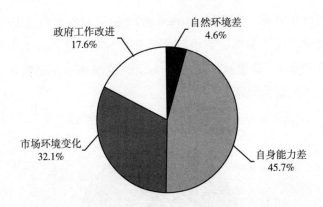

图9-3 致贫原因调查情况

资料来源：根据北京大学贫困地区发展研究院问卷调研资料整理。

二、贫困户参与精准扶贫的意愿分析

1. 贫困户对于精准扶贫的认知情况

关于贫困户对于精准扶贫认知情况的调查显示，44.8%的贫困户对于精准扶贫有基本的认知，非常了解精准扶贫的贫困户占被测样本总量的40.8%，这说明大部分贫困户对于精准扶贫的认知停留在初级阶段，且依旧有14.4%的贫困户尚不了解精准扶贫（如图9-4所示）。今后如想提高扶贫项目的瞄准精度，仍需政府努力扩大宣传，增进贫困户对于精准扶贫工程的认知程度。

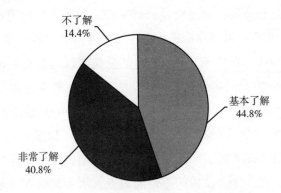

图9-4 受访者对于精准扶贫认知情况

资料来源：根据北京大学贫困地区发展研究院问卷调研资料整理。

2. 贫困户对于有无参与精准扶贫必要的认知

关于贫困户参与精准扶贫必要性的调查结果显示：样本量中88.6%的贫困户都认为有必要参与精准扶贫工程，仅有6.3%的贫困户认为没有必要参与精准扶贫工程（如图9-5所示）。尽管大部分贫困户不是非常了解精准扶贫，但是贫困户依旧渴望参与到扶贫工程中。可见，贫困户对于扶贫工程需求意愿较高，广大贫困户已经意识到参与精准扶贫将对自身生活条件的改善发挥重要作用。

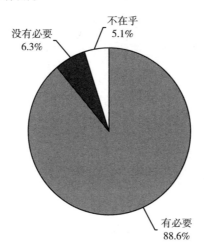

图9-5 受访者参与精准扶贫意愿情况

资料来源：根据北京大学贫困地区发展研究院问卷调研资料整理。

三、扶贫瞄准精度测算

把扶贫受众的群体即贫困户界定为家庭年人均纯收入低于3000元，且具有劳动能力的农村居民户（家庭人均纯收入3000元接近安徽省贫困户标准线，且便于统计分析样本数据）。以家庭年人均纯收入低于3000元为界定线，对所调查的样本进行分析。通过对这9个村的贫困户进行随机调查，以接受精准扶贫的时间为基础，统计出这几个村的贫困户在接受精准扶贫前的各自家庭人均收入，并与基准贫困线相比较，得出精准扶贫工作在瞄准确定贫困户时是否有误差及其相应误差值，即是否做到了"扶真贫"。再通过统计接受精准扶贫后的贫困户家庭人均收入，来直观得出贫困户家庭条件改善情况，并与接受精准扶贫前的家庭人均收入作比较，得出精准扶贫在瞄准和确定贫困户的需求方面是否存在误差和其相应的误差值，即是否做到"真扶贫"，满足贫困户需求。

根据问卷进行的分析结果显示，在随机抽取的138家接受精准扶贫的贫困户中，接受精准扶贫前家庭人均收入不足贫困线3000元的只有93户，有45户并非真正意义上的贫困户，但是他们却参加了扶贫项目，接受扶贫资金。因而统计出瞄准贫困户的精度为67.4%，误差值为32.6%，也就是说接受精准扶贫的贫困户中，有32.6%因为种种原因享受到了本不属于自己的政策福利，损害了社会公平。同时，在138家受调查的贫困户中，通过对比搬迁前后的收入增长，发现绝大多数贫困户的人均收入同比增长50%以上，有96家贫困户借此脱离了贫困。因而统计出精准扶贫对贫困户真实需要的瞄准精度为69.6%，达到了较高的水平。也就是说在满足贫困户需求方面，精准扶贫的实施手段见效时间快且效果显著，有一定效率，但是离实现全部脱贫仍然有一些困难要克服。

四、精准帮扶致贫原因分析

安徽省旌德县的扶贫项目种类很多，总体可以划分为两大类：一类是"输血"方式的扶贫项目，主要有最低生活保障、教育资助、医疗补助、危房改造以及易地搬迁；另一类是"造血"方式的扶贫项目，主要有劳动技能培训、发展特色种养殖业、介绍就业以及小额信贷。9个村中有5个村以"输血"的方式来帮助贫困户摆脱贫困，可见扶贫方式还是以"输血"为主，同时也伴有"造血"方式。通过调研发现，一些帮扶措施效果并不明显。在各类帮扶措施中，介绍就业的比例最高，占到了20%。实际调研发现，由于各种因素的影响，贫困户外出务工多是短暂性的，带来的收入并不稳定，其对贫困户的脱贫成效影响并不显著。危房改造、小额信贷占比较小，分别为5%和1%，说明金融扶贫成效不太显著，没有起到"益贫"的作用。

另外，安徽省旌德县大力实施集体经济股份制改革，通过对土地林权的产权问题研究促进当地居民增收，提高当地经济水平，从而帮助贫困地区实现脱贫。对此，本次调查设计了问题对当地居民关于集体经济股份改革的看法进行了统计汇总。调查发现，有64.2%的受访者对于集体经济股份改革表示了解，而且认为从中受益，可见集体经济股份改革的措施对当地的经济发展产生的影响较为显著，而且对贫困地区的脱贫问题也起到了促进作用。但仍有23.5%的受访者表示不太了解集体经济股份，甚至有2.3%的群众表示自己从未听过集体经济股份制（如图9–6所示）。调研结果表明，集体经济股份制对于提高当地经济水平、改善贫困地区发展现状已经起到了促进作用，但政策惠及范围还需扩大，工作仍需加大力度。

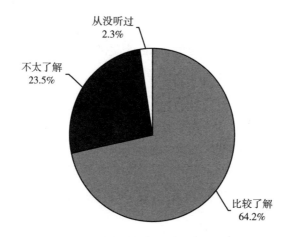

图9–6　受访者对集体经济股份制了解情况
资料来源：根据北京大学贫困地区发展研究院问卷调研资料整理。

为了进一步研究集体经济股份制对当地居民生活水平的影响，我们在调查中设计了集体经济股份制对居民就业影响的调研。调研数据显示，有超过一半的受访者表示集体经济股份制对当地居民就业的情况有所帮助，但也有27.8%的群众表示效果甚微，还有18.6%的受访者表示几乎没有作用（如图9–7所示）。与上述情况相同，集体经济股份制对于改善当地居民生活水平、促进贫困地区人民的就业问题起到了积极作用，但惠民范围和力度仍然不够大，尤其对贫困地区的经济发展帮助需要深入分析致贫原因，再根据当地实际情况采取对应的有效措施实现脱贫。

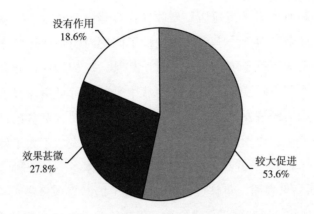

图 9 - 7　集体股份制解决就业情况

资料来源：根据北京大学贫困地区发展研究院问卷调研资料整理。

外出务工是贫困户实现快速脱贫的重要途径之一。通过对调研数据的统计分析不难发现，在调查的 9 村、138 个贫困户中，共有 65 户已于 2014 ~ 2015 年实现脱贫，其中有 26 户依靠外出务工实现脱贫，占比为 40%；有 13 户因医疗费用降低实现脱贫，占比为 20%；有 26 户通过政府保障性支付实现脱贫，占比 40%。上述数据表明，贫困户快速脱贫的主要途径是外出务工，其次是政府保障和医疗费用降低。通过前面对帮扶模式的分析，贫困户脱贫过程中劳动技能培训、发展特色种养殖业以及小额信贷等"造血"式的帮扶项目成效并不显著，贫困户对政府保障和医疗补助等"输血"式的帮扶有很大的依赖性。

根据对 9 村、138 个贫困户的数据统计分析发现，贫困户的主要致贫原因是疾病致贫、残疾致贫、缺少劳动力致贫以及因学致贫等。

1. 病残致贫

根据国家统计局安徽调查总队的调查数据，截至 2015 年底，安徽省的农村贫困人口中因病致贫的比例高达 57%，比 2013 年高 13.80%；因残致贫的比例为 7.30%。9 村、138 个贫困户中，主要为因病致贫的有 84 户，约占 61%；因残致贫的有 15 户，占 11%。总体来看，病残致贫比例为 72%。① 根据实地调查，贫困户家庭多以年老体弱致病、精神疾病、智障、

---

①　许启发、王侠英：《安徽省城乡居民贫困脆弱性因子分析》，载于《山东工商学院学报》2017 年第 2 期。

早年意外致残以及严重的心脑血管病为主。因此，从 9 个村共 138 个贫困户的样本数据来看，病残致贫是安徽省旌德县农村贫困的首要因素。因病残致贫主要表现在两个方面：一是直接引起劳动力短期或长期失能，导致家庭因缺少劳动力，丧失绝大部分的收入来源，从而陷入贫困；二是由于身患重大疾病，花费巨额医药费导致家庭陷入深度贫困。

2. 缺少劳动力致贫

旌德县 9 个村共 138 个贫困户样本中，有 13% 是因劳动力短缺而致贫。由于这些贫困户劳动力过少，有些家庭以老年人和青幼年居多，无法承担耗费体力的工作，家庭没有相应的收入来源，导致家庭贫困，难以脱贫。同时青壮年劳动力外出务工，虽然能够在短时间内快速实现贫困家庭的脱贫，但过于单一的脱贫方式，不仅可持续性差，而且往往容易造成较高的返贫率。

3. 因学致贫

在调查的 9 个村共 138 个贫困户中，因学致贫率有 8%。由于家中上学子女众多，供养负担重，教育支出大，导致贫困状态长期持续，脱贫困难。目前主要有以下几种情形：一是家中幼儿读幼儿园开支较大，而政府在这方面缺乏相应的资助政策；二是家中上小学或初中的学生在私立中学读书，以寄宿为主，开支较大，资助较少；三是家中上大学的学生日常生活开支较大，尽管已经享受到"雨露计划"等资助政策，但仍难以满足家庭教育上的巨大开支。

4. 其他致贫原因

（1）缺技术致贫。3% 的贫困户是因为缺少技术而导致贫困，而这部分贫困户大多是 35～55 岁年龄段的青壮年劳动力，他们大多身体健康，但是由于文化程度多是初中以下水平，没有掌握一门技术而无力脱贫。

（2）缺资金致贫。在一些贫困户中，很多人都有一些脱贫的想法，希望能先通过贷款获得启动资金，将自己脱贫的项目付诸实践，但是由于对申请贷款的还款期限、还款利息等不了解，以及贷款的年龄限制，使得他们不愿申请或者申请不被批准，错失了脱贫机会。

（3）缺土地致贫。在受访群体中，有 1% 的贫困户认为，自身因为缺少自耕地而导致贫困。

（4）因灾致贫。在被调查对象中，有1%的贫困户因灾致贫，一些难以预测的自然灾害可能导致一个家庭变成贫困户。

五、产业扶贫与资源扶贫模式统计分析

对于产业扶贫模式的调查，首先关注于当地政府的宣传与支持力度。从调查结果来看，大多受试者对于政府在农业现代化的支持力度上持有积极偏中立的态度。其中，63%的受访者认为政府对于扶贫产业的工作有一定程度的宣传，33%的受访者认为政府对于扶贫产业的宣传工作很到位，但也有一小部分（4%）的人认为政府对于扶贫产业的宣传工作不到位（如图9-8所示）。问卷结果显示，当地政府对于扶贫产业的发展有一定的宣传工作进展，并且初显成效，可对于相关企业的激励政策仍然不完善，落实程度不够，需要继续加强此类工作。

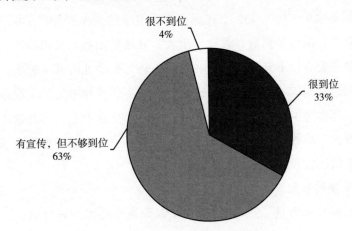

图9-8　受访者对于政府宣传力度的看法
资料来源：根据北京大学贫困地区发展研究院问卷调研资料整理。

本次调查对受访者对于政府在扶贫政策中采取激励措施情况的直观感知进行了统计。其中，有58%的受访者认为政府已经采取了一定的激励措施，但是程度较低；有30%的受访者认为当前政府已经采取了很多的政策激励措施，并且取得了较为显著的成果；可仍然有12%的受访者认为政府在扶贫项目中没有任何激励措施，在扶贫工作中没有产生任何积极影响

（如图9-9所示）。虽然较多受访者对政府在扶贫工程中的激励工作进行了肯定，但仍有相当部分的受访者对于政府工作不满意，政府需要对此部分受访者进行信息回访，收集政策改进意见并加以执行。

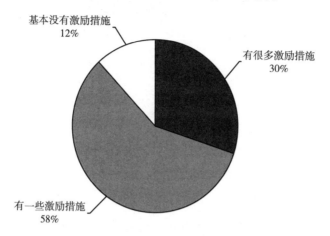

图9-9　受访者对于政府采取激励措施态度的看法
资料来源：根据北京大学贫困地区发展研究院问卷调研资料整理。

为了推进产业扶贫的工作进程，当地必须坚持发展特色加工业，而成熟的特色加工业产业链条是发展当地特色产业的必备环节。本次调查对于当地政府在扶贫工程中对特色加工产业链的建设情况进行了汇总统计。受访者中有54%的人认为当地有不够完善的产业链，而有24%的受访者认为当地存在完善的产业链，而且特色产业发展进行顺利，已经取得了较为可观的发展成果，对地区产业扶贫有一定的促进作用（如图9-10所示）。可22%的受访者认为当地基本没有产业链，占据较大比例，排除调查样本的异常值情况，此比例样本反映的信息仍然需要被重视。说明政府在特色产业链的建设过程中，只在部分地区取得了让居民认可的成果，但是仍有相当部分地区的居民没有享受到特色产业链建设工程的利好。政府需要注意产业链建设的社会影响范围和力度，以及对扶贫工程的积极影响。

通过受试者反馈的信息来看，旌德县地方仍然处于产业链不成熟的发展阶段，有76%的受试群众认为当地扶贫产业链还未建成或者不甚成熟，可见扶贫产业工作的推进是当前扶贫工作最需要重视的工作，对于产业模

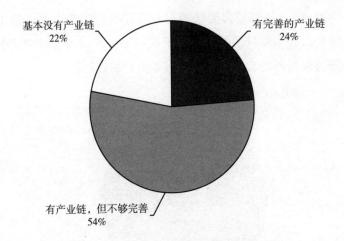

图 9 – 10　特色加工产业链建设影响因素
资料来源：根据北京大学贫困地区发展研究院问卷调研资料整理。

式的探索建设都需要付出很大努力。而且通过进一步的调查，信息统计表明当地居民认为发展特色产业最为重要的因素分别为资金、技术和信息，而政策和理论基础则相对靠后（如图 9 – 11 所示）。资金因素不只在于资金投入量对于特色产业链发展的影响，还有资金在各地区各产业链建设环节的投入分布。技术的引进是地区发展的重要环节，当地政府想要开发特色产业链，技术的引进必不可少，而技术的引进又需要大量技术型人才，即不仅要加强人才引进政策，而且要加强人才的专项培训，使得技术不仅可用，而且做到技术能用。对于信息影响因素，该地政府需要做到筛选有利信息，排除无效信息，及时把握经济发展动向，因地制宜地寻找适合当地条件、能做到可持续发展的特色产业，并加大投入力度建设特色产业供应链条，为一切发展寻求可能。

　　大多贫困地区以第一产业发展为主，各地政府应该在保证发展的同时爱护生态系统，而且要积极探寻新的发展模式，以推进当地经济发展并同时响应我国生态文明建设的号召。① 对于建设和发展具有实现生态资源脱贫作用的现代化农业，同时一定程度上推进第二产业的发展，也就发展生态农业的需求进行了调查。

---

　　① 雷明：《贫困山区可持续发展之路：基于云南昭通地区调查研究》，经济科学出版社 2010年版，第 173 ~ 177 页。

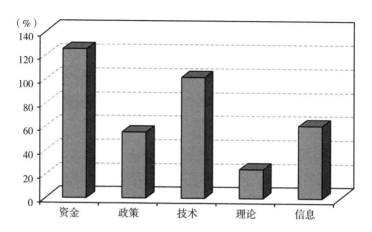

图 9 – 11　发展特色产业影响因素分布
资料来源：根据北京大学贫困地区发展研究院问卷调研资料整理。

　　旌德县以当地得天独厚的自然环境资源为优势，为了促进当地生态产业的发展，大力发展生态旅游业，其中以全域旅游模式为主要发展轨迹的新型第三产业取得了丰富成果。而作为对新型第一产业的延伸发展，旌德在生态农业领域的发展还需要投入更多的精力。本次调查对于当地发展生态农业的影响因素进行了统计，对于发展生态农业，当地55%的受访者认为资金短缺是当前面临的主要问题（如图 9 – 12 所示）。同时，政策和技术因素对于发展当地特色农业也有较大的帮助。因为旌德县部分县域内信息化水平有限，受试者对于脱贫工作中信息要素的重视程度略低。对于发展当地生态农业，重点在于如何获得政府的财政支持，招商引资获得发展资金，并且想办法拓宽资金来源，引入先进技术，这些才是发展现代化生态农业的重点。与发展特色产业供应链不同，特色农业的发展既需要打破原有农业发展模式的壁垒，又要积极探索新型农业的发展模式，所以政府的政策设计对于新型生态农业的发展起到至关重要的作用。

　　除了对旌德县当地产业扶贫和资源扶贫工作的进展情况分析，以及调查问卷反映的信息外，本次调研团队还对当地负责全域旅游的工作人员以及因全域旅游产业受益的当地居民进行了采访调研，发现当地全域旅游项目存在以下问题有待改进。

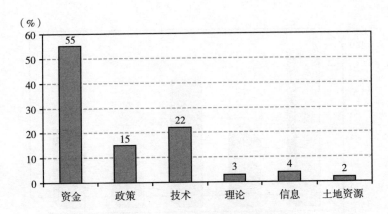

图9-12　发展生态农业影响因素分析

资料来源：根据北京大学贫困地区发展研究院问卷调研资料整理。

（1）产业体系不够健全，与自身发展需求不够匹配。全域旅游发展对区域具有规模上的要求，规模太大易造成资源分散，特质不集中；规模过小又难以形成产业链，对游客不具吸引力。作为一个山区县而言，旌德县具有独特的地域特色，即地理区位、历史人文、特定资源相关联；同时调动工业、农业为旅游业发展提供保障，融入旅游业发展，打造全产业链。以旅游业为龙头，打造产业集群。旌德县以旅游业为龙头，必然会带动交通运输、餐饮服务、购物娱乐、手工艺品等行业的发展，带来直接的经济效益。

（2）景区特色不够鲜明，与周边旅游资源同质化。县内景区缺少独特性，与毗邻区域景观同质化严重，吸引力不强。景区缺少整体规划，对景观资源的挖掘不够，整合不强，开发严重欠缺。景区以观光为主，体验式、休闲式的景观开发相对滞后，同一景区内部、不同景区之间的景观资源整合不够，景区之间的衔接能力差，严重制约旌德县旅游休闲产业的发展，竞争力不强。

（3）地域品牌不够响亮，与"国际慢城"目标有差距。旌德旅游休闲现有品牌宣传及营销力度较弱，白地镇江村古建筑群、蔡家桥镇朱旺徽文化古村落、旌歙古道、祥云、马家溪等重要景区景点知名度有待提高。宣传途径与传播策略较为传统、力度不足，缺乏对县域资源的整合性宣传。黄山、婺源等周边区县都凭借自身优势，大力推进旅游休闲产业的发展，在品牌和市场方面成为旌德打造"国际健康慢城"的重要竞争对手。

而对于这一切问题，解决的根本方法首先在于提高基础设施建设。政府应该积极打造集旅游集散中心、停车场、旅游公厕、综合性功能为一体的文化休闲广场和统一风貌的街道；配套为民服务中心和生活污水处理设施，形成全域旅游链上的重要节点、精品亮点。中心村建设要坚持因地制宜、突出基本民生、体现群众意愿，突出抓好垃圾处理、饮水安全巩固提升、卫生改厕、房前屋后环境整治、道路畅通、污水处理、河沟渠塘疏浚清淤、公共服务设施建设、村庄绿化和村庄亮化等基本任务，积极推进农村危房改造、电网改造、宽带入户等重点工程，改善农村居民生产生活条件。自然村建设要从环境整治入手，在实现干净整洁目标的基础上，逐步改善农村居民生活住行方面的基本条件，增强群众获得感、幸福感。

第3节
旌德精准扶贫瞄准程度及其影响因素分析

精准扶贫工程的主要核心在于贫困户的定位精准，扶持精准，总而言之就是要对精准扶贫对象能够准确瞄准，对其致贫原因精准瞄准，并且有的放矢地对贫困户进行扶持。通过调研发现，旌德县在精准扶贫方面已经取得了一定的成绩，但是仍有一部分贫困户反映精准扶贫对象的确定存在一定的偏差。所以本次调研基于调查问卷的数据对精准扶贫的瞄准精度影响因素进行了研究。

调研团队首先对受访者的基本信息进行了统计筛选，发现其中有5.2%的受访者对精准扶贫政策从未听过，我们将这7位受访者的调研统计数据进行剔除，得到131份研究数据（如图9-13所示）。

我们对贫困地区精准扶贫的对象选择问题进行了调查，发现有近26.7%的精准扶贫对象的瞄准程度较低（如图9-14所示）。

针对反映出的问题，我们利用二元Logistic模型对影响精准扶贫的瞄准程度的影响因素进行了研究。

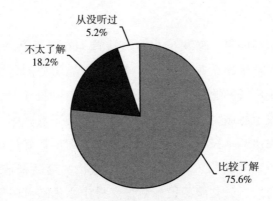

图 9 – 13 群众对精准扶贫的了解程度

资料来源：根据北京大学贫困地区发展研究院问卷调研资料整理。

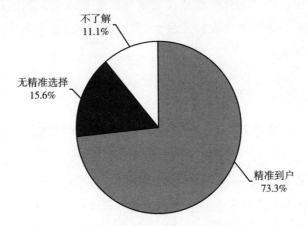

图 9 – 14 精准扶贫政策瞄准程度

资料来源：根据北京大学贫困地区发展研究院问卷调研资料整理。

一、指标选取及模型设计

通过对 138 份贫困户的有效问卷进行筛选，其中了解精准扶贫的贫困户的数量为 131。在经过阅读大量文献①之后，通过分析各位专家学者针对

---

① 郑瑞强、曹国庆：《基于大数据思维的精准扶贫机制研究》，载于《贵州社会科学》2015年第 8 期；于婧：《河北省农民非农收入影响因素实证分析》，载于《石家庄铁道大学学报》（社会科学版）2013 年第 4 期；胡卫卫、郑逸芳、唐丹、许佳贤、刘燕：《福建省造福工程扶贫瞄准精度及其影响因素分析——基于南平市 9 个村的 250 份调研数据》，载于《石家庄铁道大学学报》（社会科学版）2016 年第 3 期。

扶贫工作的瞄准问题所提出来的论点，总结出以下 5 点指标，分别为接受精准扶贫后的就业难度、信息公开度、政府实施力度、群众认知度、资金多寡程度。

其中对于变量赋值的说明如下：认为精准扶贫政策对就业有帮助的就业难度变量取值为 0，其他情况取值为 1；对参与过精准扶贫对象选择工作的，信息公开度变量赋值为 1，其他情况赋值为 0；对于政府工作表示认可的政府实施力度变量取值为 1，其他情况取值为 0；受访者对精准扶贫表示非常了解的群众认知度取值为 1，其他情况取值为 0；受访者认为当前扶贫存在问题涉及资金的多寡程度变量取值为 1，其他情况取值为 0。其中各变量的基本统计信息情况如表 9 - 2 所示。

表 9 - 2　　　　　　　　　样本有效数据基本描述分析

信息公开度	1	0	总计
样本数	89	42	131
占比（%）	67.9	32.1	100
政府实施力度	1	0	总计
样本数	93	38	131
占比（%）	71	29	100
群众认知度	1	0	总计
样本数	79	52	131
占比（%）	60.3	39.7	100
就业难度	1	0	总计
样本数	58	73	131
占比（%）	44.3	55.7	100
资金多寡程度	1	0	总计
样本数	98	33	131
占比（%）	74.8	25.2	100

资料来源：根据北京大学贫困地区发展研究院问卷调研资料整理。

根据二元 Logistic 模型的定义，在影响精准扶贫瞄准精度的影响因素分析的回归方程中，将因变量即精准扶贫工程精度记为 Y（当 $Y = 0$ 时，精准扶贫瞄准精度低；当 $Y = 1$ 时，精准扶贫瞄准精度高），将自变量即接受精准扶贫之后的就业难度、信息公开度、政府实施力度、政策认知度、资金多寡问题记为 X_i，$i=1$，2，3，4，5，则 Logistic 回归模型如下：

$$\ln\left[\frac{P(Y_1)}{P(Y_0)}\right] = \beta_0 + \sum_{i=1}^{5}\beta_i X_i + \mu$$

式中，$P(Y_1)$ 为精准扶贫瞄准精度高的概率；$P(Y_0)$ 为精准扶贫瞄准精度低的概率。

二、研究假设

根据研究问题和选取变量，本章设计以下五类假设。

假设 1：贫困户在接受精准扶贫工程的扶持后，就业难度与精准扶贫工程瞄准精度呈负相关，即贫困户在受到精准扶贫的扶持后就业难度越高，真正的贫困户就越不想参加精准扶贫，瞄准精度也因此降低。[1]

假设 2：信息公开度与精准扶贫瞄准的精度呈正相关，即精准扶贫在瞄准和实施过程中的透明度越高，越能增强贫困户信心，越能使得更多的贫困户参与精准扶贫工程，瞄准精度因此也就更高。[2]

假设 3：政府实施精准扶贫瞄准的力度与精准扶贫瞄准的精度呈正相关，即政府实施的力度越大，瞄准精度越高。[3]

假设 4：贫困户对精准扶贫政策的认知程度和精准扶贫瞄准精度呈正相关，即贫困户对精准扶贫的扶贫政策越了解，就越容易被正确地瞄准。[4]

假设 5：实施精准扶贫的资金多少与精准扶贫的瞄准精度呈正相关性，即用于实施精准扶贫工程瞄准的管理成本和扶贫资金越多，精准扶贫瞄准精度就越高。

---

① 吴雄周、丁建军：《基于成本收益视角的我国扶贫瞄准方式变迁解释》，载于《东南学术》2012 年第 5 期。
② 刘纯阳、陈准：《农村贫困人口瞄准中主体博弈行为的分析》，载于《湖南农业大学学报》（社会科学版）2011 年第 3 期。
③ 胡联、王艳、汪三贵、邵善俊：《精准扶贫的成效分析——基于安徽省 12 县（区）调研数据的分析》，载于《中国延安干部学院学报》2017 年第 1 期。
④ 时丽芬：《政府责任视角下社会组织志愿失灵问题研究》，载于《石家庄铁道大学学报》（社会科学版）2015 年第 3 期。

三、回归模型结果及分析

使用Stata12.0软件,采用强制进入策略对模型进行估计。模型系数的综合检验结果如表9-3所示,结果显示$R^2 = 0.87$,回归方程较显著且模型拟合度较好。

表9-3 回归分析结果

变量	系数	标准差
就业难度	-0.453	0.07
信息公开度	0.714**	0.29
政府实施力度	0.004	0.005
群众认知度	1.678*	1.04
资金多寡程度	2.443**	1.09
常数项	-2.408	1.022

注:*、**分别表示检验结果在90%与95%置信水平下显著。

从统计分析结果来看,影响精准扶贫瞄准精度的主要有以下变量:在90%的显著水平下的变量有群众认知度,在95%的显著水平下显著的变量有信息公开度和资金多寡程度。模型中的剩余变量均不显著,其中政府实施力度对精准扶贫瞄准精度有正影响,接受精准扶贫后的就业难度对贫困户参与意愿有负影响。

信息公开度与精准扶贫的瞄准精度呈正相关关系。在基层经常会出现权力所有者利用信息的不对称来获取扶贫资源的现象,而信息越公开,越能减少这一现象的发生。同时,贫困户能获取到足够多的信息来权衡参与与否的利弊,激发贫困户参与到精准扶贫瞄准的积极性。

被调查者对于政策的认知程度对精准扶贫的瞄准精度呈正相关关系,这与预期作用方向一致。在农村的贫困户对于精准扶贫进行一定的了解过后,便能更好地理解精准扶贫的政策、参与方式和实施方式,以及参与精准扶贫对于自身生活环境的改善程度和其中所带来的风险程度。而贫困户了解得越多,就越倾向于参加精准扶贫,因而瞄准精度越高。

扶贫资金的多寡与精准扶贫的扶贫瞄准精度呈正相关关系。政府在精准扶贫瞄准上花费管理成本越多，即将更多的资金用于增加扶贫工作人员的数量、扩大瞄准的范围、提高宣传的力度，便能更高效、更快捷地瞄准到真正的贫困户，瞄准效率越高。同样，所下拨的扶贫资金越多，由于所带来的利益更大，所吸引到的贫困户也就越多，瞄准精度也就越高。

模型中还有若干变量不显著，分别是接受精准扶贫之后的就业难度、政府实施力度。参与精准扶贫后的就业难度越大，带来的风险大于接受救助的收益，所吸引到的贫困户就越少，瞄准精度就越低；政府实施力度对精准扶贫的扶贫瞄准精度有正影响，政府实施力度越大，即政府越重视，对农村基层执行精准扶贫的监督力度越大，政策更容易下达到各个贫困户，贫困户参与到精准扶贫的信心越高，参与度就越大，瞄准精度就越高。

第 4 节
旌德精准扶贫存在问题以及对策建议

关于安徽省旌德县的扶贫模式研究是一个非常庞大的工程，本书主要是通过实证调研提供一种研究的思路。同时，本书的实证调研分析主要从已参与精准扶贫贫困户的视角，考察目前安徽省旌德县贫困户对精准扶贫的反映及其参与精准扶贫的具体情况。而且通过调研发现，各县区扶贫工作存在一些比较突出的问题，这些问题倘若不能及时解决，将会延缓贫困户家庭的脱贫进度。

一、扶贫工作面临的主要问题

（1）金融扶贫、产业扶贫成效较差。金融扶贫是党和政府大力推动银行资本投入、放大扶贫资金效应、解决贫困户发展缺少资金的问题，激发贫困对象自我发展内生动力与活力，实现扶贫从"输血"到"造血"转变的重要举措。但是由于金融扶贫存在程序多、审批难、时间长、标准不统一等问题，极大阻碍了贫困户通过金融贷款发展产业，摆脱贫困。

（2）农村留守老人生活缺乏保障。孝道是中华民族尊崇的传统美德，其核心内容是敬养父母、孝敬长辈。然而，从数据分析可知，贫困户大多数是留守农村的老人。子女外出打工，给予父母的赡养费少之又少，一年仅有 2000 元左右，他们仍需自己通过种植业，或者做一些零工以此获得生存必需品，因此，子女在物质上并没有保障好老人的生活。大多数老人长期患有重大疾病、慢性病，身边无人照料，往往延误病情，造成更为严重的贫困。

（3）贫困村人情往来费用较高。礼尚往来也是中华民族的传统美德之一，是亲朋好友之间维系感情的重要方式。但是，贫困户的人情往来费用大多在 1000～5000 元，这远远超出了大多数贫困户的经济承受能力。邻里红白喜事，无论关系亲疏，均需随礼 200～300 元，每年平均 8 次左右。贫困户家中往往办理红白喜事的次数非常少，人情费用方面大多"只出不进"，这导致贫困户处于沉重的人情债务之下，让本就捉襟见肘的生活更加困顿不堪。

（4）达到脱贫要求的贫困户不愿"摘帽"。一些贫困户通过政府的各种帮扶以及自身努力，人均收入已经远远超过了贫困线水平，"两不愁、三保障"得到了极大改善。但是基于各种优惠补贴政策，这些贫困户往往并不愿意"摘帽"，在面对调研人员的问卷调查时，会虚报家庭收入情况，以此继续享受政府的扶持，这同样给脱贫攻坚工作带来了阻力。

二、扶贫工作的改革建议

为了进一步推进扶贫到户的改革，提高扶贫工作的精准性，让贫困户尽早脱贫，应努力做到以下几点。

（1）完善农村医疗体制改革，扩大医保报销的项目与范围，简化报销手续。将一些特殊疾病，如智障和精神病，也纳入农村医保的报销范围。旌德县贫困地区的一些贫困县、贫困户中有许多家庭不缺乏劳动力，但是由于家中孩子或老人患有智障或精神疾病，需要时刻照看，无法取得劳动收入，这类疾病又不在医保的报销范围，导致家庭因病致贫。同时应根据疾病的严重程度，治疗的周期性与花费，扩大外省看病的报销比例，以及简化报销手续。

（2）鼓励县企业为当地的贫困户创造就业机会，促进青壮年在家门口务工，既减少了外出务工成本与不稳定性的风险，同时也可以方便照顾家中老人和小孩，留在老人身边尽孝道，减少农村"空巢老人"和"留守儿童"。

（3）完善金融扶贫项目管理机制。当前的金融扶贫项目审批程序复杂，资金分配不灵活，呈现"上下两个点，中间千条线"的状况。根据实际调研数据，农村贫困户申请小额信贷的比例只有1%，金融扶贫的成效没有显现出来。一个贷款项目的申请需要层层审批，程序烦琐，申请时间长。项目资金的分配由省级掌管，下放周期长。很多有意进行小额信贷的贫困户，由于年龄限制被拒之门外，因此需要为贫困户申请小额信贷开辟绿色通道，简化贫困户金融贷款的审批程序，放宽贷款的申请条件，缩短资金下放的时间。同时，由于农村人口的文化程度不高，政府扶贫工作人员应开展金融类贷款扶贫讲座，向贫困户宣传金融扶贫政策的详细情况。

（4）"摘帽"再观察。对于生活状况已经得到极大改善，家庭人均年收入在贫困线以上，但不愿意"摘帽"的贫困户，可根据实际情况，给予最高两年的观察期，观察期后，没有再出现返贫现象，则可强制"摘帽"。

（5）聘请已脱贫户加入扶贫工作队中来。贫困户真正了解贫困户，政府虽然进行了许多产业到户的扶持项目，但是很多项目并没有深入考虑过贫困户的情况，贫困户是否真正需要，使得扶贫成效进展缓慢。借鉴脱贫户自己的成功脱贫经验，对尚在脱贫工作摸索中的贫困户给予帮助与指导，可以有效加快整体脱贫步伐。

（6）建立公平公正的扶贫瞄准机制。在依托行政体制改革的大环境同时加快建立完善扶贫瞄准机制，继续坚持以政府主导的主要扶贫模式，建立可操作性和可检验性的制度，参照企业的管理模式，建立程序化、标准化、质量化的管理体系，提高政府工作效率和优化服务方式。主要包括：第一，细化制度，责任量化到人，形成项目领导负责终生制。第二，建立专业独立的政府监测考核机构，从体制内防止扶贫瞄准精度的偏移。第三，不断创新电子政务建设，简化扶贫项目审批程序，完善建档立卡的工作程序，依据贫困程度，将村分类安排，确保将一些偏远地区真正贫困的贫困户纳入扶贫对象户的范围。第四，规范政府行为，提高政府工作人员的服务意识和管理素质，特别是基层政府工作人员，不断对其进行再教育。第五，建立科学合理扶贫对象退出机制，对已脱贫且有稳定经济收入的村和贫困户要使其退出扶贫对象的人选。最后要从政府层面加强对扶贫对象、工程、资金的综合监管，做到"事先预警，事中监督，事后评估"，确保扶贫工程公开公正和精准到位。

（7）做好扶贫工程信息公开，加大扶贫政策宣传力度。信息的公开透明是做好精准扶贫的前提和基础，要通过建立政府和贫困户信息的沟通桥梁使受扶群众最大限度地获取真实有效的扶贫信息口。要进一步强化信息公开，扶贫对象的识别要做到"两公示，一公告"，可以充分利用微博、微信等大众喜闻乐见的自媒体平台，对扶贫对象的确认、扶贫工程的选择、扶贫资金的流向等工作程序向社会公开，接受社会监督。为增强贫困户对精准扶贫政策的认知程度，关键在于建立一个政府、农村基层干部、贫困户三方面相互协调、相互配合、沟通良好的宣传机制来减少宣传过程中产生的噪声，通过宣传政策，贫困群众听得懂、能理解、好接受、自觉踊跃参加扶贫工程。政府应当充分调动自身宣传方面的资源，配合精准扶贫政策的普及工作，通过印发宣传册和发挥电视、广播、互联网、宣传车、标语、横幅等媒体来开展各种不同形式的宣传活动，在这基础上再辅以推广已经成功转移的贫困户模范，增强贫困户对精准扶贫的宗旨、价值观、基本原则、机制、运行方式方法、加入具体程序、组织的规章制度和成员的权利与义务等的认识。与此同时，组织农村基层干部学习扶贫文件，确保基层干部对扶贫政策的内容和精神有充分的了解，以减少政策宣传工作在基层干部这一中继点，在上传下达的过程中产生的失真现象。农村基层干部应积极主动地配合上级政府的宣传工作，深入自身对扶贫政策和扶贫精神的理解，并把扶贫政策的精神坚定不移地贯彻到扶贫工作和将扶贫政策的内容准确无误地反馈到贫困群体中，以保证有充分的耐心、信心和对扶贫政策足够的认知储备来应对贫困户的咨询。

（8）适当增加资金和人力投入。政府在调用扶贫资金的基础上，适当增加对扶贫工作的管理成本和人力成本的财政投入，继续加大对贫困地区的一般性转移支付力度，要充分考虑财政缺口等因素，不断提高贫困地区的财政支持水平，保持经济稳定增长的特殊扶贫资金，积极引导社会资金支持，通过税收优惠创建产业发展基金等多样化形式。在充分发挥货币政策和财政政策的基础上，将更多的社会资本和金融资本投入贫困地区。增加贫困农民的收入，提升生活水平的关键要大力推进城乡公共服务均等化的进程，把消除贫困作为"三农"发展的重中之重。政府通过出台各种政策优惠吸引社会资本，大力提升民间融资的效率，进一步拓宽农村扶贫的渠道。适当增加乡镇一级与村一级进行扶贫瞄准工作的工作人员，定期对其进行业务培训，提高基层工作人员的综合素质，以解决由于工作人员人手不够而产生的瞄准时间长、工作效率低下等问题。但事先要做好人力资源的调查与调配工作，避免人浮于事的情况发生。

（9）建立有效的问责机制。建立切实可行的问责机制是提升扶贫瞄准精度的重要保证。无论是扶贫的主体、扶贫的对象或者扶贫的参与者在扶贫瞄准的过程中都有一定的责任。[①] 安徽精准扶贫领导小组对其管辖范围内各级组织和成员承担职责及义务的履行情况，实施并要求其承担否定性后果。基层政府部门在精准扶贫实施中的不作为、滥用职权、以权谋私等违背公众意愿的行为都应该纳入被问责的范畴。常态化的政府问责，必须以健全的问责机制为基础，通过立法确保各级政府部门和官员的权力始终处于一种负责任状态，杜绝任何行使权力的行为脱离法定责任机制的监控。通过建立健全的问责机制规范政府领导力，细化了政府的权责，追究的是具体问题的具体过错，是真正的赏罚分明。

---

① 张静：《精准扶贫与地方扶贫立法创新思路》，载于《人民论坛》2014年第9期。

参 考 文 献

[1]《习近平：实施脱贫"五个一批"工程》，中国网，2015 年 11 月。

[2]《周密、李孝云、章卿、孙军平同志在全县农村集体资产确权到户和股份合作制改革暨"三变"工作会议上的讲话》，2016 年 11 月 8 日。

[3] 安格斯·迪顿：《逃离不平等：健康、财富及不平等的起源》，中信出版社 2014 年版。

[4] 安宇宏：《供给侧改革》，载于《宏观经济管理》2016 年第 1 期。

[5] 北京大学贫困地区发展研究院：《产业选择与农民利益：宁夏固原扶贫与可持续发展研究》，经济科学出版社 2010 年版。

[6] 曾祥辉、郑耀星：《全域旅游视角下永定县旅游发展探讨》，载于《福建农林大学学报》（哲学社会科学版）2015 年第 1 期。

[7] 陈文勇：《开发龙门山旅游资源 推动"全域成都"建设》，载于《成都日报》，2007 年 12 月 5 日（A01）。

[8] 陈锡文：《农业和农村发展：形势与问题》，载于《南京农业大学学报》（社会科学版）2013 年第 1 期。

[9] 陈雪原：《关于"双刘易斯二元模型"假说的理论与实证分析》，载于《中国农村经济》2015 年第 3 期。

[10] 成丽英：《"富平模式"——就业与扶贫的创新探索》，载于《调研世界》2003 年第 10 期。

[11] 程志强、潘晨光：《中国城乡统筹发展报告》，社会科学文献出版社 2012 年版。

[12] 程志强：《对我国土地信用合作社实践的思考——以宁夏平罗为例》，载于《管理世界》2008 年第 11 期。

[13] 程志强：《规模连片经营一定要土地使用权的集中吗？——基于

漯河市粮源公司"中间人"制度的案例分析》，载于《中国市场》2011 年第 3 期。

[14] 程志强：《农地流转形式和农业产业化垂直协调的契约安排研究》，载于《中国市场》2012 年第 46 期。

[15] 程志强：《农业产业化发展与农地流转制度创新的研究》，商务印书馆 2012 年版。

[16] 杜一力、余昌国、王成志：《西班牙旅游整体升级对中国的启示》，中国旅游网，2006 - 10 - 22。

[17] 丰凤、廖小东：《农村集体经济的功能研究》，载于《求索》2010 年第 3 期。

[18] 冯艳：《区域贫困测度、识别与反贫困路径选择研究》，辽宁大学，2015 年。

[19] 冯宇坤：《创新扶贫资金使用机制的思考》，载于《中国财政》2017 年第 2 期。

[20] 傅帅雄、张可云、易毅：《中部地区崛起战略背景下的滁州发展》，载于《中国市场》2011 年第 37 期。

[21] 傅帅雄：《新型城镇化的经验与思路》，载于《决策与信息》2014 年第 29 期。

[22] 高明：《产业扶贫资金如何精准到户——基于一个贫困村的扶贫实践观察》，载于《团结》2016 年第 4 期。

[23] 高全成：《通过合作化重建农民生产组织体是实现农业增效、农民增收、农村增美的基础路径》，载于《农场经济管理》2017 年第 5 期。

[24] 宫留记：《政府主导下市场化扶贫机制的构建与创新模式研究——基于精准扶贫视角》，载于《中国软科学》2016 年第 5 期。

[25] 韩欢乐：《山东省旅游产业转型升级水平、影响因素与发展对策研究》，中国海洋大学，2015 年。

[26] 韩俊、张云华：《村级集体经济发展要有合适定位》，载于《发展研究》2008 年第 11 期。

[27] 何建民：《我国旅游产业融合发展的形式、动因、路径、障碍及机制》，载于《旅游学刊》2011 年第 4 期。

［28］何志毅、赵向阳、闫智宏：《"但求遍野花齐放，不信青山不聚财"——贫困地区创业新范式》，载于《北大商业评论》2015 年第 10 期。

［29］洪大用：《改革以来中国城市扶贫工作的发展历程》，载于《社会学研究》2003 年第 1 期。

［30］胡联、王艳、汪三贵等：《精准扶贫的成效分析——基于安徽省12 县（区）调研数据的分析》，载于《中国延安干部学院学报》2017 年第 1 期。

［31］胡卫卫、郑逸芳、唐丹、许佳贤、刘燕：《福建省造福工程扶贫瞄准精度及其影响因素分析——基于南平市 9 个村的 250 份调研数据》，载于《石家庄铁道大学学报》（社会科学版）2016 年第 3 期。

［32］胡晓苒：《城市旅游：全域城市化背景下的大连全域旅游（上)》，载于《中国旅游报》，2010 年 12 月 8 日（011）。

［33］胡晓苒：《城市旅游：全域城市化背景下的大连全域旅游（下)》，载于《中国旅游报》，2010 年 12 月 15 日（011）。

［34］胡振光、向德平：《参与式治理视角下产业扶贫的发展瓶颈及完善路径》，载于《学习与实践》2014 年第 4 期。

［35］黄承伟、覃志敏：《统筹城乡发展：农业产业扶贫机制创新的契机——基于重庆市涪陵区产业扶贫实践分析》，载于《农村经济》2013 年第 2 期。

［36］黄延信等：《对农村集体产权制度改革若干问题的思考》，载于《农业经济问题》2014 年第 4 期。

［37］吉根宝、乔晓静：《基于旅游体验视角的旅游产业链分析》，载于《中国商论》2010 年第 23 期。

［38］解力平：《股份合作制：农村集体经济新的实现形式》，载于《浙江社会科学》1997 年第 6 期。

［39］孔祥智、穆娜娜：《农村集体产权制度改革对农民增收的影响研究——以六盘水市的"三变"改革为例》，载于《新疆农垦经济》2016 年第 6 期。

［40］雷明：《扶贫战略新定位与扶贫重点》，载于《改革》2016 年第 8 期。

[41] 雷明：《加强贫困地区和谐新农村建设之我见》，载于《今日中国论坛》2007 年第 6 期。

[42] 雷明：《两山理论与绿色减贫》，载于《经济研究参考》2015 年第 64 期。

[43] 雷明：《路径选择——脱贫的关键 贵州省毕节地区可持续发展与可持续减贫调研报告》，载于《科学决策》2006 年第 7 期。

[44] 雷明：《论农村社会治理生态之构建》，载于《中国农业大学学报》（社会科学版）2016 年第 6 期。

[45] 雷明：《贫困山区可持续发展之路：基于云南昭通地区调查研究》，经济科学出版社 2010 年版。

[46] 黎志锋：《区域旅游服务标准体系的构建与评估》，华南理工大学，2012 年。

[47] 李金早：《全域旅游的价值和途径》，载于《人民日报》，2016 年 3 月 4 日（007）。

[48] 李金早：《在 2016 年全国旅游工作会议上的报告》，2016 年 1 月 29 日。

[49] 李伟毅、赵佳：《增加农民财产性收入：障碍因素与制度创新》，载于《新视野》2011 年第 4 期。

[50] 厉新建、张凌云、崔莉：《全域旅游：建设世界一流旅游目的地的理念创新——以北京为例》，载于《人文地理》2013 年第 3 期。

[51] 厉以宁、马国川：《股份制是过去三十年中最成功的改革之一（上）——厉以宁谈股份制》，载于《读书》2008 年第 5 期。

[52] 厉以宁：《产权明确市场主体才能形成》，载于《当代贵州》2014 年第 2 期。

[53] 厉以宁：《厉以宁改革论集》，中国发展出版社 2008 年版。

[54] 厉以宁：《论乡镇企业的产权改革》，载于《学习与探索》1994 年第 3 期。

[55] 厉以宁：《让农民成为市场主体》，载于《农村工作通讯》2013 年第 23 期。

[56] 厉以宁：《提高农民收入的新路子》，载于《农村工作通讯》

2012 年第 3 期。

［57］厉以宁：《推动城镇化应给农民发放产权证》，载于《新世纪领导者》2010 年第 9 期。

［58］厉以宁：《新一轮农村改革最重要的就是土地确权》，载于《理论学习》（山东干部函授大学学报）2013 年第 9 期。

［59］厉以宁：《中国当前的经济形势分析》，载于《北大商业评论》2005 年。

［60］厉以宁：《中国经济改革与股份制》，香港文化教育出版社 1992 年版。

［61］厉以宁：《中国经济双重转型之路》，中国人民大学出版社 2013 年版。

［62］梁晨：《产业扶贫项目的运作机制与地方政府的角色》，载于《北京工业大学学报》（社会科学版）2015 年第 5 期。

［63］林毅夫：《改革动力源于农村经济社会发展》，载于《人民论坛》2005 年第 8 期。

［64］刘北桦、詹玲：《农业产业扶贫应解决好的几个问题》，载于《中国农业资源与区划》2016 年第 3 期。

［65］刘灿、韩文龙：《农村集体经济组织创新与农民增收问题的思考——基于成都市温江区天乡路社区股份经济合作社的调研》，载于《河北经贸大学学报》2013 年第 6 期。

［66］刘纯阳、陈准：《农村贫困人口瞄准中主体博弈行为的分析》，载于《湖南农业大学学报》（社会科学版）2011 年第 3 期。

［67］刘俊杰：《土地产权改革对农民收入影响分析——来自山东省枣庄市的调研》，载于《农村经营管理》2015 年第 3 期。

［68］刘奇：《乡村里的社会主义市场经济道路——旌德样本》，载于《中国发展观察》2016 年第 15 期。

［69］刘向明、杨智敏：《对我国旅游扶贫的几点思考》，载于《经济地理》2002 年第 2 期。

［70］刘玉春、贾璐璐：《全域旅游助推县域经济发展——以安徽省旌德县为例》，载于《经济研究参考》2015 年第 37 期。

[71] 刘远坤：《农村"三变"改革的探索与实践》，载于《行政管理改革》2016 年第 1 期。

[72] 龙江智、段浩然：《旅游扶贫的优势、困境和策略》，载于《大连民族大学学报》2016 年第 4 期。

[73] 罗小华：《推进农村集体经济股份制改革的探索与实践》，重庆师范大学，2012 年。

[74] 吕俊芳：《城乡统筹视阈下中国全域旅游发展范式研究》，载于《河南科学》2014 年第 1 期。

[75] 吕旺实、朱善利：《中国农村社会保障制度建设研究》，载于《经济研究参考》2011 年第 58 期。

[76] 倪冰莉：《广东农村集体经济股份制改革研究》，载于《河南科技学院学报》2014 年第 3 期。

[77] 农业部经管司、经管总站研究课题组、关锐捷：《发展壮大农村集体经济增加农民财产性收入》，载于《毛泽东邓小平理论研究》2012 年第 3 期。

[78] 潘修：《推进和深化农村集体资产产权制度改革的思考》，载于《中国集体经济》2011 年第 30 期。

[79] 彭清华：《着力打造特色旅游名县 推动全域旅游创新发展》，载于《中国旅游报》，2016 年 10 月 20 日（001）。

[80] 全承相、贺丽君、全永海：《产业扶贫精准化政策论析》，载于《湖南财政经济学院学报》2015 年第 1 期。

[81] 尚馥娟、曹丽勇、姜文静等：《城中村集体经济股份制改革经验与成效》，载于《合作经济与科技》2012 年第 4 期。

[82] 沈冰、郭培媛、李婧：《完善地票交易制度的个案研究》，载于《经济纵横》2010 年第 8 期。

[83] 石培华：《如何认识与理解"全域旅游"》，载于《西部大开发》2016 年第 11 期。

[84] 石培华：《如何推进"全域旅游"》，载于《西部大开发》2016 年第 11 期。

[85] 时丽芬：《政府责任视角下社会组织志愿失灵问题研究》，载于

《石家庄铁道大学学报》（社会科学版）2015 年第 3 期。

［86］孙金同：《加速农村股份制改革促进村集体经济发展壮大》，载于《天津经济》2015 年第 11 期。

［87］孙久文、唐泽地：《中国特色的扶贫战略与政策》，载于《西北师范大学学报》（社会科学版）2017 年第 2 期。

［88］唐丽霞、林志斌、李小云：《谁迁移了——自愿移民的搬迁对象特征和原因分析》，载于《农业经济问题》2005 年第 4 期。

［89］唐丽霞、罗江月、李小云：《精准扶贫机制实施的政策和实践困境》，载于《贵州社会科学》2015 年第 5 期。

［90］田景娟：《精准扶贫的内涵、实践困境及其原因分析——基于务川仡佬族苗族自治县的调查》，载于《当代经济》2015 年第 33 期。

［91］佟玉权、龙花楼：《脆弱生态环境耦合下的贫困地区可持续发展研究》，载于《中国人口·资源与环境》2003 年第 2 期。

［92］汪三贵、郭子豪：《论中国的精准扶贫》，载于《贵州社会科学》2015 年第 5 期。

［93］王超：《西南地区县域贫困村空间分布格局及致贫机制研究》，重庆师范大学，2016 年。

［94］王国勇、邢溦：《我国精准扶贫工作机制问题探析》，载于《农村经济》2015 年第 9 期。

［95］王会霞：《海盐：全域旅游助推"就地城镇化"》，载于《中国旅游报》，2014 - 01 - 29（020）。

［96］王琪延、王湛春：《中国城市旅游竞争力研究》，载于《统计研究》2012 年第 7 期。

［97］王瑞芳：《告别贫困：新中国成立以来的扶贫工作》，载于《党的文献》2009 年第 5 期。

［98］王瑞芳：《精准扶贫：中国扶贫脱贫的新模式、新战略与新举措》，载于《当代中国史研究》2016 年第 1 期。

［99］王永平、袁家榆、曾凡勤：《趋势·挑战与对策：欠发达地区农村反贫困的实践与探索》，中国农业出版社 2008 年版。

［100］王运宝：《"三变"与激活：旌德农村股改"多赢效应"调

查》，载于《决策》2016 年第 6 期。

[101] 王振颐：《生态资源富足区生态扶贫与农业产业化扶贫耦合研究》，载于《西北农林科技大学学报》（社会科学版）2012 年第 6 期。

[102] 网罗庆、樊新生、高更和、杨慧敏：《秦巴山区贫困村的空间分布特征及其影响因素》，载于《经济地理》2016 年第 4 期。

[103] 魏小安：《促进全域旅游发展》，载于《中国旅游报》，2015 年12 月 7 日（C02）。

[104] 吴晓求：《股权分置改革的若干理论问题——兼论全流通条件下中国资本市场的若干新变化》，载于《财贸经济》2006 年第 2 期。

[105] 吴雄周、丁建军：《基于成本收益视角的我国扶贫瞄准方式变迁解》，载于《东南学术》2012 年第 5 期。

[106] 吴义龙：《"三权分置"论的法律逻辑、政策阐释及制度替代》，载于《法学家》2016 年第 4 期。

[107] 武盛明：《精准扶贫对"金融＋"提出的新要求》，载于《现代营销》2016 年第 6 期。

[108] 习近平：《在河北县阜平县考察扶贫开发工作时的讲话》（2012 年 12 月 29 日、30 日）《做焦裕禄式的县委书记》，中央文献出版社 2015 年版。

[109] 夏杰长、齐飞：《从需求视角看旅游业发展与改革》，载于《旅游导刊》2017 年第 2 期。

[110] 肖晓：《论西部地区旅游扶贫》，载于《软科学》2004 年第 6 期。

[111] 熊晓晓：《变"扶贫"为"扶智"——第五届中国贫困地区可持续发展战略论坛综述》，载于《北大商业评论》2015 年第 10 期。

[112] 徐建春、李翠珍：《浙江农村土地股份制改革实践和探索》，载于《中国土地科学》2013 年第 5 期。

[113] 徐卫、周宇楠、程志强：《资源繁荣与人力资本形成和配置》，载于《管理世界》2009 年第 6 期。

[114] 徐翔、刘尔思：《产业扶贫融资模式创新研究》，载于《经济纵横》2011 年第 7 期。

[115] 许汉泽：《扶贫瞄准困境与乡村治理转型》，载于《农村经济》2015 年第 9 期。

[116] 许惠渊：《保护农民权益的关键在于深化农村集体产权改革——兼谈农村产权改革的具体形式》，载于《开发研究》2005 年第 1 期。

[117] 许启发、王侠英：《安徽省城乡居民贫困脆弱性因子分析》，载于《山东工商学院学报》2017 年第 2 期。

[118] 薛维松：《组织农村生产要素合理流动》，载于《决策探索》1995 年第 11 期。

[119] 杨华松、彭吉萍：《民族地区贫困问题及多元化扶贫开发模式选择》，载于《中国管理信息化》2017 年第 8 期。

[120] 杨杰文、陈美君：《关于贫困地区产业扶贫的思考》，载于《当代农村财经》2013 年第 12 期。

[121] 佚名：《向上的力量之五大理念地方行动：2016 十大地方公共决策实验》，载于《决策》2017 年第 1 期。

[122] 佚名：《浙江推行农村社区股改成效显著》，载于《农村经营管理》2008 年第 1 期。

[123] 尤圣光：《普惠金融与精准扶贫的研究》，载于《当代经济》2016 年第 5 期。

[124] 於忠祥：《由安徽实践引发的脱贫攻坚思考》，载于《团结》2017 年第 1 期。

[125] 于婧：《河北省农民非农收入影响因素实证分析》，载于《石家庄铁道大学学报》（社会科学版）2013 年第 4 期。

[126] 张富利、赵莉莉：《经济新常态下"精准扶贫"的推进策略及实现路径》，载于《安徽农业大学学报》（社会科学版）2016 年第 6 期。

[127] 张红宇、张海阳、李伟毅等：《当前农民增收形势分析与对策思路》，载于《农业经济问题》2013 年第 4 期。

[128] 张静：《精准扶贫与地方扶贫立法创新思路》，载于《人民论坛》2014 年第 9 期。

[129] 张克俊、高杰、付宗平：《深化农村土地制度改革与增加农民财产性收入研究》，载于《开发研究》2015 年第 1 期。

[130] 张立先、郑庆昌：《保障农民土地财产权益视角下的农民财产性收入问题探析》，载于《福建论坛》（人文社会科学版）2012 年第 3 期。

[131] 张丽萍：《全域旅游发展中政府主导作用解析》，载于《现代商贸工业》2016 年第 32 期。

[132] 张翼：《当前中国精准扶贫工作存在的主要问题及改进措施》，载于《国际经济评论》2016 年第 6 期。

[133] 张忠根、李华敏：《农村村级集体经济发展：作用、问题与思考——基于浙江省 138 个村的调查》，载于《农业经济问题》2007 年第 11 期。

[134] 郑瑞强、曹国庆：《基于大数据思维的精准扶贫机制研究》，载于《贵州社会科学》2015 年第 8 期。

[135] 中共中央党校省部班课题组，郑文凯：《对"十三五"扶贫攻坚的战略思考》，载于《中国领导科学》2015 年第 12 期。

[136] 钟关华：《习近平精准扶贫思想的浙江实践——以武义下山脱贫为例》，载于《观察与思考》2016 年第 5 期。

[137] 周密：《"三变"与激活：旌德农村股改探新路》，载于《农村经营管理》2016 年第 9 期。

[138] 周密：《狠抓集体经济 走出发展新路》，载于《农村工作通讯》2016 年第 15 期。

[139] 朱启臻：《农村扶贫开发理念辨析》，载于《农业经济问题》2005 年第 11 期。

[140] 朱善利：《城乡一体化与农村体制改革》，载于《中国市场》2011 年第 3 期。

[141] 朱善利：《改变城乡二元体制，实现城乡一体化发展》，载于《经济科学》2013 年第 6 期。

[142] 朱善利：《集体林权：追赶中国改革的步伐》，载于《北大商业评论》2015 年第 5 期。

[143] 朱善利：《论中国城乡一体化的逻辑》，载于《中国市场》2013 年第 7 期。

[144] 庄天慧、张军：《民族地区扶贫开发研究——基于致贫因子与

孕灾环境契合的视角》，载于《农业经济问题》2012 年第 8 期。

［145］庄天慧、陈光燕、蓝红星：《精准扶贫主体行为逻辑与作用机制研究》，载于《广西民族研究》2015 年第 6 期。

［146］邹波、刘学敏、王沁：《关注绿色贫困：贫困问题研究新视角》，载于《中国发展》2012 年第 4 期。

［147］左文君、明庆忠、李圆圆：《全域旅游特征、发展动力和实现路径研究》，载于《乐山师范学院学报》2016 年第 11 期。

［148］The World Bank，*An update to the World Bank's estimates of consumption poverty in the developing world*，World Bank 2012.

图书在版编目（CIP）数据

旌德调查：关于安徽省旌德县多元扶贫的调查报告／
雷明等著. —北京：经济科学出版社，2017.9
（北大光华区域可持续发展丛书. 第4辑）
ISBN 978 - 7 - 5141 - 8426 - 6

Ⅰ. ①旌… Ⅱ. ①雷… Ⅲ. ①扶贫 - 的调查报告 -
旌德县 Ⅳ. ①F125.44

中国版本图书馆 CIP 数据核字（2017）第 221902 号

责任编辑：赵　蕾
责任校对：杨晓莹
责任印制：李　鹏

旌德调查
——关于安徽省旌德县多元扶贫的调查报告
雷明　等著
经济科学出版社出版、发行　新华书店经销
社址：北京市海淀区阜成路甲 28 号　邮编：100142
总编部电话：010 - 88191217　发行部电话：010 - 88191540
网址：www. esp. com. cn
电子邮件：esp@ esp. com. cn
天猫网店：经济科学出版社旗舰店
网址：http://jjkxcbs. tmall. com
北京季蜂印刷有限公司印装
710 × 1000　16 开　16.75 印张　260000 字
2017 年 9 月第 1 版　2017 年 9 月第 1 次印刷
ISBN 978 - 7 - 5141 - 8426 - 6　定价：50.00 元
（图书出现印装问题，本社负责调换。电话：010 - 88191502）
（版权所有　翻印必究　举报电话：010 - 88191586
电子邮箱：dbts@ esp. com. cn）